本书获北京中医药大学2019年中央高校基本科研业务费
专项资金资助（项目批准编号：2019-JYB-TD016）

互联网+中医药
产业政策与法律问题研究

Internet + Traditional Chinese Medicine

Industry Policies and Legal Issues Research

邓勇　著

中国政法大学出版社

2021·北京

图书在版编目（ＣＩＰ）数据

互联网+中医药产业政策与法律问题研究/邓勇著. —北京:中国政法大学出版社,2021.4
ISBN 978-7-5620-9893-5

Ⅰ.①互… Ⅱ.①邓… Ⅲ.①中国医药学—制药工业—产业政策—研究—中国②中国
医药学—制药工业—法律—研究—中国 Ⅳ.①F426.7②D922.164

中国版本图书馆CIP数据核字(2021)第064464号

出　版　者	中国政法大学出版社	
地　　　址	北京市海淀区西土城路 25 号	
邮寄地址	北京 100088 信箱 8034 分箱　邮编 100088	
网　　　址	http://www.cuplpress.com（网络实名：中国政法大学出版社）	
电　　　话	010-58908441（编辑室）58908334（邮购部）	
承　　　印	北京九州迅驰传媒文化有限公司	
开　　　本	720mm×960mm　1/16	
印　　　张	15.75	
字　　　数	260 千字	
版　　　次	2021 年 4 月第 1 版	
印　　　次	2021 年 4 月第 1 次印刷	
定　　　价	69.00 元	

　　伴随互联网的发展，"互联网+"在各行各业深入推进。涵盖第一、第二、第三产业的中医药，不仅是我国独特的卫生资源，也是潜力巨大的经济资源、具有原创优势的科技资源、优秀的文化资源和重要的生态资源。新时代背景下，中医药迎来天时、地利、人和的大好时机。"好风凭借力，送我上青云"，古老的中医药作为打开中华文明宝库的钥匙，搭乘新潮的互联网之风，迎来了悄然振兴、迅速崛起的绝佳契机。

　　"事者生于虑，成于务"，为推动中医药振兴发展，近年来，国务院、国家中医药管理局等多部门为之于未有，发布系列政策文件，鼓励中医药与互联网深度融合发展。2015年4月，国务院办公厅发布《中医药健康服务发展规划（2015—2020年）》，其中强调运用云计算、移动互联网、物联网等信息技术开发智能化中医健康服务产品。2016年2月，国务院发布《中医药发展战略规划纲要（2016—2030年）》，将中医药发展上升为国家战略，其中明确提出，到2020年，实现人人基本享有中医药服务，中医药标准化、信息化、产业化、现代化水平不断提高，中医医疗服务体系进一步完善，并指出推动"互联网+"中医医疗的发展。2016年11月30日，国家中医药管理局发布的《中医药信息化发展"十三五"规划》中，明确提出"中医药信息化是实现中医药振兴发展的重要引擎和技术支撑，也是体现中医药发展水平的重要标志。全面提升中医药信息化水平，以信息化驱动中医药现代化，是适应国家信息化发展新形势的重要举措，是推进中医药振兴发展的内在要求，也是实现人人基本享有中医药服务的必然选择。"2017年12月4日，《国家中医药管理局关于推进中医药健康服务与互联网融合发展的指导意见》出台，从深化中医医疗与互联网融合、发展中医养生保健互联网服务等方面绘就"互联网+中医药"的发展路线图。

　　系列利好政策有力助推"互联网+中医药"领域成为新的投资热点。2015

年11月，一个集医生患者管理、远程诊病、为患者送药到家于一体的全流程中医诊疗服务平台——小鹿中医诞生。2016年11月2日，海东市平安正阳互联网中医医院作为中国第一家获得政府批准的中医互联网医院落地青海。之后，海南小鹿中医互联网医院、海南小鹿远程医疗中心等医疗机构相继成立。在中医信息化领域，负责中医信息化平台开发和运营的高科技企业杭州聪宝科技于2015年落地杭州，致力于通过互联网在线平台，为缺乏优质中医资源的基层提供名老中医的在线咨询。此外，以甘草医生、金华佗、找药材网等为代表的几十家中医O2O平台、中医APP、中医健康服务平台如雨后春笋般迅速问世。

然而，徒善不足以为政，徒法不能以自行。随着"互联网+中医药"业态从少到多、由弱到强、从尝试到活跃，由于相关法律法规规制不健全，企业主体对"互联网+中医药"领域的风险了解和预判不到位，一系列法律风险也随之而来。线上诊疗的偏差、医疗损害责任归属、盈利模式的搭建等问题困扰着相关企业主体；互联网中医医疗机构的准入门槛、运营规范和标准、病患个人信息保护等实操困境考验着监管者的智慧；互联网中医诊所的法律地位、各方主体权责利的平衡、如何借助互联网合理配置优质医疗资源以实现医疗正义等理论谜团向业界学者发出新的拷问。

笔者作为执教于中医药首善学府的高校教师和专注于大健康法务的执业律师，一方面承担着与中医药法治建设与发展相关的教学科研工作，同时也有幸担任了多家中医药政府与企事业单位的常年法律顾问。得益于此，笔者通过检索、剖析众多企业开展的"互联网+中医药"项目，亲身参与并见证了企业开展"互联网+中医药"业务的全过程，如中医聪宝、江苏省中医院互联网医院、海盐县中医药智能化建设等。笔者不仅为企业提供专业的法律服务，也站在学者的角度，思考国家监管者应该如何为"互联网+中医药"的发展提供更优的引领和规制服务，从而保障"互联网+中医药"事业合法合规长远发展。

"行之力则知愈进，知之深则行愈达"，作为高校"青椒"，笔者未敢抱经国治世之宏愿，但常怀学以致用之初心。立足于教学科研和实务经验，笔者带领团队以"互联网+中医药产业发展所涉政策与法律问题研究"为题，申报了北京中医药大学2019年度基本科研业务费项目（科研创新团队项目），本书即是该项目的阶段性研究成果。希望通过详细解读"互联网+中医药"发展的实例，剖析企业和监管者面临的常见法律问题和实操痛点。笔者站在客观中立的立场，提出了一些切实可行的建议，为投身"互联网+中医药"领域的企业提供参考，为国家相关立法的完善和健全略尽绵薄之力。

本书共分为三大模块：

第一模块从宏观、理论的角度，剖析"互联网+中医药"的基本问题。首先，阐述"互联网+中医药"发展的理论基础，包括健康权保障理论、正义理论、风险规制理论和效用理论。接着，界定"互联网+中医药"所涉及的基本概念和主要类型，使读者从整体上了解这一新生事物。最后，从中央和地方两个层面梳理国家的政策导向，以便为相关主体的研判提供参考建议。

第二模块是本书的主要部分，围绕"互联网+中医""互联网+中药""互联网+中医养生保健"这三大领域，精选实践中具有代表性的经典案例，对实操中的重点问题进行了深度解说。对互联网中医医院、互联网中医诊所、中医诊疗智能化和信息化等专题所涉政策和法律问题进行了详细分析。成书期间，恰逢新冠肺炎疫情暴发，"互联网+中医药"在突发公共卫生事件的应对中成果显著。笔者特结合疫情期间主持的科研项目"新冠肺炎疫情防控应急管理中存在的问题与综合治理对策"，将"互联网+中医药"与突发公共卫生事件一并纳入进来，以总结经验，指引未来。

在这一部分，笔者研究认为，当前，"互联网+中医药"产业发展机遇与挑战并存，亟需法律和政策加以规制。"互联网+中医医疗"面临技术安全、信息安全等挑战；"互联网+中药"面临体制、机制、人才、技术等方面的阻碍；"互联网+中医养生保健"行业乱象频发。诸多现实问题对"互联网+中医药"方面的政策和法律的完善提出较高要求。抓住机遇、破解挑战需要坚持健康优先、兼顾效用的原则，平衡各方主体的权责利。应健全法律和政策，优化体制机制，完善全生命周期的监管，创新执法手段，打造多元主体共同治理的新型治理体系，强化事后追责，提升守法意识。

第三模块将视野聚焦于"互联网+中医药"产业，宏观探讨了"互联网+中医药"产业发展面临的法律风险及规避对策。在"互联网+中医医疗"方面，剖析了固生堂这一经典案例；在"互联网+中医药"方面，介绍了医药O2O的法律谜题及破解对策，以期能够启发读者，产生新的研究点和新的创业和投资领域，并为政府创新监管举措、确保企业商业模式合规、促进产业发展提供相应对策建议。

　　本书的写作初衷是为监管者、企业和学者等群体了解"互联网+中医药"这一事物，并为据此展开深入研究和实操提供一个窗口。但囿于时间、精力、能力均有限，书中不当之处，敬请读者谅解斧正。另外，书中对诸多法律问题尚未涉及，亟需有兴趣的读者深入研讨。比如，中医药自身具有完整的理论体系，如何深入把握此种规律并将之应用在互联网的场景中？如何处理源与流的关系，切实保护"互联网+中医药"实践中各主体的知识产权？在国际服务贸易的视角下，如何对"互联网+中医药"所涉相关问题进行规制？等等。中医药学凝聚着中华民族几千年的健康养生理念及实践经验，是中国医学的重要组成部分，故一定要保护好、发掘好、发展好、传承好。将中医药与互联网深度融合，既是时代的呼唤，也是将人民健康放在优先发展的战略地位的必然要求。此次疫情让我们看到"互联网+中医药"的光明前景，相信在社会各界的共同努力下，"互联网+中医药"将为全人类带来更多福祉！

邓　勇

2021 年 3 月 18 日

目 录

Contents

第一节　研究背景与问题提出

习近平总书记指出，中医药学凝聚着深邃的哲学智慧和中华民族几千年的健康养生理念及其实践经验，是中国古代科学的瑰宝，也是打开中华文明宝库的钥匙。深入研究和科学总结中医药对丰富世界医学事业、推进生命科学研究具有积极意义。[1] 原中华人民共和国国家卫生和计划生育委员会（以下简称"原国家卫计委"）副主任、国家中医药管理局局长王国强曾说过，中医药是我国独具特色的医学科学，是中华民族对世界医学和世界文明的重要贡献。"当今时代，中医药不仅是中国独特的卫生资源，也是潜力巨大的经济资源、具有原创优势的科技资源、优秀的文化资源和重要的生态资源。面对世界性的医学难题，中医药整体观、基础论、辨证论治和预防保健等治未病的优势越来越突显，其作用和地位也被学术界、产业界及国际社会更加认同和重视"。[2] 随着互联网科技和现代信息技术的发展，将互联网技术融入中医药产业，为传统的中医插上现代信息技术的翅膀，是推动中医药产业在信息时代继续发展的重要手段，"互联网+中医药"成为振兴传统中医药的一个方向。

"互联网+"概念的提出，最早可以追溯到2012年11月易观国际集团董事长兼首席执行官于扬在易观第五届移动互联网博览会的发言。于扬在发言中强调，"互联网+"将成为传统行业与多屏全网跨平台用户结合的新形式。[3] 在2015年第十二届全国人民代表大会第三次会议上，国务院总理李

---

〔1〕 "互联网+中医药发展"，载《办公自动化》2016年第11期。
〔2〕 许方霄："互联网+中医药在网络时代面临的挑战"，载《首都食品与医药》2015年第21期。
〔3〕 郑砚璐："构建'互联网+中医'监管机制研究"，福建中医药大学2018年硕士学位论文。

克强在政府工作报告中首次正式提出"互联网+"行动计划，要求利用互联网技术、工具及应用将传统产业升级创造新的业态。同时，传统中医也越来越受到重视，李克强总理在 2016 年 2 月 14 日国务院常务会议上以获得 2015 年诺贝尔医学奖的屠呦呦为例说明发展中医药产业的重要性。[1] 国家层面上也越来越重视中医药产业的发展，党中央、国务院把中医药历史性地提升到国家战略高度，作为健康中国建设的重要组成部分加以统筹推进，出台《中华人民共和国中医药法》，印发《中医药发展战略规划纲要（2016—2030年）》，建立国务院中医药工作部际联席会议制度，发表《中国的中医药》白皮书，等等。同时，在发展中医药过程中十分强调中医药在信息化方面的发展。我国连续出台了《国务院关于积极推进"互联网+"行动的指导意见》《"十三五"国家信息化规划》《"十三五"全国人口健康信息化发展规划》《国务院办公厅关于促进"互联网+医疗健康"发展的意见》等一系列信息化政策和《中医药健康服务发展规划（2015—2020 年）》等事业发展政策，对中医药信息化发展提出明确要求和任务，为利用信息化振兴发展中医药提供了新理念、新思想、新方法。[2]

大健康时代的到来为中药行业新销售和消费模式的发展奠定了基础。随着消费电子化的加剧，传统医药流通企业的经营模式在发生急剧的转变。互联网使中药零售交易模式和需求产生变化并有弯道超车的机会。O2O 模式融合了线上线下优势，回归了商业的本质，在中药零售电子化的发展中不容忽视。中药 O2O 模式及其入口是移动互联网医疗革命中实现价值链闭环不可或缺的部分。[3]"互联网+大数据"可以为医疗机构管理者提供更广泛的应用，如提升就医问诊效率、碎片化时间利用率等。"互联网+智慧医疗"既能够提高诊治效率和看病速度，又能够尽量减少误差。在"互联网+"时代背景下，运用移动网络、大数据等创新医疗服务模式可以逐步建立起跨地区、跨医院的数据共享交换标准体系。依靠互联网技术，可以全面打造"大健康+大平台+

---

〔1〕 "互联网+中医药发展"，载《办公自动化》2016 年第 11 期。

〔2〕 肖勇等："基于 SWOT 分析的我国中医药信息化发展战略研究"，载《时珍国医国药》2018 年第 7 期。

〔3〕 汝子报等："中药零售 OTO 模式入口分析及闭环要素研究"，载《齐齐哈尔大学学报（哲学社会科学版）》2016 年第 8 期。

大数据+大服务"体系的中医药全产业链。[1]

在此背景下，"互联网+中医药"成为一个热点，相关领域开始呈现爆发式的增长。中医O2O、中医在线诊疗、中医健康管理、中药电商、中医教育、中医智能设备，以及中医信息化等多种模式涌现。另外，以甘草医生、金华佗、小鹿医馆、中医聪宝、找药材网、叮当云中医等为代表的几十家中医O2O平台、中医APP、中医健康服务平台问世，更是推动了"互联网+中医药"的发展模式。[2] 从产业上来看，"互联网+中医药"产业按照服务对象大致可以分为To B类及To C类，To B类公司主要面向诊所用户（含医生），包括小诊所的各种业务系统及医生再教育等。[3] To C类公司主要面向个人用户提供医疗服务，包括线上问诊、导诊，线下连锁服务及线上到线下的配药等服务。目前"互联网+中医药"发展的企业群体主要集中在中医门诊信息化系统、中药材电商、中医工具类产品、保健按摩类产品、中医问诊类产品和连锁中医馆等。"互联网+中医药"产业的企业从2013年开始逐渐增多，目前"互联网+中医药"产业创业的企业主要集中在北京、成都、南京、广州、上海、山东等地。[4] 很多中医医院也已有自己的移动医疗客户端，为患者提供预约、缴费和咨询的一体式服务，人们也从中亲身感受到了方便、快捷、省时、省力的效果。越来越多的人感受到中医药的信息化发展及其带来的便利，使得"互联网+中医药"的融合不再遥不可及。[5]

随着越来越多的利好政策的出台，"互联网+中医药"产业蓬勃发展，但是其中也存在着许多不容忽视的问题，如"互联网+中医药"收费缺乏标准、"互联网+中医药"可能面临各种网络安全、中医药标准尚未完善、中医药缺乏复合型人才、快速发展难、中医面临西医的强烈冲击、"互联网+中医药"带来新的监管难题等问题。另外，和其他互联网医疗面临的问题类似，"互联

---

〔1〕 郑军、孟乃杰、高路杨："基于'互联网+'中医药行业的发展趋势"，载《科技风》2017年第7期。

〔2〕 杨丽娜、施建荣："一带一路战略下'互联网+中医'实现途径探析"，载《时珍国医国药》2018年第3期。

〔3〕 "互联网中医行业前景分析"，载《国金投行产业观察》，https://mp.weixin.qq.com/s/4twzgM2mJRFQadlod3htzA，最后访问日期：2019年7月2日。

〔4〕 尹泽玲等："简述'互联网+中医药'产业的发展概况"，载《电脑知识与技术》2018年第4期。

〔5〕 周小玲等："'互联网+'中医药的SWOT分析与对策"，载《医学争鸣》2017年第5期。

网+中医药"也还面临着三大风险：一是相关资质的问题，在多点执业的背景下，需要医生、就医机构具备相关的资质；二是在服务中鼓励使用互联网手段，但并不是用来代替线下服务，还是需要有实体机构落到实地；三是尽管使用了互联网渠道提升年效率，可以做到药品药材网上预订线下配送等，但是需要建立专业的配送公司，以确保药品是真品及其安全性。这些问题都可能阻碍"互联网+中医药"的发展，普通百姓、广大群众对科学有效的防病治病方法非常渴求，然而有些不法分子趁机作乱，如张悟本事件、王林事件等都涉及了打着中医的旗号行骗。互联网时代带来了信息传播和医疗健康产业的新变革，中医药发展也迎来了前所未有的机遇，[1] 同时也带来了许多挑战和问题。因此，如何有效化解信息时代下中医药在互联网过程中所面对的挑战和问题是这个时代的一个重要课题。

第二节　研究目的与意义

在互联网医疗领域，"互联网+中医药"仍处于起步阶段，"互联网+中医药"的创业虽然比较活跃，但大多数创业公司仍处于初创阶段。即使在新兴的互联网医疗领域，相比几大已经晋级亿元级的行业巨头，"互联网+中医药"创业公司依旧比较弱小。随着发展中医药成为国家战略，以及屠呦呦获得诺贝尔奖在社会上推动了一波中医热潮，社会对中医药的关注达到前所未有的高度。"互联网+中医药"的未来前景广阔，有望成为互联网医疗领域新的发展方向。

2016 年 8 月国家中医药管理局根据《中华人民共和国国民经济和社会发展第十三个五年规划纲要》和《中医药发展战略规划纲要（2016—2030年）》，正式出台《中医药发展"十三五"规划》（以下简称《规划》）。《规划》中对"十三五"期间的中医药发展提出 9 项主要任务，在第 8 项"推进治理体系和治理能力现代化"任务中，明确提出了"互联网+中医药"的关键字：加快中医药信息化建设。推进政务信息化建设，实施全民健康保障信息化工程，实现重点业务信息共享。推进以中医电子病历为基础的中医医院信息化建设。构建基层医疗卫生机构中医馆健康信息云平台。推进"互

---

〔1〕　程莘等："'互联网+'背景下中医药的发展与思考"，载《医学与社会》2017 年第 11 期。

联网+中医药"行动计划，促进中医药各领域与互联网全面融合，实现远程医疗、移动医疗、智慧医疗等医疗服务模式创新。完善中医药信息统计制度建设，建立全国中医药综合统计网络直报体系。"互联网+中医药"出现在《规划》中，证明国家已经开始逐渐正视并重视"互联网+"在中医药发展领域的积极作用。

"互联网+中医药"的发展着重体现的是传统中医药与互联网的深度融合，《规划》中提出将中医药行业提升至"国民经济重要支柱"性行业地位，在"十二五"期间中药规模以上企业主营业务收入从 3172 亿元增长到 7867 亿元，年均增长 19.92%。其中一项重要任务就是推动"互联网+中医药"领域的创新和发展，而这种融合对政府的管理提出了新的挑战，无论是传统的法律法规体系还是对传统中医药行业的监管模式已经难以适应当前的"互联网+中医药"的新型发展现实。

"互联网+中医药"模式不单为医疗机构管理者提供更广泛的应用，如提升就医问诊效率、碎片化时间利用率等，更可以提高中医药健康服务水平，利用现有大数据技术、人工智能技术充分认识并挖掘出中医药学中隐含的知识，使医疗体系的资源得以合理分配，加快运作流程，并逐步建立跨地区、跨医院的数据共享交换标准体系，打破中医药信息孤岛状态。"互联网+中医药"产生的中医药全产业链的发展模式，使得中医药行业的融合、创新、发展速度加快，不断向以人为中心的健康管理方向转型升级。[1] 它是在中医药数据化基础上与互联网技术相结合产生的一种新的产业模式，不仅可以改变人们对传统中医的认识、突出中医医疗服务能力、发展中医养生保健能力，还可以推进中医药创新及全面提升中医药产业发展水平。

此外，在《中医药发展战略规划纲要（2016—2030 年）》中明确指出推动"互联网+中医医疗"，在科技方面强调切实提高中医医疗服务能力、大力发展中医养生保健服务、着力推进中医药创新及全面提升中药产业发展水平，在人文方面强调扎实推进中医药继承、大力弘扬中医药文化及积极推动中医药海外发展。因此，在研究"互联网+中医药"重构中医药全产业链的过程中，充分利用互联网信息通信技术及互联网平台，不仅能够发展中医药全产

---

〔1〕 陈静锋、郭崇慧、魏伟："'互联网+中医药'：重构中医药全产业链发展模式"，载《中国软科学》2016 年第 6 期。

业链的商业模式、推动中医药现代化进程，也能够促进中医药知识传承与创新、繁荣发展中医药文化。

开展关于"互联网+中医药"问题的研究，主要有两个层面的理论和现实意义：

第一，理论层面。中医药是祖国传统医药，有其自身的独特性。互联网是新生事物，有关互联网的许多问题亟待在理论层面厘清。作为传统与现代的完美结合，"互联网+中医药"面临现有法学、管理学理论的质疑。因此，开展"互联网+中医药"所涉政策和法律的研究具有较强的理论意义。

首先，有利于在理论层面证成互联网与中医药联手的正当性。无论是传统医疗还是现代互联网，在为大众带来便利的同时，都有可能对公民的健康权、隐私权等公法和私法权利造成侵害。面对这些挑战，政策和法律何以让"互联网+医疗"得到发展？开展"互联网+中医药"的研究有利于从理论层面对此进行深入论证和回应。

其次，有利于完善传统法学、管理学等学科的理论框架，使其适应新时代互联网医疗的发展需求。"互联网+中医药"对传统的法律框架造成挑战，无论是公法领域的执法还是私法领域的维权，在现有的法律体系内都面临系列问题，因此，亟需通过法解释学、法教义学等进行完善，填充法律空白，为实务操作提供新的理论供给。

最后，有利于引入多学科理论以弥补现有法学理论研究的不足。"互联网+中医药"作为科技与医药结合的产物，涉及诸多科学问题，这使得传统的带有滞后性的政策法律规制穷于应付。因此，有必要吸收管理学、社会学等多学科的理论，引入风险防控理论、风险预防原则等规避风险。可见，开展"互联网+中医药"的研究有利于为传统法学理论注入多元学科的新鲜血液。

第二，现实层面。首先，有利于为"互联网+中医药"的实务操作提供理论供给和指导。目前，全国各地"互联网+中医药"产业在上述政策的指引下，正如火如荼地开展，具体表现为：①各级各地政府和中医管理局正大力发展中医远程医疗、移动医疗、智慧医疗等新型医疗服务模式，逐步建立跨医院的中医医疗数据共享交换标准体系；探索互联网延伸医嘱、电子处方等网络中医医疗服务应用，利用移动互联网等信息技术提供在线预约诊疗、候诊提醒、划价缴费、诊疗报告查询、药品配送等便捷服务；加强中医药大数据应用；加强中医医院信息基础设施建设，完善中医医院信息系统；建立对患者处方真实有效性的网络核查机制，实现与人口健康信息纵向贯通、横向互通。②各公立中医医疗机构充分利用自身医疗资源，借助"互联网+"的技术手段，不断推进中医药信息化建设，提升自身医疗服务能力和质量。③各投资机构正围绕互联网+中医医疗机构、中药馆、中药企业、保健按摩机构等主体开展相应的商业模式设计和产业布局。

然而，"互联网+中医药"产业在高歌猛进的开拓过程中，基于现行法律法规建设的滞后、顶层制度设计的缺位，以及具体细则办法尚未跟进的原因，尚处于无直接和明确法律可依、缺乏法律与政策有效指引和保护、相关行为的法律性质尚待厘清的困境，更多的中医药行政主管部门和创新创业企业处在"摸着石头过河"的状态中，亟待理论与实务界共同对"互联网+中医药"产业所涉法律问题进行深入、系统和全面的研究。因此，开展"互联网+中医药"政策与法律的研究必将为实务操作提供有效指导。

其次，有利于重构医疗新秩序。随着人们健康观念的转变，对健康的需求也越来越丰富化、多元化。中医药服务也将不仅仅局限于提供纯粹的医疗服务，更要集医疗、预防、保健、养生、康复于一体，促进中医药服务由以疾病为中心向以健康为中心发展。通过"互联网+"建立在线预约平台、健康管理平台等，实现在线预约诊疗、候诊、诊疗报告查询甚至医保支付、药品配送等功能，简化就医流程，给患者带来极大的便利；将就医过程和结果可视化，方便患者及时掌握就诊信息，可以大大提高诊疗效率和服务能力、节约医疗成本、降低医疗费用，在一定程度上缓解医患矛盾，为破解"看病难、看病贵"寻找突破口。

再次，有利于引导优质医疗资源下沉，推动分级诊疗。通过建立远程会诊，引导不同领域的专家加入会诊数据库，使基层百姓不出社区（乡镇）就可以享受到专家诊疗。患者可以放心地选择基层医疗机构，遇到疑难杂症便可以通过一定的程序开展远程会诊，专家通过互联网进行病例分析、诊断、治疗等，给患者提供了方便，节约了医疗费用和时间。通过"互联网+"，引导优质医疗资源下沉，解决基层优质医疗资源不足的问题，无疑是分级诊疗的一剂良药。

复次，有利于道地药材追溯平台的建立。当前，我国中医药资源总量依然不足，中药产业集聚度低，野生中药材资源破坏严重，部分中药材品质下降，影响中医药可持续发展。在供给侧结构性改革大背景下，通过互联网建立中药材的"档案",从种植、流通、加工到全产业链各环节,可以为群众提供追溯渠道,满足人们对中医药质和量的"井喷式"需求,推动道地药材规模化、标准化和规范化的产业化种植。[1]

最后,有利于助力健康中国战略的实施。2017年12月国家中医药管理局发布《关于推进中医药健康服务与互联网融合发展的指导意见》指出,中医药健康服务与互联网融合发展是将中医药养生、保健、医疗、康复、健康养老、中医药文化、健康旅游等中医药健康服务与互联网的创新成果深度融合,实现个性化、便捷化、共享化、精准化、智能化的中医药健康服务,对推进中医药供给侧结构性改革、激发创业创新活力、推动中医药传承发展、建设健康中国具有重要意义。

第三节 "互联网+中医药"研究现状

随着"互联网+中医药"的迅速发展,越来越多的学者开始关注这个领域,并对其发展进行了很多研究和分析,对很多问题进行了梳理和概括,指出了"互联网+中医药"在发展过程中存在诸多问题。作为新生事物,"互联网+中医药"目前还存在收费缺乏标准、发展理念不清晰、大数据应用困难等现实问题。这些问题如若得不到妥善解决,将会限制"互联网+中医药"的发展空间。[2] 目前,关于"互联网+中医药"收费缺乏标准问题,收费是其投资回报的基础,资本对"互联网+中医药"的青睐源于对它盈利的预期,如何规范"互联网+中医药"的收费是目前相关主管部门必须要面对的问题。"互联网+中医药"模式很多,既有公立医院的互联网化试水,也有民营医院的互联网化尝试,还有新兴的民营互联网化医疗,不同属性的"互联网+中医药"政府的管制应当不同。对于民营医院和民营"互联网+中医药"企业的价格,基于市场主体的地位,行政主体应当行使有限度的权力,不应当将手臂伸得过长,但对于公立医院的互联网医疗,基于公益性质,对其收费实行较民营机构更严格的管制手段是有必要的。

另外,从发展的理念上分析,互联网医疗的核心应当在于医疗,即注重

---

[1] 岳秋颖:"'互联网+中医药'的发展途径探索",载《保健文汇(理论)》2016年第7期。
[2] 郑砚璐:"构建'互联网+中医'监管机制研究",福建中医药大学2018年硕士学位论文。

对患者的服务。而不少结合互联网的医药企业为谋求经济利益的最大化，更大程度上将互联网平台的盈利方式和手段作为其核心理念，对医疗服务等并不重视。当前，在"互联网+中医药"的发展中，一些企业为了吸引医务工作者入驻、为了留住客户，借鉴互联网的营销模式，搞价格战和价格补贴，在大笔"烧钱"的同时忽视了"互联网+中医药"最重要的疗效和医疗服务问题。没有疗效、服务质量低下，"互联网+中医药"营销再推陈出新，都还是一场空。

甚至有人认为，"互联网+中医药"可能会导致中医诊疗特色的丢失，可能会重构医疗新秩序。在将医疗手段与互联网结合之后，可能出现门诊大厅的病人逐渐减少，医院及药品的服务也更加流畅的现象，但中医看病的规律和西医还是不太一样的，无法做到患者在家拿着手机与大夫一对接就能看病。也有人指出，"互联网+中医药"的性价比并不高，每个人都是独特的个体，因而中医大夫必须要根据患者自身的病症施以独特的治疗方法，这个治疗方案是个体化的。中医注重辨证论治，患者如何通过网络那端的显示屏真实地展现自己的情况？姑且不讨论如何"闻"和"切"，就连"望"都很难达到真切的效果。[1] 业内人士认为，在医院面对面地交流可能只需十几分钟就能完成诊断，在互联网上至少得花费几个小时，甚至花费几个小时都无法令双方满意。

有的学者则从信息和数据的角度指出"互联网+中医药"发展中存在的问题。例如，刘雅芳等指出研究"互联网+中医药"会涉及数据挖掘。[2] 中医药在漫长的发展过程中逐渐积累大量的数据与理论，其数据具有明显的特殊性，在"互联网+"背景下数据挖掘技术的使用存在一些问题：首先，在中医治疗疾病的诊断、辨证、组方等方面，文字描述所占比重较大，从而过多地增添定性内容，导致部分信息缺失，一定程度上造成了中医数据的不准确性和不完整性。其次，中医诊断的某些疾病可能涉及患者隐私，以及部分中医有其个人的治疗方式、治疗药物，这些都属于不可公开的信息，过度公开就

---

[1] 许方霄："互联网+中医药在网络时代面临的挑战"，载《首都食品与医药》2015 年第 21 期。

[2] 刘雅芳等："'互联网+'背景下数据挖掘在中医药领域的应用研究"，载《医学信息学杂志》2018 年第 8 期。

可能导致一系列法律问题。[1] 但对一些健身馆、美容馆、月子中心、民营医院等健康医疗相关的企业而言，如果可以掌握个人健康医疗信息，他们的精准营销将可以实现事半功倍的效果。于是巨大的经济诱惑催生了健康医疗信息非法交易市场的扩大。[2] 再次，中医在记录病症的程序中可能存在许多重复和无关的内容，如在临床病历数据中患者一段时间内的数据大致相同导致数据的重复。另外，某些疾病症状相似，不能简单根据文字描述进行诊断。[3] 漫长的发展历程以及个人因素导致中医数据不够规范，如不同地域、不同医生对同一病症存在不同的命名或理解。每种数据挖掘方法都有各自的不足，应不断探索，运用更多的方法进行处理，从而提高数据挖掘的论证性与实践性。朱选功认为标准也是个问题[4]，西方医学有较完备的标准，在互联网平台上，西方医学较容易被传播和认可，但西药标准不适用于中医药，中医药自成一体。[5] 中医药标准的制定工作中虽然已制定出多项国家标准和企业或行业组织标准等，[6] 但与西方医学系统完备的标准体系还相距甚远，中医药标准的制定和建设仍在路上。标准化是信息化的基础，信息化是标准化的重要表达形式，中医药标准的不完备也阻碍了中医药的信息化，更有可能成为"互联网+中医药"融合的主要不利因素之一。同时，"互联网+中医药"作为一个新业态，也必然存在人才不足的问题。周小玲等认为中医药行业目前缺乏复合型人才，快速发展难，[7] 中医药蕴含的文化博大精深，关系错综复杂，一般很难理解，在互联网与中医药进行深度融合时，常常是懂中医药的人才不理解现代信息技术，擅长现代信息技术的人才又不理解中医药，致使"互联网+中医药"在国内发展受限，缺乏能够继承中医学传统、掌握现代信息技术、富有原创思维又具有良好的多语言翻译能力的复合型人才，是"互联网+中医药"快速发展和加快国内、国际传播的主要不利因素之一。

另外，中医药在医疗服务领域商业模式创新不足。医、药总是紧密联系

---

〔1〕 郑砚璐："构建'互联网+中医'监管机制研究"，福建中医药大学 2018 年硕士学位论文。

〔2〕 邓宏勇等："中医药数据挖掘研究现状分析"，载《中国中医药信息杂志》2012 年第 10 期。

〔3〕 杜静："数据挖掘技术在乳腺增生病中医辨证的应用研究"，山东中医药大学 2009 年硕士学位论文。

〔4〕 朱选功："我国中医药出口的 SWOT 分析"，载《生产力研究》2011 年第 3 期。

〔5〕 常凯等："中医药标准体系表研究"，载《中医杂志》2014 年第 2 期。

〔6〕 周小玲等：" '互联网+' 中医药的 SWOT 分析与对策"，载《医学争鸣》2017 年第 5 期。

〔7〕 周小玲等：" '互联网+' 中医药的 SWOT 分析与对策"，载《医学争鸣》2017 年第 5 期。

在一起，这便意味着，中药销售是"互联网+"中医公司能够盈利的一个途径。不过，引入中药的商业模式，需要平台具有更强的医疗属性，而医疗属性强也就对其所提供服务的安全和风险把控提出了更高的要求。此外，众多互联网中医创业公司的创始人在关于商业模式的构想中，虽然都提到了对大数据的挖掘和利用，但有关具体的利用方式并没有提出太多的新颖之处，大多仍然集中在健康档案和健康管理上，以及针对特定人群的精准营销方面。

而且，受实际条件的限制，虽然大多数"互联网+"中医创业公司以解决小病为主，面向更广泛的人群，但是也让大多数公司很难找到明确的对应人群。因为国家对开展医疗行为有着非常严格的规定，对于中医领域的创业公司而言，必须要取得相应的资质之后才能开展中医诊疗活动。这就意味着，以中医诊疗为业务核心的创业公司需要与实体医疗机构建立合作，以获得提供诊疗服务的相应资质。[1]

在监管方面，也有很多学者做了相关的研究。"互联网+中医药"作为一个新生事物，对监管提出了新的挑战，其中涉及的监管难点是线下实体中医诊治所未曾遇到过的。例如，互联网的介入使医疗责任划分难以厘清[2]，在线下的临床诊治中，医疗责任划分就已十分复杂，在"互联网+中医药"中，更多变量的参与使责任归属更加难以划分，一旦消费者的利益受到侵犯，就可能存在相关责任方相互推诿的问题。在"互联网+中医药"如火如荼发展的现实背景下，相关的法律法规显然滞后，而即便出台了专门的法律规范，只要相关规定无法跟上项目运营模式的调整与创新，医疗责任归属依然难以确定，这考验着立法者和执法者的智慧。另外，低准入门槛使中医诊治专业性难以保证[3]，当前主管部门对实体医疗机构监管比较完善，没有经过严格专业化训练取得执业医师资质的人不能为病人诊治，但是"互联网+中医药"就不同了，主管部门很难进行有效监管。"互联网+中医药"以互联网作为中介开展中医诊治，当前我国缺乏专门的法律法规对其进行规范，每个项目自立医师审核权，而用户往往对平台上的"中医师"缺乏有效的监督，而且目前来说，新兴运营模式也使固有监管机制力不从心。互联网进入的领域多了，

---

〔1〕　唐薇："互联网+中医药便民服务路径探究"，载《福建质量管理》2018 年第 4 期。
〔2〕　郑砚璐："构建'互联网+中医'监管机制研究"，福建中医药大学 2018 年硕士学位论文。
〔3〕　郑砚璐："构建'互联网+中医'监管机制研究"，福建中医药大学 2018 年硕士学位论文。

监管问题自然也会多起来。[1] 当前"互联网+中医药"所面临的问题是正常的，属于发展进程中的阵痛。从长远看，"互联网+中医药"中出现的监管难题一定能得到妥善解决，但是我们不能把问题留给时间。在当前"互联网+中医药"蓬勃发展之时，如何完善监管机制，使其适合"互联网+中医药"的发展特性，为"互联网+中医药"的发展保驾护航，这考验着监管部门的智慧。

面对上述问题，学者也有针对性地提出了相应的解决办法，对"互联网+中医药"产业的发展提出了很多有意义的思路和见解。例如，针对在学科和研究方面的不足，周小玲等认为要加大国内外科研合作和交流，尽快建立健全让全球认可的中医药标准体系，促进中医药现代化、国际化。[2] 常凯等则认为要注重继承中医学传统、掌握现代信息技术、富有原创思维又具有良好的多语言翻译能力的复合型人才的挖掘和培养，尤其是医学院校应当充分利用自身优势来培养综合型人才，促进中医药的国内、国际传播。

西医的盛行在一定程度上制约了中医的发展，但两者存在的价值与服务对象是一致的，最终都是为了造福人类，因而倡导中西医互补，才能发挥各自所长，改善自身不足。例如，中医应针对诊疗过程慢、准确率低的情况，积极利用互联网优势，研制准确率高的辅助诊疗设备，提高诊疗效率及确诊率，积极地协同西医共进步、共发展，[3] 完善法律法规体系建设也非常重要。余文清等指出，现有法律体系缺乏支撑与维续"互联网+中医药"发展的相关规定，从严格意义上讲，在现有法律体系中，"互联网+中医药"的存在与发展都面临着合法性的考验。完善"互联网+中医药"的相关法律首先就要明确规定哪些活动是合法的，科学分类、分类管理，还要规定不同主体的责任。法律的完善必须放眼长远，既要规范网络医疗行为，又要给"互联网+中医药"提供自由的发展空间，在抓严和放活之间寻求一个合理的平衡点。[4] 另外，还应加强信息安全体系建设。当前，互联网信息安全主要存在信息泄露、设备入侵、系统风险、误用、滥用及篡改等安全问题。[5]

---

〔1〕 郑砚璐："构建'互联网+中医'监管机制研究"，福建中医药大学 2018 年硕士学位论文。
〔2〕 周小玲等："'互联网+'中医药的 SWOT 分析与对策"，载《医学争鸣》2017 年第 5 期。
〔3〕 常凯等："中医药标准体系表研究"，载《中医杂志》2014 年第 2 期。
〔4〕 郑砚璐："构建'互联网+中医'监管机制研究"，福建中医药大学 2018 年硕士学位论文。
〔5〕 郑砚璐："构建'互联网+中医'监管机制研究"，福建中医药大学 2018 年硕士学位论文。

"互联网+"是一个线上的行业，因此也应提高线上工作人员素质，"互联网+中医药"项目在招聘医师时不仅要核查他们的学历和资格证书的真实性，更要考查应聘者的真才实学，确保应聘者的素质达到客户的需求。在招聘之后，"互联网+中医药"项目要根据不同员工的专长开展专业化培训。"互联网+中医药"项目还要建立事后信息审核制度，及时纠正员工在咨询中出现的业务及态度等方面的问题，防微杜渐，切实捍卫客户的权益。[1]

不少学者也指出，为了推进相关产业的发展，需要政府部门的大力支持，需要缕析不同部门的各自的职责。发展"互联网+"产业是我国重大的战略部署，面对"互联网+中医药"的发展，必须理顺不同监管部门的职责，切实发挥多部门监管的合力，避免出现推诿责任的现象。[2]然而监管过于滞后于技术，看似政策对这个新兴业态宽松，实质上并不利于互联网医疗更快、更好发展。[3]"互联网+中医药"至少涉及中华人民共和国工业和信息化部（以下简称"工信部"）、中华人民共和国国家卫生健康委员会（以下简称"国家卫健委"）、中华人民共和国国家市场监督管理总局（以下简称"国市监总局"）等部门，应当建立一个协同合作的机制，为"互联网+中医药"发展营造一个良好的政策环境和社会环境。当然，互联网技术再先进，毕竟不是医疗现场，卫生部门在审批医疗资质之前，还必须联合工信部规定最低的软硬件要求，确保"互联网+中医药"基础设施的质量。[4]田浩国从产业发展的角度支持要构建"互联网+中医药"的产业链，[5]中医药产业链是围绕企业核心，通过对信息、物流、资金的控制从原材料、中间产品及完成品，再由销售渠道把产品送到消费者手中，将供应商、生产商、批发商、销售商到最终消费者构成整体的网络链条模式，形成产业链。目前，我国中医药产业规模较小、集中化程度不高，在基础研发、运营管理等多方面投入量低，使得我国中医药企业无法从本质上提高竞争力。因此通过互联网构建上下企业间相互合作机制，要发挥中医药特色产业聚集优势，对中医药产业价值链

---

[1]　郑砚璐："构建'互联网+中医'监管机制研究"，福建中医药大学 2018 年硕士学位论文。
[2]　罗志华："互联网医疗：监管不能过分滞后于技术"，载《新京报》2016 年 11 月 2 日，第 2 版。
[3]　郑砚璐："构建'互联网+中医'监管机制研究"，福建中医药大学 2018 年硕士学位论文。
[4]　郑砚璐："构建'互联网+中医'监管机制研究"，福建中医药大学 2018 年硕士学位论文。
[5]　田浩国："嵌入全球价值链'互联网+中医药'国际化发展研究"，载《中国经贸导刊（理论版）》2018 年第 11 期。

的塑造要积极规划，业务相近的优质医药企业整合集约化，增强资金通融能力，降低生产成本，提高核心竞争力。罗朝淑认为要加强区域中医药信息的互联互通，[1] 建立国家、区域级中医药数据中心，推动中医药电子健康档案和中医电子病历数据库的数据交换和协同共享。本着"填平补齐、互联互通"的原则，对信息化基础较为薄弱的部分地市级和县级中医医院进行重点建设，使其达到同级综合医院信息化水平，推动实现人口健康信息、检查检验结果、医学影像、用药记录等在中医医疗机构之间的信息共享，实现区域内居民电子健康档案与中医电子病历的实时更新，提高信息质量。[2]

还有一些学者指出，要加强中医药信息标准建设、加强中医药信息化人才队伍建设；开展中医药信息标准化理论与技术方法研究，加强中医药数据元数据、中医药语义系统、中医药临床术语集、中医药行业电子认证服务技术标准等信息标准的制定和修订，加强电子健康档案、电子病历、区域卫生信息平台等相关中医药信息标准的制定，为中医药信息化建设提供技术支撑；[3] 建立以院校教育为主、继续教育和岗位培训为补充的中医药信息化人才培养体系，充分发挥中医药高等院校、科研机构、医疗机构和学术团体的作用，建立规范、可持续的中医药信息化人才培养机制，培养一批具备中医药学、计算机学、管理学知识的复合型人才；以中医药信息化项目为依托，加大信息化技术与应用的培训，提高中医药专业人员的信息素质和应用技能，[4] 大力发展智慧中医医疗也是重点[5]，要顺应信息化发展大趋势，积极探索便民、利民、惠民的中医药服务信息化新途径、新方法、新模式；[6] 大力发展"互联网+中医药"，鼓励基于互联网、物联网和大数据的云医院、

---

〔1〕 罗朝淑："我国将建立国家中医药智慧云服务平台"，载《中国医药报》2015年8月11日，第4版。

〔2〕 罗朝淑："中医药'十三五'：确定建立国家中医药智慧云服务平台"，载《科技日报》2015年8月6日，第10版。

〔3〕 肖勇、沈绍武："我国中医药信息化发展战略思考"，载《中国中医药信息杂志》2013年第9期。

〔4〕 肖勇、沈绍武："我国中医药信息化发展战略思考"，载《中国中医药信息杂志》2013年第9期。

〔5〕 周驰："用互联网技术推动中医药可持续发展"，载《中国中医药报》2015年8月26日，第3版。

〔6〕 涂云林："'互联网+中医药'让中医药年轻化"，载《经济信息时报》2015年9月16日，第5版。

移动医疗、远程医疗、智慧药房等研究与建设，完善以中医电子病历为核心的医院信息系统建设；[1] 开展中医智慧医疗云平台研究和试点，实现中医远程会诊、预约挂号、双向转诊、远程培训等功能，为民众提供更为方便、更为快捷的中医医疗养生保健服务；建立中医药大数据系统，在全民健康保障信息化工程建设过程中，全面推进全国中医药信息化建设，统筹开展中医药医疗、保健、教育、科研、产业、文化的信息化建设，加强公共卫生服务系统、电子健康档案系统和区域卫生信息系统的融合，加快推动中医药大数据系统的建设和应用；[2] 统筹信息资源，利用信息技术实现疾病和健康管理从院内向院前、院后延伸；[3] 推进大健康信息化，充分运用大数据、云计算和数据库技术，整合、汇集古今中医药文献、临床数据和科研数据，研究开发面向临床中医专业人员以提高中医诊疗水平为目标的临床决策辅助人机互动系统。[4]

第四节　主要研究内容

当前，"互联网+"时代悄然揭开帷幕，随着人们对健康需求的不断增长，中医药热也逐渐兴起。作为一种现实需求，互联网与中医药完美结合。一个是充满现代气息的互联网，一个是散发浓郁传统气息的中医药，二者的完美结合在给公民带来无限利好的同时，也带来了许多需要解决的问题。"互联网+"就是互联网与各个传统行业相结合，它不是简单的"1+1"的关系，而是要有意识、有策略的向互联网"借东风"，打破医疗信息、资源不对称的壁垒，重构传统行业，助推各行业的转型升级。[5] 中医药学是我国人民在长期同疾病做斗争的过程中取得的极为丰富的经验总结[6]，然而由于中医药自身完整

---

[1] 刘鸿燕等："'互联网+'背景下中医药信息化需求与惠民模式研究"，载《医学信息学杂志》2015 年第 12 期。

[2] 黄明安、张露："中医医院信息化建设研究"，载《当代经济》2016 年第 1 期。

[3] 李宗友等："论互联网+中医医疗服务"，载《中国中医药图书情报杂志》2017 年第 2 期。

[4] "中医药'十三五'：确定建立国家中医药智慧云服务平台"，载人民网，http://scitech.people.com.cn/GB/n/2015/0806/c1057-27417552.html，最后访问日期：2019 年 7 月 5 日。

[5] 郑军、孟乃杰、高路杨："基于'互联网+'中医药行业的发展趋势"，载《科技风》2017 年第 7 期。

[6] 郭霞珍主编：《中医基础理论》，上海科学技术出版社 2006 年版。

的理论体系及对中医药学的灵活掌握需要经历长期的时间积累，现在的人们对它的认识不够充分，"互联网+中医药"是中医药行业借助互联网这一东风，打破原有中医药行业环境医疗信息孤岛及中医药资源分配不合理的局面，让中医药行业更好地服务于人类。本书紧紧围绕"互联网+中医药"这一主题，探讨与之相关的系列问题。主要包括如下内容：

第一，"互联网+中医"问题。首先是互联网医疗机构所涉的政策与法律问题。在对一般性问题有了初步的研究之后，深入互联网中医医疗机构，包括互联网中医医院、互联网中医诊所，结合实践中的具体案例，剖析其面临的痛点与解决对策。其次是互联网诊疗问题。包括中医诊疗信息化和智能化等问题，同时也涉及中医护理在互联网时代面临的挑战与对策，所研究的问题不仅涉及传统的民法、刑法、行政法领域，还针对移动医疗 APP 问题探讨知识产权领域，以求更加全面地梳理"互联网+中医"的政策和法律问题。

第二，"互联网+中药"问题。当前，不管是中药材产地、中药流通还是最终的中药销售，都乘互联网的快车迅猛发展。中药作为一种特殊的商品，能否像一般商品一样在线上流通？如何确保中药的安全性？互联网在解决中药的可及性方面又能贡献怎样的力量？笔者结合实务案例，试图对"互联网+中药"有关的问题进行探讨，并提出一己之见。

第三，"互联网+中医养生保健"问题。中医具有简、便、验、廉的独特优势，不仅能够祛病疗疾，在养生防病方面更是发挥着西医不可比拟的作用。一方面，互联网在引导保健按摩行业走向现代化的同时，也滋生了许多乱象。在这一章，笔者拟对乱象的规制提出自己的思考。另一方面，中医药知识借互联网背景下的新媒体而兴起，但同时也饱受媒体不当传播的毒害。如何有效发挥新媒体在传播养生保健信息中的积极作用需要认真思考。

第四，互联网与中医药的结合不仅改变了百姓求医问药的方式，更带动了一个朝阳产业的兴起。无论是"互联网+中医"，还是"互联网+中药"，在给患者带来便利与福音的同时，也给社会带来巨大的经济效益。如何让企业利益与公共健康得到双赢是学者和实务界人士需要研究的问题，此处笔者拟将提出自己简单的看法，以抛砖引玉。

第五，"互联网+中医药"改变的不仅是公民和社会，更给政府有关部门的监管工作带来新的挑战。为此，笔者将结合实务中的具体案例，分析"互联网+中医药"带来的监管风险，探索电子证据在行政监管工作中的运用，为行政监管提供理论供给，为监管工作提供有益的实操指南。

第六，"互联网+中医药"一定要保障公民的合法权益。互联网在给患者寻医问药带来便捷的同时，也对公民的信息安全带来了极大的挑战。若想运用好大数据的优势，同时又保障公民的信息安全、隐私安全等合法利益，需要在法律、政策、技术等多方面进行完善。在本书中，笔者将针对这类问题进行探讨，以求能够为公民权益保障提供参考。

第五节　研究方法

研究方法是开展研究的前提，是对"互联网+中医药"产业发展进行分析的指南。具体来说，本书主要采用以下研究方法进行分析：

首先，历史与逻辑统一的方法。在社会科学的研究中，历史与逻辑相统一的研究方法是一种基本方法。本书拟从社会发展的背景下对中医药发展的脉络进行梳理，以历史的角度发现隐于背后的中医药产业发展的规律，通过逻辑推演的方式，将"互联网+"的时代特征融入传统中医药产业的发展，并分析"互联网+中医药"产业可能发展的方向和趋势。

其次，文献研究方法。文献研究意指从国内外广泛的相关研究中梳理出目前国内外对于该领域的研究状况，避免相关研究闭门造车。因此，本书拟将进行文献检索和外文翻译，对目前国内外的研究动态进行归纳汇总，分析"互联网+中医药"产业发展中潜在的政策与法律风险。同时，笔者广泛搜索新闻报道、产业报告等材料，了解"互联网+中医药"产业发展现状，在此基础上再对之进行分析研究，提出有针对性的对策。

再次，以规范演绎为主的方法。规范性是一种具有价值指涉、跟人的价值判断密切相关、具有主观色彩的研究手段。任何研究都不过是站在一个时代的视角对原有历史进行再认识，因此本书在对传统中医药产业的发展基础进行分析的同时，立基于传统中医药产业发展的现实，注重事实、价值和逻辑的统一。

最后，实证研究方法。回归实践，在实践中检验理论的真假，是一种科学求真应有的态度。活学善用实证研究方法，不光是社会学领域研究的基本手段，更是整个社会科学所应当关注的研究方法。具体到本书而言，"互联网+中医药"产业的发展是一个与社会实践密切相关的问题，只有在实践中方能发现问题，也才能检验本书所提出的观点或理论是否为真，实践是检验真理性的标准。为此，本书将通过设计调研提纲，开展实地调研和访谈，深入"互联网+中医药"所涉全国各级各地政府部门和企事业单位，了解该产业推进过程中面临的法律问题、政策和法律适用困难以及需要哪些政策和法律支持，并对获取的调研结果进行深度分析，形成一手基础性资料，切中要害，查出"病源"。

第一章

"互联网+中医药"的基本问题

第一节　"互联网+中医药"产业基础理论

当前"互联网+"经济发展迅猛，大数据给医疗行业带来了前所未有的机遇。互联网已经无时不在、无处不在。在社会治理体系之中，推进社会治理法治化、现代化必然要求对医药行业的法律规则进行梳理。

一、主要理论基础

（一）健康权保障理论

1. 社会权时代需要保障人权

健康权是公民与生俱来的权利，具有社会权和人权的双重属性。维持身心健康是公民享有其他权利和承担各项义务的首要基础。世界卫生组织的宪章文件中认为，享受健康是每个人的基本权利。《经济、社会及文化权利国际公约》也将健康权视为一项基本人权。

社会权的保障现状体现了一个国家人权保障的程度。社会权的本质是个人可以据此向社会上其他成员、整个社会和作为其代表的国家以及它们所掌管的公共利益提出权利请求[1]。生存权是公民社会权的最低要求[2]，我国《宪法》第45条第1款规定，中华人民共和国公民在年老、疾病或者丧失劳动能力的情况下，有从国家和社会获得物质帮助的权利。国家发展为公民享受这些权利所需要的社会保险、社会救济和医疗卫生事业。社会权入宪为生

---

〔1〕　邱本："论经济法对法律方法的创新"，载《当代法学》2010年第5期。

〔2〕　喻少如：《行政给付制度研究》，人民出版社2011年版，第84页。

存权的拓展提供了规范基础。在社会权时代，生存权已不仅仅局限于确保公民生命的存活，更包含着确保公民拥有健康、良好的生命，并且在生病时能够获得国家的医疗帮助。

人权是人作为人依其本性（自然属性和社会属性）所应当享有的权利[1]，人的各种需求与利益都可包含在人权的范围内。保障人权是全人类的共同价值追求，是社会主义的崇高理想。我国《宪法》第 33 条第 3 款"国家尊重和保障人权"的规定更是表明，国家权力存在的意义即是保障人权。宪法是一切具体法律的母法，可见，国家制定和实施社会主义法律的根本目的也是为了充分保障和实现人权。

综上所述，在社会权时代，公民生存权不仅得到了宪法的确认与尊重，更应通过政策和法律的落实得到充分的保障，将宪法文本上的权利真正转化为现实的权利。

2. 发展中医药卫生事业是保障公民实现健康权的必然要求

我国《宪法》第 21 条第 1 款规定，国家发展医疗卫生事业，发展现代医药和我国传统医药，鼓励和支持农村集体经济组织、国家企业事业组织和街道组织举办各种医疗卫生设施，开展群众性的卫生活动，保护人民健康。依据该项规定，健康权的基本含义是国家以一定的作为方式保障公民所应当享有的维持身心健康的权利，即公民享有健康权意味着国家承担保障公民实现健康权的责任。

国家保障公民健康权要求给付行政。给付行政与传统行政最大的区别就是，它强调国家主动提供服务，以尽到对人民提供生存照顾的义务[2]。在医疗卫生领域，践行给付行政意味着国家有责任采取措施，保障公民获得健康服务，保证执业医师等医护人员符合规定的教育、技能标准和职业道德要求[3]，保证中医服务、中药产品的可及性，以满足公民实现健康权的需要。

综上所述，公民健康权的实现必须依赖国家的积极作为。据此，在新时代的大背景下，国家需要充分发展中医药事业，使其在保障公民健康权中发挥更大的作用。

---

〔1〕 李步云主编：《人权法学》，高等教育出版社 2005 年版，第 1 页。
〔2〕 李惠宗：《行政法要义》，五南图书出版公司 2002 年版，第 8—9 页。
〔3〕 林志强："论健康权的国家义务"，载《社会科学家》2006 年第 4 期。

（二）正义理论

正义是社会制度的首要价值。基于正义的要求，每个人都有一种不可侵犯性，且这种不可侵犯性即便以社会整体利益之名也不能逾越。罗尔斯在契约论的基础上提出的正义论是一种作为公平的正义论。公平意味着平等与中立，需要避免偏见与私利，尽量平等地分配社会合作所产生的利益和负担，坚持各种资源平等地对所有人开放，不平等分配只允许发生在能给最少受惠者带来补偿利益的情况下，即任何人或团体除非以一种有利于最少受惠者的方式谋利，否则就不能获得一种比他人更好的生活。正义的主要问题是社会的基本结构——用来分配公民的基本权利和义务，划分由社会合作产生的利益和负担的主要制度——是否正义。所谓主要制度，也即政治结构、主要经济和社会安排等。[1]

医疗资源的分配正义关涉我们获得什么样的医疗服务，更关涉和谐医疗秩序的构建。国家如何分配各种医疗卫生服务和卫生保健产品将对每个人的福利产生直接的影响。为实现最大程度的医疗正义，医疗卫生的法律和政策应该考虑让所有人都均等地享有现代医学和祖国传统医学服务。为了实现这样的目的，医疗卫生决策应该考虑让全体公民获得中医药服务的途径、如何进行中医药服务的分配、公民获得中医药服务的经济负担、国家有关部门应该如何配置权力等。

（三）风险规制理论

1. 现代社会是一个风险社会

在高度发达的现代化和一轮又一轮的科技革命中，来自人类自身行为和自身技术的风险——药品、网络和信息技术破坏等，威胁着人的生命健康以及社会秩序。技术风险阴影无处不在，且转化为巨大灾难的随机性、突发性很强。人类历史和经验已经证明，个体不可能独立地应对技术风险。因此，通过一定的组织、国家等多元主体共同应对风险社会，成为必然选择。国家层面需要评估技术风险，并将之行诸法律和政策。

2. 不确定性的挑战

传统法律体系下，立法决策和行政决策都定位于面向确定性的决策。然

---

〔1〕〔美〕约翰·罗尔斯著，何怀宏、何包钢、廖申白译：《正义论》，中国社会科学出版社 2018年版。

而，风险规制决策面向的是更多的不确定性。风险是否存在、风险有多大、风险应该和可以控制在什么程度等涉及风险规制决策合法性的重要问题，都可能会面临诸多不确定的信息。即便是专业的科学家，也未必众口如一。因此，风险社会既需要事前的立法和政策预防风险，更需要后续执法、守法等多主体的通力合作，全生命和周期防控各种不确定性的风险。

风险社会中，法律主要有两个作用：一是在建构、限制公共行政并使其负起责任，从而保证公共行政至少具备哪怕是脆弱的合法性方面，发挥着主要的作用。法律能够做到这些，就是因为它是立法机关授予公共行政权力的主要工具，也是因为它为监控公共行政权力提供了像司法审查那样的机制。二是法律提供了讨论公共行政作用、性质的场所和话语。这样的法律不单是工具性的，也不是空洞的。关于技术风险决策的法律争论都是通过法律术语展开的，法律术语具有自身内在的逻辑和哲学，可以影响这些争论。[1]

综上可见，在"互联网+中医药"大发展的背景下，面对不确定的风险，法律规制对于风险的防范和控制起着至关重要的作用。法律需要基于风险社会的考量，理性设计各项制度和政策。

（四）效用理论

"互联网+中医药"不仅是一项公共产品，其中更蕴含着商业价值、经济潜力。因此，研究"互联网+中医药"必然涉及"互联网+中医药"产业发展中的问题。通过发展"互联网+中医药"，不仅能够满足公民对健康产品的需求，更能实现社会资本利用的最大化，实现最大多数人的最大幸福。因此，效用原则成为本书的理论基础。

所谓效用是指以行为所产生的整体结果来判断行为的道德正当性，即正当的行为应当对最大多数人产生最大量的善。当一项发展"互联网+中医药"的举措能够对公众产生最大量的善（正面效用，即增强健康价值），导致最小的恶（负面效用，即削弱健康价值），就是符合效用原则的，是正当的，是应该实施的。反之，则不符合效用原则，是不正当的，是不应该实施的。

效用原则的理论基础是功利主义。人的本性是避苦求乐、趋利避害的，人的行为是受功利支配的。从宏观层面上看，效用原则为政府积极干预增进

---

〔1〕［英］伊丽莎白·费雪著，沈岿译：《风险规制与行政宪政主义》，法律出版社2012年版，第23—31页。

公民健康权的事务、维护并增进公众福祉提供了伦理基础。从微观层面上看，效用原则是"互联网+中医药"所涉政策和法律制定的依据与评判标准。[1]

二、核心概念的界定与解析

"互联网+中医药"是指将互联网等新技术与传统中医药行业相结合，打破当前医疗行业信息、资源的不均衡状态，推进传统产业的技术升级，优化社会治理手段机制，推动国家治理能力和治理手段现代化。李克强总理在2016年2月14日国务院常务会议上以获得2015年诺贝尔医学奖的屠呦呦举例说明发展中医药产业的重要性。并在2016年全国两会的政府工作报告中指出：要积极发展中医药和民族医药事业。这些都预示着中医药将成为社会经济发展中有潜力和活力的新兴产业，中医能为稳增长、惠民生做出重要贡献，打造出具有世界影响力的中华文化品牌。

互联网的特点主要有：不受空间限制进行信息交换、信息交换具有时域性（更新速度快）、交换信息具有互动性（人与人，人与信息之间互动交流）、信息交换的使用成本低（通过信息交换，代替实物交换）、信息交换的发展趋向个性化（易满足每个人的个性化的需求）、使用者众多、有价值的信息被资源整合、信息储存量大、高效、快速、信息交换以多种形式存在（视频、图片、文字等）。[2]

中医药的特点则是：①人体是有机整体。脏器、组织、器官在生理上相互联系，保持协调平衡。正常的生理活动要靠脏腑组织发挥自己的功能，也要靠它们之间相辅相成的协同作用和相互制约作用维持生理平衡。人体各个部分是以五脏为中心，通过经络系统联系，构成表里相联、上下沟通、协调共济、井然有序的整体。中医认为人体局部的病理变化与全身脏腑、气血、阴阳的盛衰有关。诊断是通过外在的变化判断内脏的病变，治疗局部的病变是从整体出发确定治疗。②人与自然界的统一。人生活在自然界中，自然界存在着人类赖以生存的必要条件。自然界的变化（如季节气候、昼夜晨昏、地区方域等）按中医的六淫（风、寒、暑、湿、燥、火），直接或间接地影响

---

〔1〕 苏玉菊：《"新公共卫生"法律规制模式研究——基于治理的视角》，法律出版社2015年版，第136—143页。

〔2〕 "互联网+中医药发展"，载《办公自动化》2016年第11期。

人体，机体相应产生反应。按中医的七情（喜、怒、忧、思、悲、恐、惊），属于生理范围内的是生理的适应性，超越了该范围的是病理性反应。因此，人要主动适应环境。在治疗上，因时、因地、因人制宜就成了重要原则。③辨证论治与个性化。辨证论治是中医认识和治疗疾病的基本原则，是中医学对疾病的特殊研究和处理方法，是中医学的基本特点之一。辨证就是将四诊（望、闻、问、切）所收集的资料、症状、体征，通过分析、综合，判断为某种症。论治是确定相应的治疗。中医治病首先着眼于症，而不是病的异同，因此，同一疾病的不同证候，治疗方法就不同。而不同疾病，只要证候相同就可以用同一方法治疗，这就是"同病异治、异病同治"。这种对疾病发展过程中不同质的矛盾用不同方法去解决的法则是辨证论治的精神实质。[1]

不过，中医药现代化进程中面临着不少的问题：①辨证论治造成一个病症对于不同的人有不同的治疗方案，不易形成国际认可的标准；②中医在两千多年的发展中形成了独特的思维体系，与现代人的思维模式较远，中医与现代科技的结合当前比较困难，容易故步自封、墨守成规；③西医教育模式与中医的理念与方法有距离；④少数中医被利益驱使，神化中医疗效，影响不好；⑤中医是经验科学，各人理解不同，需要交流，取长补短，目前民间中医与学院派中医的交流困难，影响医术水平的提高；⑥对一个患者的治疗需要一个完整的思路，如果诊疗不持续，容易造成疗效不显著。[2] 因此，"互联网+中医药"需要完善的几点主要有：①解决个性化医疗问题。医疗信息公开、互联网低成本查询与 O2O 诊疗模式使中医个性化医疗进入公共视野，便于个性化治疗的社会推广，大数据的采集对于传统中医药疗效的认定会起到重要作用。②对一般性常见病采取电脑诊断、处方、配药、自动化治疗。③对于疑难病症采取互联网方式使专家对患者遥控治疗，充分发挥中医名老专家的作用，给患者找出最佳治疗方案，得到疗效。④中医药标准化问题。[3]

"互联网+中医药"是在中医药数据化基础上与互联网技术相结合产生的一种新的产业模式，改变了人们对传统中医的认识，突出了中医医疗服务能

〔1〕 "互联网+中医药发展"，载《办公自动化》2016 年第 11 期。
〔2〕 "互联网+中医药发展"，载《办公自动化》2016 年第 11 期。
〔3〕 "互联网+中医药发展"，载《办公自动化》2016 年第 11 期。

力，发展了中医养生保健服务，推进了中医药创新及全面提升了中医药产业发展水平。[1]国务院新闻办发表《中国的中医药》白皮书数据显示，2016年全国年诊疗人次达9.1亿，中医药工业总产值达7866亿元，[2]2015年中央财政投入共计1.9亿元专项资金支持中医药信息化建设。[3]目前"互联网+中医药"发展的企业群体主要集中在中医门诊信息化系统、中药材电商、中医工具类产品、保健按摩类产品、中医问诊类产品和连锁中医馆等。"互联网+中医药"产业的企业自从2013年开始逐渐变多，目前"互联网+中医药"产业创业的企业主要集中在北京、成都、南京、广州、上海、山东这些地方。[4]

　　针对"互联网+中医药"产业的表现形式，有人按照产业集中热点将其分为中医药云计算、中医药大数据分析、中医药物联网和移动互联、中医人工智能四个方面。随着时代的发展，以文献为信息载体的方式逐渐被数字化代替。为了促进"互联网+中医药"的发展，信息数字化必须进行，这就催生了一些为中医药信息构建数据库进行云计算的产业，如北京金啸科技有限公司自主开发的"华佗云"就为中医药的信息化建设做出了巨大贡献，为医生、患者、医院、诊所、药房等多方提供信息化服务，中医大数据分析产业的出现将会充分发挥中医信息化的作用，其通过对数据的抽取、处理等，整理出中医的优势病种，更好地为患者提供服务，如中医智慧养生平台，通过计算机信息技术、模糊数学理论和中医药理论，结合中医证型和中医体质学，整合了中医界著名专家的研究和临床经验，是国内领先的中医大数据应用平台、最智慧的中医养生推荐平台。随着"互联网+中医药"的迅速发展，基于物联网和移动互联的中医药产业迅速推及全国甚至全球范围，如康美药业打造的智慧药房，为患者提供"一站式"药事服务，建立完善的药品供应链体系，实现处方系统与药房配药系统无缝对接以及常见病、慢性病药品线上开方、线下由符合条件的第三方机构配送服务，患者在就近基层医疗机构领取药品。

〔1〕　陈静锋、郭崇慧、魏伟："'互联网+中医药'：重构中医药全产业链发展模式"，载《中国软科学》2016年第6期。

〔2〕　涂云林："'互联网+中医药'让中医药年轻化"，载《经济信息时报》2015年9月16日，第5版。

〔3〕　尹泽玲等："简述'互联网+中医药'产业的发展概况"，载《电脑知识与技术》2018年第4期。

〔4〕　李彦文等："加强中医药信息产业化，推动大中药产业健康发展"，载《中国药房》2013年第7期。

为了提高中医诊疗速率、更快速地服务患者，中医人工智能产业应运而生，如全国首家互联网国医馆开发应用了一套涵盖疾病证型、治法、体质、处方、配伍的云化解决方案——"悬壶台中医辅助诊疗系统"，为广大基层医生和个体中医提供个性化诊疗和辅助临床决策的外脑服务，还有人按照"互联网+中医药"产业服务对象大致将其分为 To C 类及 To B 类，To C 类主要面向个人用户提供医疗服务，包括线上问诊、导诊、线下连锁服务及线上到线下的配药等服务（OMO）。To B 类主要面向诊所用户（含医生），包括小诊所的各种业务系统及医生再教育等。就未来盈利前景看，To B 端情况可能不太理想，To C 端盈利模式相对清晰，特别是线下诊所，关于服务平台即 OMO 模式，短期盈利前景也不佳，连锁诊所也可以将其纳入自己的 APP 中。按照现在的中医药发展情况以及未来中医药的发展趋势，笔者支持将"互联网+中医药"产业主要划分为中医药云计算、中医药大数据分析、中医药物联网和移动互联、中医人工智能四个方面。

"互联网+医疗服务"分为三类：第一类为远程医疗，由医疗机构直接安排本机构注册的医务人员，利用互联网等信息技术开展远程会诊和远程诊断。第二类为互联网诊疗活动，由医疗机构安排本机构注册的医务人员，利用互联网技术直接为患者提供部分常见病、慢性病复诊和家庭医生签约服务。第三类为互联网医院。包括作为实体医疗机构第二名称的互联网医院，以及依托实体医疗机构独立设置的互联网医院。互联网医院可以作为实体医疗机构的第二名称，也可以独立设置。这里所述独立设置的互联网医院必须依托实体医疗机构，并签订合作协议，合作方发生变更或出现其他合作协议失效的情况时，需要重新申请设置互联网医院。因此，独立设置的主要含义是互联网医院可以作为一类医疗机构申请设置，并按规定获得医疗机构执业许可证，其依托实体医疗机构的要求不变。为保证互联网医疗服务新业态的医疗质量和安全底线，要求开展互联网医院准入前必须建立全省的统一监管平台，所有医疗机构开展互联网诊疗活动必须全程留痕、可追溯，并向监管部门开放数据接口。取得医疗机构执业许可证的互联网医院独立作为法律责任主体，实体医疗机构以互联网医院作为第二名称时，实体医疗机构为法律责任主体。互联网医院合作各方按照合作协议书承担相应法律责任。

"互联网+中医药"涉及多种主体，包括药企、医院、患者、政府部门等。在农户与药企方面，中药材种植联盟或中药材基地共建共享联盟的建立，较大程度上加强了农户与龙头企业间契约的稳定性。农户与药企在互惠合作的博弈框架下订立契约，最大化双方的收益。全国中药材种植联盟通过知识共享、信息共享、数据共享与平台共享等机制，加强双方契约的稳定性。[1] 在不同药企之间，通过打造大型中医药龙头企业，生产具有较大差异的中医药产品，能够有效地避免中医药市场恶性竞争，维护中医药行业稳定。[2] 在政府部门与医院方面，信息化的发展降低了政府部门的监督成本，促进了政府部门对药企与医院（医生）激励机制的实施。[3] 在医院与药企委托代理人方面，医院药房托管的改革降低了医院（医生）的机会寻租，促进了药房与药品的公平拍卖与竞标机制，药企委托代理人（高级经理）经营药企医院、连锁药店与网上商城等，属于激励式的委托代理关系，而后者与重点医院属于公平竞争的博弈关系，与患者（消费者）属于信任互惠或声誉博弈关系。[4] 对于患者来说，信息化也促进了患者获取信息的渠道，分别与政府建立信任式委托代理，与医院（医生）建立信任互惠式委托代理。标准的信任式委托代理范式为委托人在为代理人投资一定比例的资金后，又获得代理人获取收益后的额外返还，而信任互惠式委托代理是在前者的基础上，博弈双方"礼尚往来"式的博弈，最优化双方收益。[5] "互联网+中医药"跨时空均衡配置医疗资源、将优质医疗资源和优秀医生智力资源送到老百姓家门口，方便患者就医。[6]

三、"互联网+中医药"产业典型类型

根据国务院新闻办发表的《中国的中医药》白皮书数据显示，2016 年全

---

〔1〕 陈静锋、郭崇慧、魏伟："'互联网+中医药'：重构中医药全产业链发展模式"，载《中国软科学》2016 年第 6 期。

〔2〕 陈静锋、郭崇慧、魏伟："'互联网+中医药'：重构中医药全产业链发展模式"，载《中国软科学》2016 年第 6 期。

〔3〕 陈静锋、郭崇慧、魏伟："'互联网+中医药'：重构中医药全产业链发展模式"，载《中国软科学》2016 年第 6 期。

〔4〕 陈静锋、郭崇慧、魏伟："'互联网+中医药'：重构中医药全产业链发展模式"，载《中国软科学》2016 年第 6 期。

〔5〕 陈静锋、郭崇慧、魏伟："'互联网+中医药'：重构中医药全产业链发展模式"，载《中国软科学》2016 年第 6 期。

〔6〕 "《关于促进'互联网+医疗健康'发展的意见》政策解读"，载 http://www.gov.cn/zhengce/2018-04/28/content_ 5286786.htm，最后访问日期：2018 年 12 月 26 日。

国中医药工业总产值达 7866 亿元[1]，2015 年中央财政投入共计 1.9 亿元专项资金支持中医药信息化建设[2]。目前"互联网+中医药"发展的企业群体主要集中在中医门诊信息化系统、中药材电商、中医工具类产品、保健按摩类产品、中医问诊类产品和连锁中医馆等。"互联网+中医药"产业主要集中在中医药云计算、中医药大数据分析、中医药物联网和移动互联、中医人工智能四个方面。中医药数字化产业正作为一项极具潜力的朝阳产业迅速崛起，自 2015 年开始，以提供诊疗服务的 O2O 平台也开始兴起，其中御康名医 APP 借助 O2O 模式，以"评测、选医、选方、选药、调理"为核心，倡导"我的健康我做主、我的生活我驾驭"的健康管理理念，为公众提供以中医为主的自助、自主式自我健康管理服务。[3] 中医药物联网和移动互联平台通过穿戴设备、扫描仪、手机 APP 用户信号发生器及线上咨询问诊等方式获取了更为灵活及生活化的中医临床数据，打破了只有 HIS（hospital information system，即医院信息系统）提供数据的局限，扩大了获取数据的路径。[4] 大数据分析已广泛应用于中医药行业，随着市场的发展和政策的引导，预计未来几年将是医疗大数据应用市场快速发展的时期，其中主要体现在名老中医知识图谱的构建、中医优势病种数据处理、基于大数据与中医药研究现状对慢病防治的启示及基于大数据分析建立中医临床技能数字化评价体系等。2014 年中国医疗大数据应用市场规模为数亿家，预计几年后，这一数值将翻倍，中医药大数据应用市场将约占 40%。[5] 中医大数据分析平台在数百万份病历的基础上，通过对数据的抽取、转换及加载处理等，整理出中医优势病种及构建出名老中医知识图谱。将此平台的覆盖面尽快扩大到全国各中医机构，可以为中医临床能力评估、特色科室建设及公共卫生等工作提供更好的服务。[6]

---

〔1〕 李彦文等："加强中医药信息产业化，推动大中药产业健康发展"，载《中国药房》2013 年第 7 期。

〔2〕 涂云林："'互联网+中医药'让中医药年轻化"，载《经济信息时报》2015 年 9 月 16 日，第 5 版。

〔3〕 "御康名医网络平台在京正式上线"，载《世界中西医结合杂志》2015 年第 5 期。

〔4〕 尹泽玲等："简述'互联网+中医药'产业的发展概况"，载《电脑知识与技术》2018 年第 4 期。

〔5〕 程小恩、温川飙："基于大数据分析的中医临床技能数字化评价体系"，载《时珍国医国药》2016 年第 8 期。

〔6〕 尹泽玲等："简述'互联网+中医药'产业的发展概况"，载《电脑知识与技术》2018 年第 4 期。

就当前的"互联网+中医药"的发展来看，利用互联网的方式发展中医药的研究主要是聚焦在某一具体领域，或者是具体方向，且多是紧随热点和科技前沿。如高晓璟对利用互联网技术构建中医母婴在线交互系统的可行性进行了探讨，提出了基于互联网实现护士远程指导、孕产妇足不出户享受优质中医护理服务的设想，极大地降低了护理成本。[1] 侯爱娟等对可穿戴技术在中医领域中应用的必要性与可行性进行了分析，肯定了中医诊断、疗效评价、养生、治未病等方面与可穿戴技术相结合的发展空间，认为在中医四诊信息采集与传输、脏腑辨证及经络辨证等方面具有较好的应用前景。[2] 也有人通过定量研究的方法验证了互联网中医特色健康教育对糖尿病前期患者行为改变的影响，说明基于互联网的中医健康教育具有可行性。[3] 宁波"云医院"利用云计算、物联网、大数据等互联信息技术，在 2015 年初步打造了一个含有 100 余家基层医疗机构、226 名专科医生的健康医疗平台，患者通过这个平台可以预约医生，进行病情咨询、网上诊疗等服务。[4] 同年，中医智能云平台落地浙江省海盐县，实现了全国第一个县域部署。[5]

单就参与"互联网+"的传统中医药领域来看，有两种主要的发展模式：一种是传统中医药企业的互联网化，另一种则是新兴创业项目利用"互联网+"开辟中医药市场。对传统中医药企业而言，他们有着良好的品牌名誉度，利用"互联网+"一方面为了提高知名度，另一方面则为了要扩展企业原有的经营范围。如老字号同仁堂不仅自营了网上商城，还在京东、天猫等平台开设旗舰店；康美药业在既有专注中药基础上不仅开辟了康美医药网和康美云健康服务平台，还取得了网络医院的资质，试水互联网医疗。新兴的"互联网+中医"项目大多着眼于O2O和在线问诊，其中上门推拿表现得十分抢眼。对传统中医药企业而言，主动联手互联网更多的是顺应网络化社会发展的需要，

---

〔1〕 高晓璟："《中医母婴护理在线交互系统》软件的制作——探讨母婴护理在线交互系统的可行性"，载《电脑知识与技术》2016 年第 19 期。

〔2〕 侯爱娟等："可穿戴技术在中医领域的应用前景分析"，载《中医杂志》2017 年第 8 期。

〔3〕 刘香弟等："互联网模式下中医特色健康教育对糖尿病前期患者行为改变的研究"，载《中医临床研究》2016 年第 3 期。

〔4〕 曹力、汤少梁、许可塑："'互联网+'时代智慧医院前景研究"，载《合作经济与科技》2015 年第 19 期。

〔5〕 "中医智能云系统落地海盐，中医云时代来了"，载搜狐网，https://www.souhu.com/a/46431520_232155，最后访问日期：2019 年 9 月 1 日。

利用互联网平台更好地推广自己的核心产品。新兴创业项目掌门人虽大多具有中医药专业背景，但是融资后资本具有独特的运作模式，如何协调互联网与中医的关系、找到适合自身发展规律的盈利点，一直是这些新兴项目的压力。[1] 在模式上，"互联网+中医"主要分为中医 O2O 模式、中医健康管理模式、中药电商模式、中医连锁模式。

中医 O2O 模式是由线上（online）接单、支付到线下（offline）服务的商业模式的简称，这一模式大致分为中医 O2O 推拿按摩模式和中医 O2O 送药模式。中医 O2O 推拿按摩模式是目前市场上主要中医医疗服务之一，如"理大师"和"华佗驾到"等，他们将线下推拿按摩服务资源与线上在线预约平台对接，为消费者提供上门推拿按摩服务或者在店预约服务。其优势是属于轻资产模式，只需要相应的工作人员上门服务就完成了业务，扩大了线下门店的传播渠道，将线上数据信息有效地与门店运营相结合，提升了门店的运营效率。中医 O2O 送药模式是通过在线平台用户线上下单购买中药，企业提供线下将药物配送到家的服务，包括煎煮中药、包装、储存、配送等。其优势是为消费者节省了去药店购药、回家煎煮的大量时间，极大地方便了用户。但是中药并不是刚需商品，尤其是中药需要对应医生的相应处方，低频次的购买让物流成本支出巨大，而药材和服务价格在社会医保及商业医疗保险没有覆盖的情况下难以实现商家的盈利。如"药给力"的失败案例就正好说明了这一点，值得中医 O2O 送药模式的反思。[2]

中医健康管理模式是利用互联网技术将用户的中医体质、日常起居等健康信息纳入健康档案，为用户提供中医式"治未病"的健康管理服务。在未病先防、既病防变、愈后防复等方面利用互联网信息化可以对用户及时采集信息形成健康档案，实现有效的健康管理。比如，"看中医"就是中医健康管理的典型代表，其通过建立人体健康评估系统，在 APP 上实现健康评估，采用可视化效果对患者起到警示作用。[3]

中药电商模式主要是利用互联网信息技术形成中药产业链的闭环发展，在生产、流通、销售、服务的全产业链闭环里，实现资金流动和中药信息传

---

〔1〕 郑砚璐："构建'互联网+中医'监管机制研究"，福建中医药大学 2018 年硕士学位论文。
〔2〕 参见宿凡："中医药互联网创新模式的利弊分析"，载《中国处方药》2017 年第 9 期。
〔3〕 参见宿凡："中医药互联网创新模式的利弊分析"，载《中国处方药》2017 年第 9 期。

递及药品质量的追溯，这样有利于中药的标准化制定和推广。如康美药业旗下的康美中药网，大企业的信用背书是让消费者能够放心购买的主要保证。又如 B2B 模式的中药材天地网，其起步较早，在中药材领域深耕多年，已经成为中药电商模式行业的标杆。[1]

中医连锁模式主要是传统的中医馆在原有线下中医连锁机构的基础上利用互联网将线下资源和线上资源进行有效的整合，既可以提供线上咨询、健康管理等产品，又可以提供线下的诊疗服务。这一模式的优势非常明显，因为有着线下门店的强有力的依托，更容易获取用户的信赖，用户黏性更高，在已有的线下业务盈利的支撑下，在线业务也更容易实现盈利，只要线下网点布局合理，发展势头也相对会更快、更稳健。[2]

第二节 "互联网+中医药"产业所涉政策及解析

随着移动互联网、大数据、人工智能等现代网络信息技术的迅猛发展，"互联网+"和大数据的时代已经到来，这不仅为中医药的传承创新发展提供了新的技术手段，也开拓了新的领域，提供了新的动力。2016 年，国务院发布了《中医药发展战略规划纲要（2016—2030 年）》，将其作为未来十年中医药发展指导方向，其中"互联网+"中医医疗发展被列为重点任务。就如何推动"互联网+中医药"的融合发展，近几年中央和地方都出台了相关的政策。

一、中央层面

2009 年 5 月国务院办公厅公布的《关于扶持和促进中医药事业发展的若干意见》为我国中医药事业的发展提供了政策保障，为中医药的发展打下了良好的基础。

2015 年 3 月国务院办公厅公布的《全国医疗卫生服务体系规划纲要（2015—2020 年）》，其中提出要积极推动移动互联网、远程医疗服务等发展。

2015 年 4 月国务院办公厅公布的《中医药健康服务发展规划（2015—2020 年）》中，重点强调了运用云计算、移动互联网、物联网等信息技术开

---

〔1〕 参见宿凡："中医药互联网创新模式的利弊分析"，载《中国处方药》2017 年第 9 期。

〔2〕 参见宿凡："中医药互联网创新模式的利弊分析"，载《中国处方药》2017 年第 9 期。

发智能化中医健康服务产品，这是我国中医药健康服务业领域首个国家级别的规划纲要。

2015 年 7 月国务院公布的《关于积极推进"互联网+"行动的指导意见》中提出要加快发展基于互联网的医疗、健康、养老、教育、旅游、社会保障等新兴服务，创新政府服务模式，提升政府科学决策能力和管理水平。

2015 年 9 月国务院办公厅公布的《关于推进分级诊疗制度建设的指导意见》中提出要发展基于互联网的医疗卫生服务，充分发挥互联网、大数据等信息技术手段在分级诊疗中的作用。

2016 年 2 月国务院颁布了《中医药发展战略规划纲要（2016—2030年）》，将中医药发展摆在了经济社会发展全局的重要位置，用来指导未来九年中医药的发展方向。规划纲要中明确提出，2020 年实现人人基本享有中医药服务，中医药标准化、信息化、产业化、现代化水平不断提高，中医医疗服务体系进一步完善，并明确指出推动"互联网+"中医医疗的发展。

2016 年 4 月国务院办公厅公布的《深化医药卫生体制改革 2016 年重点工作任务》中提出要整合健康管理及医疗信息资源，推动预约诊疗、线上支付、在线随访以及检查检验结果在线查询等服务，积极发展远程医疗、疾病管理、药事服务等业务应用，加强临床医学大数据应用发展工作。

2016 年 6 月国务院办公厅公布的《关于促进和规范健康医疗大数据应用发展的指导意见》中提出要大力推动政府健康医疗信息系统和公众健康医疗数据互联融合、开放共享，消除信息孤岛，积极营造促进健康医疗大数据安全规范、创新应用的发展环境，通过"互联网+健康医疗"探索服务新模式、培育发展新业态，努力建设人民满意的医疗卫生事业。

2016 年 8 月国家中医药管理局发布的《中医药发展"十三五"规划》中提出大力发展中医医疗服务、加快发展中医养生保健服务、推进中医药继承创新、加强人才队伍建设、弘扬中医药文化、推进中药保护与发展、拓展中医药服务新业态、推进治理体系和治理能力现代化。

2016 年 10 月中共中央、国务院颁布了《"健康中国 2030"规划纲要》，其中提出要积极促进健康与养老、旅游、互联网、健身休闲、食品融合，催生健康新产业、新业态、新模式。发展基于互联网的健康服务，鼓励发展健康体检、咨询等健康服务，促进个性化健康管理服务发展，培育一批有特色的健康管理服务产业，探索推进可穿戴设备、智能健康电子产品和健康医疗移动应用服务等发展。

随后 2016 年 11 月 30 日，国家中医药管理局发布的《中医药信息化发展"十三五"规划》中，明确提出"中医药信息化是实现中医药振兴发展的重要引擎和技术支撑，也是体现中医药发展水平的重要标志。全面提升中医药信息化水平，以信息化驱动中医药现代化，是适应国家信息化发展新形势的重要举措，是推进中医药振兴发展的内在要求，也是实现人人基本享有中医药服务的必然选择。"

2016 年 12 月全国人大常委会通过《中华人民共和国中医药法》，是我国第一部全面、系统体现中医药特点的法律，为中医药的发展保驾护航。

2017 年 1 月原国家卫计委发布《2017 年卫生计生工作要点》，其中提出要推进中医治未病健康工程，实施中医临床优势培育工程，推进中医诊疗模式创新；完善局省联动机制，深化国家中医临床研究基地建设，构建中医药科技创新体系；推进第四次全国中药资源普查，实施中医药标准化工程，推进中医药国际标准工作，布局建设海外中医药中心；推进公立中医医院改革，落实差别化的政策措施，探索符合中医药特点的支付方式；实施中医药传承与创新"百千万"人才工程。

2017 年 3 月国家中医药管理局发布《关于促进中医药健康养老服务发展的实施意见》，其中提出 60% 以上的养老机构能够以不同形式为入住老年人提供中医药健康养老服务。

2017 年 5 月国务院办公厅公布《关于支持社会力量提供多层次多样化医疗服务的意见》，其中提出要全面发展中医药服务。

2017 年 5 月科技部、国家中医药管理局发文《"十三五"中医药科技创新专项规划》，其中提出要加快推进中医药科技创新发展。

2016 年 12 月国家中医药管理局、国家发改委联合发布《中医药"一带一路"发展规划（2016—2020 年）》，其中重点提出"五通"任务：①政策沟通，完善政府间交流合作机制；②资源互通，与沿线国家共享中医药服务；③民心相通，加强与沿线国家人文交流；④科技联通，推动中医药传承创新；⑤贸易畅通，发展中医药健康服务业。

2017 年 11 月原国家卫计委发布《中医医术确有专长人员医师资格考核注册管理暂行办法》，其中确定了以师承方式学习中医或者经多年实践，医术确有专长的人员参加医师资格考核和执业注册，适用本办法。

2017 年 7 月原国家卫计委、国家中医药管理局发文《关于在公立医院综合改革中依法切实做好公立中医医院设置有关要求的通知》，其中强调要确保公立中医医院机构不能撤、编制不能减、功能不能弱化，充分发挥其中医药发展的主阵地作用，着力推动中医药振兴发展，为健康中国建设做出应有的贡献。

2017 年 9 月原国家卫计委发布《中医诊所备案管理暂行办法》，其中提出了将中医诊所由许可管理改为备案管理，开诊所等待审批的时间大幅缩短。

2017 年 7 月国务院办公厅公布《关于建立现代医院管理制度的指导意见》，其中要求各级政府要细化落实对中医医院（含民族医院）的投入倾斜政策。

2017 年 12 月 4 日，《国家中医药管理局关于推进中医药健康服务与互联网融合发展的指导意见》出台，从深化中医医疗与互联网融合、发展中医养生保健互联网服务等方面绘就"互联网+中医药"的发展路线图。

2018 年 4 月国务院办公厅颁布了《关于促进"互联网+医疗健康"发展的意见》，其中提出各地区、各有关部门要协调推进统一权威、互联互通的全民健康信息平台建设，逐步实现与国家数据共享交换平台的对接联通，强化人口、公共卫生、医疗服务、医疗保障、药品供应、综合管理等数据采集，畅通部门、区域、行业之间的数据共享通道，促进全民健康信息共享应用。

2018 年 6 月国家卫健委、中华人民共和国财政部、国家中医药管理局联合发布《关于做好 2018 年国家基本公共卫生服务项目工作的通知》，其中提出要贯彻落实《国务院办公厅关于促进"互联网+医疗健康"发展的意见》（国办发〔2018〕26 号），切实发挥电子健康档案在基本公共卫生服务和健康管理中的基础支撑和便民服务作用，通过智能客户端、电视、APP、网站等形式，在保障个人信息安全的情况下，推进电子健康档案向个人开放，方便群众查询自身健康信息，调动群众参与自我健康管理的积极性，提高群众获得感。

2018 年 7 月 10 日国家卫健委、国家中医药管理局发布《关于深入开展"互联网+医疗健康"便民惠民活动的通知》。

2018 年 8 月 22 日，国家卫健委发布《关于进一步推进以电子病历为核心的医疗机构信息化建设工作的通知》，其中提出到 2019 年，辖区内所有三级医院要达到电子病历应用水平分级评价 3 级以上，即实现医院内不同部门间数据交换；到 2020 年，要达到分级评价 4 级以上，即医院内实现全院信息共享，并具备医疗决策支持功能。

2018年7月12日国家卫健委发布《关于印发国家健康医疗大数据标准、安全和服务管理办法（试行）的通知》，其中明确了健康医疗大数据的定义、标准管理、安全管理、服务管理、管理监督。

2018年7月国家卫健委联合国家中医药管理局一次性出台了三个文件：《互联网诊疗管理办法（试行）》《互联网医院管理办法（试行）》《远程医疗服务管理规范（试行）》。互联网医疗领域的模糊概念、实践合法性等均能从中找到答案。

2018年10月16日国家卫健委发布《进一步改善医疗服务行动计划（2018—2020年）考核指标》，其中首次将构建远程医疗制度纳入考核范围。

二、地方层面

《海盐县中医药事业发展"十三五"规划》为浙江省嘉兴市海盐县中医药信息化建设保驾护航。

上海市人民政府印发《关于推进本市健康服务业高质量发展加快建设一流医学中心城市的若干意见》，其中提出多项政策举措助推中医药高质量发展，内容涵盖中医药服务体系、中医药健康旅游、中医药服务贸易等方面。

原江苏省卫生和计划生育委员会（以下简称"卫生计生委"）、江苏省中医药管理局印发《关于进一步推进实施治未病健康工程的意见》，其中提出到2020年所有社区卫生服务机构、乡镇卫生院及50%的村卫生室开展中医健康干预服务，提出了完善治未病健康服务网络、提升治未病健康服务能力、加强治未病健康服务人才队伍建设、增强治未病健康服务科技支撑、规范基本公共卫生服务中医药项目实施等9项任务，着力推动实施治未病健康工程，探索构建中医特色预防保健服务体系。

辽宁省本溪市2018年9月印发了《本溪市促进中医药发展实施方案（2018—2020年）的通知》，其中提出发展中医医疗服务，具体包括完善覆盖城乡的中医医疗服务网络，提高中医药防病治病能力，运用现代科学技术，推进中西医资源整合、优势互补、协同创新，推动"互联网+"中医医疗。

南京市政府2017年11月24日公布了《南京市中医药发展战略规划（2017—2030年）》，提出到2020年，南京所有的街道（镇）卫生院、社区卫生服务机构和95%以上的村卫生室具备中医药服务能力。

2018年1月25日，贵州省人民政府发布了《关于贵州省中医药发展战略规划（2016—2030年）的批复》，提出到2020年，中药民族药工业总产值突破500亿元，到2030年，中医药服务领域实现全覆盖，中医药健康服务能力将显著增强。

2018年4月11日，云南省人民政府出台了《关于推进中药饮片产业发展的若干意见》，大力支持医生处方中药饮片和中成药。云南省2018年印发的《云南省生物医药产业施工图》还明确提出到2020年现代中药产业实现主营业务收入610亿元的发展目标。

2018年6月2日，甘肃省人民政府办公厅印发的《甘肃省中医中药产业发展专项行动计划》提出，实施中药材标准化生产、中药现代化制造等9项工程，力争到2025年全省中医药及相关产业主营业务收入达1000亿元。

2018年10月12日，北京市科学技术委员会、原市卫生计生委等联合公布《北京市加快医药健康协同创新行动计划（2018—2020年）》，其中提出要促进医疗健康数据共建共享。在北京重大疾病临床数据和样本资源库的基础上，建设全市统一、开放、共享的生物样本库、健康大数据中心和数字化临床研究网络，推动临床医疗数据标准化和院际数据开放互通。

2017年2月15日，云南省人民政府办公厅发布《关于促进医药产业健康发展的实施意见》，明确提出将加快区域医疗卫生服务资源整合，开展互联网医疗保健信息服务，完善居民电子健康档案的卫生信息、云南远程医疗等平台建设；规范医疗物联网和健康医疗应用程序（APP）管理，开展互联网在线健康咨询、预约诊疗、候诊提醒、划价缴费、诊疗报告查询等便捷服务；开展远程病理诊断、影像诊断、专家会诊、监护指导、手术指导等远程医疗服务。

具体相关政策如下表：

北京市	继续开展医疗机构内诊疗信息便民行动[1]；加强公共卫生信息便民服务；实施健康北京平台建设，探索建立居民健康账户；继续开展家庭端健康医疗信息服务试点；继续实施中医药信息服务，加强基层中医馆建设，推动建设北京中医药大数据中心

---

〔1〕 参见《进一步加强北京地区互联网+健康医疗信息便民服务实施方案》。

续表

上海市	实施基层中医药信息化工程，推进中医药融入"上海健康网"建设，基于本市居民健康档案和结构化电子病历，逐步实现中医特色电子病历、辅助开方、辅助诊断、名老中医知识库、古籍文献知识库、远程诊疗、远程教育、中医药健康管理、中医药服务监管等功能，提升中医药服务与管理水平；[1]重视中医医养结合工作，拓展"互联网+"的中医医养结合服务内容，鼓励开发适宜于互联网的中医养老技术和产品，目前，正在探索养老护理员协同广泛参与的中医医养结合服务模式
天津市	推动市中医饮片、诊断等数据标准建设实施，通过推进全市统一的中医医疗机构信息化建设功能规范和技术标准，全面提升市中医信息化建设水平，依托市人口健康信息项目，构建市级中医药数据中心和中医健康云平台，实现全市中医机构间医疗数据的互联互通、交换共享，发展远程医疗、移动医疗、智慧医疗等新型医疗服务模式，通过移动终端提供中医预约诊疗、候诊提醒、划价缴费、诊疗报告查询、药品配送、个人健康信息查询等便捷服务，利用大数据、互联网等信息化新技术，探索中医药养生、健康管理、健康养老等中医服务新应用发展[2]
重庆市	建设多样化"互联网+医疗健康"创新服务平台，推动大数据、移动互联网、物联网、人工智能技术与医疗服务深度融合应用，依托全市医疗健康大数据平台，建立疾病智能诊疗辅助决策支持服务系统，加强中医辨证论治智能辅助系统应用和精准医疗服务，提高疑难杂症诊疗水平，提升各级医疗卫生机构服务质量，2019年，持续建设基于电子病历资源库的临床辅助诊疗系统，2020年，在医疗卫生机构推广应用人工智能技术、临床辅助决策系统、中医辨证论治智能辅助系统和智能化医学设备等[3]
江苏省	推动"互联网+"中医药，提升中医药信息化水平，加强全省中医药信息化建设，建设省级中医药数据中心，完成与省、市、县卫生信息平台的全面对接，实现业务系统应用整合、互联互通、高效协同和信息共享，全面建成覆盖所有中医医院的网络体系，全面整合各级各类中医药综合信息平台，建设中医药信息枢纽，融入国家和省有关信息系统，推动中医药信息与卫生计生信息资源共享、互联互通和无缝对接，建设中医药综合统计体系，健全完善中医药综合统计制度，开展中医药综合统计信息分析，利用中医药"大数据"管理，开展回溯性研究，评估中医药疗效，揭示中医药发展规律，提升中医药信息服务能力，运用云计算、移动互联网、物联网等新兴信息技术开发智能化中医健康服务产品，强化中医医疗机构信息化建设，加强中医医院信息化标准规范建设，利用智慧健康工程契机，加速推进和完善以中医电子

---

〔1〕 参见《上海市进一步加快中医药事业发展三年行动计划（2018—2020年）》。

〔2〕 参见《天津市贯彻中医药发展战略规划纲要（2016—2030年）实施方案》。

〔3〕 参见《重庆市加快"互联网+医疗健康"发展行动计划（2018—2020年）》。

	病历为核心的中医医院信息系统建设，继续实施全省中医医院信息化基础设施建设项目和基层医疗卫生机构中医诊疗区健康信息平台建设，完善医院预约诊疗服务平台，支持分级诊疗，引导合理就医，鼓励中医医院通过官方网站、微博、微信、手机 APP 等互联网工具，积极发展移动医疗健康服务，优化就医流程，推广中医医疗 O2O 健康服务等新型服务模式，提高中医医院服务水平，积极探索在线中医诊疗、远程中医诊疗、中医诊疗服务和药品配送入户等新型中医药服务模式，为群众提供便利的中医药服务[1]
浙江省	探索推进中医远程诊疗，融入纳里健康云平台，开通云诊室 20 余个，实时连接省、市级知名医院中医专家，2017 年，提供中医网络问诊、远程会诊 1100 余人次，以医疗集团为单位，探索推进集团内延伸医嘱、电子处方共享等中医医疗服务应用，各集团牵头医院根据成员单位需要提供中药处方调配、中药煎药、药品配送等集中式服务[2]；明确 31 项"互联网+护理服务"项目，其中包括中医护理服务[3]，"网约护士"可对患者实施刮痧、拔罐、麦粒灸、隔物灸、悬灸、穴位敷贴、中药涂药、中药热熨敷、中药离子导入、穴位注射、耳穴贴压、经穴推拿、中药灌肠等适宜技术
广东省	支持"互联网+中医药"发展，积极发展智慧中医医疗，建立智能化中医医疗信息服务平台，提供安全、便利、优质的中医药信息服务资源，鼓励健康服务机构利用云计算、大数据和物联网等技术搭建中医药公众信息平台，提供长期跟踪、预测预警的个性化中医健康管理服务，鼓励传统中医药企业积极拓展互联网业务，促进中医药产品电子商务发展，鼓励健康智能产品客户端、手机 APP、网站、社交软件等为中医药健康服务项目接入端口，推动中医药健康服务产业智能化发展[4]
安徽省	拓展中医药健康服务，推进中医药医养结合工作，加强中医药健康旅游基地建设，探索互联网+中医药服务模式，推动中医药传承创新，建设中医药科技平台，加强中药资源保护与利用，普及传播中医药文化，强化中医药行业监管职责；支持开展国家中医药综合改革实验区创建工作，启动互联网中医院项目，加快中医药数据中心建设，重点完成 336 个重点中医馆健康信息平台建设，开展基层中医药智慧医疗试点和中医智能设备示范应用[5]

---

〔1〕 参见《江苏省中医药发展战略规划（2016—2030 年）》。

〔2〕 参见原浙江省卫生计生委宣传处："桐乡：'三力合一'开辟中医药发展新路径"，载 https://wsjkw. zj. gov. cn/art/2018/4/18/art_ 1202100_ 17392071. html，最后访问日期：2019 年 11 月 27 日。

〔3〕 参见《浙江省"互联网+护理服务"工作实施方案（试行）》。

〔4〕 参见《广东省贯彻〈中医药发展战略规划纲要（2016—2030 年）〉实施方案》。

〔5〕 参见安徽省《2019 年全省中医药工作计划》。

续表

江西省	大力发展"互联网+中医药",推广中医药互联网医疗新模式,发展基于互联网的中医药医疗服务技术,探索具有中医特色的智慧医疗服务新模式,建立医疗网络信息平台,实现区域不同级别医疗资源整合,充分利用互联网、大数据等手段,提高重大疾病防控能力,建立中医诊疗健康信息云平台,为推动分级诊疗提供技术支撑,支持具有中医特点的智能健康产品创新和应用,鼓励健康服务机构搭建基于手机为应用终端的公共信息服务平台,提供长期跟踪、预测预警的个性化健康管理服务,整合中医基层医疗资源,搭建医养结合的社区养老信息服务网络平台,建立江西省中医药数据中心,开创中医药以数据为核心的研究新模式,建立依托互联网培养中医药人才新模式,鼓励江西中医药大学利用数字教育资源及教育服务平台开展网络化教育[1]
河北省	发展"互联网+中医药"服务,落实预约诊疗、检验检查结果查询、诊间结算、移动支付等便民惠民措施,加强省中医药数据中心建设,强化中医馆健康信息平台基层应用,完成中医馆健康信息平台国家验收工作,鼓励发展互联网医院,抓好省中医院互联网医院试点,推进中医医院信息化建设,开展好电子病历系统应用水平分级评价[2]
河南省	推动"互联网+"中医医疗发展,大力发展中医远程医疗、移动医疗、智慧医疗等新型医疗服务,依托河南省中医药数据中心,打破各医疗机构之间的壁垒,连通信息"孤岛",建设集医学影像、检验报告、健康档案等于一体的医疗信息共享服务体系和中医医疗数据共享交换标准体系,积极推广中医临床科研一体化信息平台,以信息技术支撑临床研究,鼓励探索"互联网+"中医医疗服务创新,利用移动互联网等信息技术提供在线预约诊疗、候诊提醒、电子处方、划价缴费、诊疗报告查询、药品配送、健康管理等服务[3]
山西省	建立"互联网+中医药"服务模式,县级中医院建立中医智能诊疗、远程会诊、"智慧药房"等智能信息系统,围绕患者医疗服务需求,利用互联网信息技术在医疗集团提供适宜的中医医疗服务,利用互联网技术不断优化医疗服务流程,为患者提供预约诊疗、移动支付、床旁结算、就诊提醒、结果查询、信息推送等便捷服务[4]
湖南省	发展"互联网+"中医药服务,完善中医药信息平台建设,实现区域内中医医疗机构互联互通、业务协同、资源共享,鼓励中医医院与第三方互联网公司合作,推广"治未病"健康服务应用,为群众提供预防保健、疾病康复等健康指导,推广"智慧中药房",提高中药饮片、成方制剂等药事服务水平[5]

---

〔1〕 参见《江西省"十三五"中医药发展规划》。
〔2〕 参见河北省《2019年全省中医药工作要点》。
〔3〕 参见《河南省人民政府办公厅关于印发河南省中医药发展战略规划（2016—2030年）的通知》。
〔4〕 参见《山西全面加强县域综合医改中医药工作的意见》。
〔5〕 参见《湖南省人民政府办公厅关于促进"互联网+医疗健康"发展的实施意见》。

续表

湖北省	提升中医药产业发展水平，加强全省中药产业发展统筹规划，制定优惠政策，扶持中药产业发展，支持大型中药和中药饮片生产企业进行技术改造，提高核心竞争能力，推动中药产业升级，在大别山、武陵山和秦巴山等地建立中药材现代科技产业基地，推进湖北道地中药材规模化、规范化种植，形成一批道地中药材产业集群，加强现代中药材流通体系建设，实施"互联网+"战略，发展中药材电子商务，扩大中医药海外贸易〔1〕
山东省	大力发展"互联网+"中医药，鼓励基于互联网、物联网和大数据的云医院、云支付、移动医疗、远程中医、智能化诊疗服务、智慧药房等的研究和建设应用，建设省中医药数据中心和中医药健康信息平台，实现与人口健康信息纵向贯通、横向互通，形成对医疗卫生机构中医药服务能力的智能化、信息化支撑，实施中医类医院信息化提升工程，强化信息基础设施，完善以中医电子病历为核心的医院信息系统，实现中医远程会诊、双向转诊、预约挂号、远程培训等功能，通过建立微门户、微博群、微信等，主动推送中医药预防保健和养生知识，逐步形成个性化、智能化健康决策支持服务能力〔2〕
福建省	推进中医药信息化建设，加强中医类医院信息基础设施建设，完善中医类医院信息系统，利用移动互联网等信息技术，提供在线预约诊疗、候诊提醒、划价缴费、诊疗报告查询、药品配送等便捷服务，将中医药信息化建设纳入人口健康信息系统，建设省级中医药数据中心，实现信息路网互联互通，基于居民电子健康档案系统建设中医电子病历数据库，推进中医医疗机构之间诊疗信息的共享，大力发展互联网+中医药，基于互联网、物联网和大数据，探索发展中医移动医疗、远程医疗、智慧医疗、健康管理等新型医疗服务模式，开发互联网延伸医嘱、电子处方等网络中医医疗服务应用〔3〕
海南省	加强中医医院信息化建设，大力发展中医远程医疗、移动医疗、智慧医疗等新型医疗服务模式，建设海南省中医药信息（数据）中心，构建统一的省级中医药信息平台，开发和推广中医特色的临床业务信息系统，形成一批覆盖中医药主要业务的应用系统，加强中医医疗机构基础信息系统互联互通，对接省级卫生计生和中医药信息平台，推进建设中医药云健康服务系统，开展"互联网+中医药健康服务"，到2020年，所有三级中医医院达到电子病历五级标准，所有县（市）级中医医院达到电子病历三级标准，加强中医药大数据应用，实施"互联网+中医药"行动计划，开发面向社会大众的中医药疾病诊治、养生保健等知识库、知识图谱，促进中医药各领域与互联网达到全

---

〔1〕 参见《"健康湖北2030"行动纲要重点任务分工方案》。

〔2〕 参见《山东省人民政府关于贯彻落实国家中医药发展战略规划纲要（2016—2030年）的实施方案》。

〔3〕 参见《福建省卫生计生委"互联网+医疗健康"便民惠民服务行动方案》。

续表

	面融合，完善中医药信息统计制度建设，配合国家建立全国中医药综合统计网络直报体系[1]
四川省	创新中医药就医取药服务，提供中医药服务的各级医疗机构要借助信息技术实现中药饮片代煎、配送服务，到2020年底，三级中医医院普遍开展中药饮片代煎、配送服务；推进人工智能等创新应用，支持中医辨证论治智能辅助系统和临床辅助智能诊断系统应用，提升基层诊疗服务能力，[2]加快发展医疗健康人工智能产业，强化临床、科研数据整合共享和应用，鼓励研发医用机器人、大型医疗设备、应急救援医疗设备、中医智能康复器械等，开展行业应用试点示范，培育和壮大医疗健康人工智能产业
陕西省	推动"互联网+"中医医疗，发展中医远程医疗、移动医疗、医疗咨询等新型医疗服务模式，建立覆盖省、市、县的中医远程服务体系和中医馆健康信息云平台，开展重大疑难疾病、急危重症远程会诊服务；推进"智慧医院"建设，建设集医学影像、检验报告、健康档案等于一体的医疗服务信息系统，建立跨医院的中医医疗数据共享交换体系，利用移动互联网等信息技术，广泛开展在线预约诊疗、候诊提醒、划价缴费、诊疗报告查询、药品配送、健康咨询等便捷服务，积极探索互联网延伸医嘱、电子处方等网络中医医疗服务应用[3]
甘肃省	推动"互联网+"中医医疗，大力发展中医远程医疗、移动医疗、智慧医疗等新型医疗服务模式，构建集医学影像、检验报告等健康档案于一体的医疗信息共享服务体系，逐步建立跨医院的中医医疗数据共享交换标准体系，探索互联网延伸医嘱、电子处方等网络中医医疗服务应用，利用移动互联网等信息技术提供在线预约诊疗、候诊提醒、划价缴费、诊疗报告查询、药品配送等便捷服务，加强基层医疗机构中医馆云平台建设，建立基层中医药人员教育、培训和能力提升的信息化系统，大力推广使用"智慧中医"开展中医药服务[4]
青海省	加强中藏医药信息化建设，根据国家卫生健康委制定印发的《全国医院信息化建设标准与规范（试行）》，完善医院信息系统基本功能，省藏医院负责研发支持藏文的藏医医院管理信息系统和藏医电子病历，以电子病历为核心，开展藏医药信息标准体系和技术规范研究，逐步建立体现藏医药特色的医院信息系统，并在全省推广使用，逐步与居民电子健康档案有效衔接，促进区域医疗信息交换与共享，积极开展中藏医远程会诊、远程教育、适宜技术推广等服务，为基层医疗机构提供中藏医药技术指导和帮扶，推进"互联

〔1〕 参见《海南省贯彻〈中医药发展战略规划纲要（2016—2030年）〉实施方案》。
〔2〕 参见《四川省推进"互联网+医疗健康"便民惠民服务行动计划（2019—2020年）》。
〔3〕 参见《陕西省中医药发展战略规划（2017—2030年）》。
〔4〕 参见《甘肃省贯彻〈中医药发展战略规划纲要（2016—2030年）〉实施方案》。

续表

	网+医疗健康"，开展中藏医远程医疗、移动医疗、智慧医疗等新型医疗服务模式工作〔1〕
贵州省	加强中医药信息化建设，加强省中医药数据中心建设，实现与省人口健康信息平台互联互通，推动中医药大数据应用，完善以中医电子病历为核心的中医医院信息系统建设，实施"互联网+中医药"行动计划，促进中医药各领域与互联网全面整合，发展中医远程医疗、移动医疗、智慧医疗，发展自动化、智能化中医药健康信息服务，为居民提供融中医健康监测、咨询评估、养生调理、跟踪管理于一体的中医养生保健服务，完善中医药信息统计制度建设〔2〕
云南省	加快中医药信息化建设，加强中医药公共基础数据库建设，推进中医医疗机构公众信息服务平台建设，继续推进以医院管理和中医电子病历为核心的医院信息平台建设，建立中医电子病历开发与应用协作机制，推进县级以上中医医院中医临床路径管理工作，整合、完善名老中医典型案例共享数据库和中医药传统知识文献数据库，推动基层中医药适宜技术推广、中医重点专科、中医药文化科普等网络资源共享平台建设〔3〕
辽宁省	推动"互联网+"中医医疗，加强中医医疗机构信息化建设，大力发展中医远程医疗、移动医疗、智慧医疗等新型医疗服务模式，构建集医学影像、检验报告等健康档案于一体的医疗信息共享服务体系，逐步建立跨医院的中医医疗数据共享交换标准体系，探索互联网延伸医嘱、电子处方等网络中医医疗服务应用，利用移动互联网等信息技术提供在线预约诊疗、候诊提醒、划价缴费、诊疗报告查询、药品配送等便捷服务〔4〕
吉林省	推进中医馆健康信息平台建设，为基层中医馆提供特色电子病历、中医药知识库、中医辨证论治、中医远程教育、中医养生保健治未病、中医临床业务监管和中医医院信息系统等信息化服务，依托中医馆健康信息平台，整合数据资源建设中医药数据中心，实现与国家中医药数据中心和吉林省全民健康信息平台的对接联通，为吉林省基层医疗机构中医馆提供医疗数据存储、资料查询、诊断辅助等信息服务，加强基层中医药服务管理，全面提升基层医疗机构中医药服务能力和水平〔5〕

---

〔1〕 参见《青海省扶持和促进中藏医药发展若干措施》。

〔2〕 参见《贵州省"十三五"中医药发展规划》。

〔3〕 参见《云南省加快中医药发展行动计划（2014—2020 年）》。

〔4〕 参见《促进中医药发展实施方案（2016—2020 年）》。

〔5〕 参见《吉林省人民政府办公厅关于促进"互联网+医疗健康"发展的实施意见》。

续表

黑龙江省	加强中药材资源保护与合理利用，完成省内全国第四次中药资源普查工作并促进成果转化，依托第三方组织，在各地市建设中药资源信息站，建立中药资源动态监测网络，监测全省中药资源保护和利用现状；提高流通体系信息化水平；推进中药材流通中心建设，打造以哈尔滨为中心的全省中药材现代流通体系，壮大哈尔滨中药交易市场规模，优化中医药市场布局，在哈尔滨建设"线上+线下"交易平台，进一步完善集初加工、贸易、物流、仓储、电商配套体系；提高流通体系信息化水平，研究建立中医药产业大数据应用中心，整合中药资源普查、中药经营平台、终端销售市场数据，通过对大数据分析和挖掘，指导全省中药材产业布局、产能优化等产业规划和发展，服务上、中、下游产业客户，加强流通体系信息化建设，通过现代信息技术和物联网技术，建立中药材质量追溯体系，逐步实现全过程追溯管理，确保药品质量安全；大力推进中医药服务贸易，开展线上线下对俄中医药诊疗、保健、康复服务，建设对俄中医药服务电子商务平台，逐步实现俄罗斯患者预约专家、组团、通关、网上支付一站式服务；拓展中医药文化传播影响力，综合运用数字出版、移动多媒体、自媒体、动漫等新兴文化传播方式，打造龙江道地药材品牌[1]
广西壮族自治区	发展"互联网+"人工智能应用服务，支持中医辨证论治智能辅助系统应用，提升基层中医诊疗服务能力，推广"智慧中药房"，提高中药饮片、成方制剂等药事服务水平[2]
内蒙古自治区	《内蒙古自治区人民政府办公厅关于促进"互联网+医疗健康"发展的实施意见》中指出，推广"智慧中药房"，提高中药饮片、成方制剂等药事服务水平。
新疆维吾尔自治区	建立自治区药材资源监测网络和信息服务平台，根据自治区各州、市县的地理、气候和环境特点，结合现代科学技术，开展全区药材种植地适宜性分析，提出区域药材种植养殖的发展建议，为各地发展中药民族药产业提供科学指导，为农户提供有效的市场供求信息，同时，在自治区药材资源保护区、种植基地以及加工、物流、仓储基地，依托"互联网+"将建设药材传统市场和现代信息化市场相结合，形成综合信息服务平台，建立产地药材资源实时监测和质量检测制度，保证中药民族药供应质量，促进产需市场的有效对接[3]
宁夏回族自治区	提升区中医药信息化水平，完成宁夏中医药数据中心和基层中医馆健康信息平台和全区中医医院云 HIS 建设项目验收工作，探索互联网+中医药服务模式，依托现有中医馆健康信息平台，建设基层中医师辅助诊疗系统，为基层中医药人员提供有效的中医诊断及处方指导，提升中医药水平和疗效[4]

〔1〕 参见《黑龙江省中医药产业发展规划》。

〔2〕 参见《广西促进"互联网+医疗健康"发展实施方案》。

〔3〕 参见《新疆维吾尔自治区中药民族药资源保护与产业发展规划（2016—2020 年）》。

〔4〕 参见《2019 年全区中医药工作要点》。

三、"互联网+中医药"所涉政策解析

通过梳理中央和地方层面发布的一系列有关"互联网+中医药"的政策，可以获得如下启示：

第一，国家高度重视"互联网+中医药"。自 2009 年以来，从中央到地方的 30 个省市，都颁布了大量鼓励"互联网+中医药"的政策。国家支持互联网与中医药深度融合发展的决心可见一斑。实务领域大力发展"互联网+中医药"行业具有深厚的政策基础。

第二，国家颁布政策涵盖的范围十分广泛。"互联网+中医诊疗""互联网+中医医疗机构""互联网+中药行业""互联网+中医养生保健"……可以说，互联网渗透进了中医诊疗、保健的各个方面，为互联网在更广泛的领域与中医药结合提供了政策支持。

第三，相关利好政策仅仅停留在政策层面，法学理论、实操层面的规范有待深入研究。现有的政策只是在宏观上对"互联网+中医药"的发展进行了指引，但是具体在微观上应该如何操作，公民个人、企业、国家监管部门应该如何协力合作，以使"互联网+中医药"真正惠及百姓，还有待理论的论证和实务的摸索。

第四，现有鼓励"互联网+中医药"的文件仅仅停留在政策层面，相关法律阙如导致实操无法可依，进展困难。因此，从法学的视角剖析"互联网+中医药"发展中各方的权利和义务，厘清各方的权力和责任，推进"互联网+中医药"领域的法治进程，显得尤为必要。

四、"互联网+中医药"相关政策的探讨

从上述政策上可以看出，解决信息通路是实施"互联网+中医药"战略的基础。这里涉及五个方面的问题：

第一，患者要有条件使用手机或电脑连接互联网，医院要开通公众信息服务平台，为了保证远程诊断信息的准确性，要采用先进的检测仪器和信号采集设备。这些是基础工程，需要足够的资金投入。另外，为了达到信息资源共享的目的，建议多家中医医院共用一个公众信息服务平台，形成一个战略联盟，把各家医院的特色和优势都放在一起展示出来。公众只需登录一个网址，就可以查找到所有医院和医生的信息，从而方便患者选择医院和医生。

第二，中医的特色诊疗技术不适合在互联网上推广。中医有两个特色：一是非药物疗法，如火针技术、艾灸技术、拔罐、刮痧、正骨、按摩、捏积等，具有很强的专业性和技术性；二是辨证论治，实施个体化给药方案。然而探测仪器可能存在误差，导致医生在互联网上获得的信息与患者身体的真实信息之间可能存在偏差，使得辨证不准，达不到治病的目的。因此，中医的这些特色诊疗技术难以在互联网上推广。对于疑难杂症的诊治，建议患者先在互联网上预约挂号、在线缴费，自行到医院诊治。

第三，打造中医药的知名品牌，以此带动行业的发展。品牌是一种识别标志、一种精神象征、一种价值理念，是品质优异的核心体现。知名品牌的质量有保障，占有的市场份额大，深受顾客的青睐。而要打造知名品牌，必须做到以下几点：一是要保证中药饮片和膏方的质量，才能保证临床疗效；二是要保证远程诊疗的准确性和有效性；三是要保证服务质量。

第四，加强用户信息和健康隐私的保护。大量包含用户隐私的数据在不同终端和平台之间被采集、传输、存储和处理，带来了数据的安全风险。系统安全与隐私保护是进行可信赖的数据共享和交换的前提。因此，"互联网+中医药"战略的实施一定要加强用户信息和健康隐私的保护。

第五，网络缴费与医保挂钩。目前，医保政策尚未与网上药店进行对接，网购药品不能使用医保卡进行支付。因此，只有到医院看病和购药才能使用医保卡。若开通网络医保支付业务，将有利于"互联网+中医药"的快速发展。

"互联网+中医药"战略的实施，是医院为民众开辟的一条网络挂号、缴费、咨询、诊疗的便捷通道。民众将能够随时随地登录互联网选医院、选医生、和医生交流，以及对医生的服务进行评价。通过这种方式可以拉近医生和患者的距离，缓和医患关系，缓解看病难的问题。同时，开通互联网医疗服务后，医院的服务对象和服务范围扩大了，医院的经济收入增加了，医院的发展空间也扩大了。互联网是推动中医药发展的重要手段，目的是传播中医药文化，为民众提供便捷的中医药服务。因为便捷，所以市场需求量也有所加大。然而，对于博大精深的传统中医药来说，难以形成固定的诊疗模式在互联网上推广使用，在线诊疗具有一定的局限性。因此，围绕"互联网+中医药"来开展工作，关键是开发先进的网络产品（如手机软件）和利用先进的网络平台（如微信公众号）来与公众进行网络交流，向公众提供新产品和新服务，以方便公众就医、购药。

第二章
互联网+中医

第一节　互联网中医医院

一、互联网中医医院遇到的法律障碍

（一）医疗质量难保障

在互联网中医医院，中医传统的"望闻问切"诊断四法只有"望"和"问"两种方法可以实现，"闻"和"切"在未来可能通过智能设备收集相关数据，但是目前受限于空间，医生不可能采取。而且"望"和"问"也与面对面的诊断存在一定差异，"望"通过图片或视频进行，但图片和视频都会通过设备进行处理，视频的质量也受到网络传输速度的影响，互联网中医医院的"望"诊和人肉眼直接观察得到的内容并不完全相同。"问"是通过文字或语音交流，然而通过文字来表达病情难免产生歧义，且在多数互联网中医医院，患者的问诊时间是受到严格控制的，在短暂的时间内，患者只能选择部分内容讲述，医生不能对患者的情况有更加全面的认识。[1]

国家卫健委和国家中医药管理局对互联网医疗的态度非常谨慎，在2018年7月17日发布了《互联网诊疗管理办法（试行）》《互联网医院管理办法（试行）》《远程医疗服务管理规范（试行）》三个文件规范互联网诊疗行为，明确规定不能对首诊患者开展互联网诊疗活动，只能对部分常见病、慢性病的患者在线开具处方。

这些文件在实施中将会遇到的问题是，互联网中医医院难免会成为一个

---

〔1〕 许方霄："互联网+中医药在网络时代面临的挑战"，载《首都食品与医药》2015年第21期。

医生管理复诊患者的平台，这完全满足不了互联网中医医院自身的目标。所以许多互联网中医医院仍然会对首诊患者提供服务，但会在注册协议中写明："首诊中医生所提供的内容只是其个人建议，不能作为诊断、治疗的直接医疗处置，擅自将医生建议作为处方使用的，产生的一切后果与医院无关。"那么，医生提供的内容是个人建议还是诊疗依据？如果患者听从医生的错误建议而遭受了伤害，医院是否可以免责？这并非简单地通过注册协议的一个条款就能够确定，这种规避方式的合法性还有待讨论。

（二）中医药行业标准不统一

2015 年"477 万天价赔偿案"震惊了中医界，北京永安堂医药连锁有限责任公司（以下简称"永安堂"）的一位医生给前来就诊的一名患者开具了 7 日的处方，处方中含有半夏 40 克，服药几日后，该患者前往永安堂复诊，医生又另开具一个 3 日处方，其服用后症状加重，半个多月后在北京协和医院查出尿毒症，该患者认为永安堂超剂量使用半夏导致其患上尿毒症，将永安堂告上法庭，法院最终采纳了鉴定机构的鉴定意见，认定永安堂开具的处方中半夏用量超出了 2015 年版《中华人民共和国药典》（以下简称《药典》）推荐的 3 克至 9 克指导用量，存在用药依据欠充分的过错，判决永安堂赔偿患者伤残赔偿金、医疗费、后续治疗费、误工费以及营养费共计约 477 万元。在这个案件中，永安堂医生开具含有 40 克半夏的处方并非毫无道理，其是依据《金匮要略》的古方"瓜蒌薤白半夏汤"做出的，原方中半夏的剂量为半升，相当于现代剂量的 100 克以上。该案件透露出了中医药行业缺乏标准的问题。

中医不传之秘在于量，在临床治疗中，由于病人情况和药材质量的不同，医生往往会加减药材的剂量，2015 年版《药典》由原国家食品药品监督管理总局颁布实施，但是其关于剂量的规定因过于简单不能准确适用于临床用药，临床中中医药界超越 2015 年版《药典》剂量使用中药的情况比比皆是。[1] 中医有各家学说，有许多流派，医生们对中医都有自己独特的理解，而且中医讲究因时、因地、因人制宜，要制定一个能够被普遍接受的标准存在很大的困难。缺乏标准就会导致难以判断诊疗活动中医生是否存在过错，也不利

---

[1] 赵因："论医疗损害侵权责任的构成要件——以一起医疗损害赔偿案为例"，载《医学与法学》2015 年第 6 期。

于中医诊疗活动信息的电子化，不方便医疗大数据的收集、流通和使用。中医难以标准化是制约中医药互联网化、产业化发展的主要因素。[1]

（三）资质审核制度不完善

《国务院关于积极推进"互联网+"行动的指导意见》在"互联网+"益民服务中明确提出，要积极推进和发展互联网医疗。但是，目前关于互联网中医医院的准入资质审核制度还未完善。一方面是互联网中医医院的资质问题。根据《互联网信息服务管理办法》第 5 条规定："从事新闻、出版、教育、医疗保健、药品和医疗器械等互联网信息服务，依照法律、行政法规以及国家有关规定须经有关主管部门审核同意的，在申请经营许可或者履行备案手续前，应当依法经有关主管部门审核同意。"作为医疗行业的主管部门，国家卫健委和国家中医药管理局发布了《互联网医院管理办法（试行）》，列出了设立互联网医院应当符合的标准，但是这些标准主要是以西医为对象建立的，不切合中医药医疗行业的实际情况，人们对于是否对中医和西医设立不同审核标准的行政许可存在争议。[2]另一方面是互联网中医医院对于入驻医生、针灸师、按摩师的资质审核存在问题。分级诊疗和多点执业对于患者和医生来说都是充分利用医疗资源的方法，但是随之出现的问题是互联网诊疗平台上医生资质难辨真伪，以小鹿医馆为例，曾出现虚构某医生同步出诊信息和冒充医生违法出诊开处方药等问题。目前的法律法规并没有明确规定互联网中医医院的医生、针灸师、按摩师等医疗服务人员的资质如何审核和监管。互联网具有一定的虚拟性，医生线上出诊解决健康保健咨询问题无需和患者面对面，这期间存在着虚假信息的风险，医生资质难确定，患者的权益无法得到保障。[3]

二、互联网中医医院遇到法律障碍的应对策略

（一）完善相关监管法律

国家和地方政府应当完善立法，在适用《互联网诊疗管理办法（试

---

〔1〕 周小玲等："'互联网+'中医药融合的因素与对策分析"，载《江西中医药大学学报》2019年第 2 期。

〔2〕 李亚静、郁莹："传统医院移动互联网医疗服务模式研究"，载《中国当代医药》2016 年第 2 期。

〔3〕 高亮："移动医疗服务法律规制研究"，北京中医药大学 2017 年硕士学位论文。

行）》和《互联网医院管理办法（试行）》的过程中，总结经验，设定高位阶的法律文件，赋予相关机构对违反规定的互联网中医医院进行警告、罚款、注销等行政处罚的权力，确定互联网中医医院和相关医疗人员的准入条件，解决社会上互联网医疗相关机构鱼龙混杂的问题，有利于互联网中医医院的健康有序发展。互联网中医医院比传统医院有诸多特殊之处，当法律、规范明显不适用的时候，应当合理地调整补充或者另行规定，保障互联网中医医院的合法性和正常运营。[1]

（二）加快建立中医药行业标准

建立统一互联网中医医院的相关标准。中医是一门经验科学，最难的就是实现标准化，但是互联网中医医院是面向全国各个省市、各个人群的，不应当有门派、地域之别。需要国家组织中医、互联网等领域的专家对疾病、症状、药品等进行统一编码，确定诊断流程、收费定价、信息数据储存与传输等标准。西医能够率先通过互联网技术快速发展的一个重要原因就是其有一套普遍认可的标准。[2]而我国的中医行业却普遍存在着派别之分。目前，我国已有部分中医药相关国家标准和企业或行业组织标准形成，但较完备的中医药标准仍在建设中，需要加快标准建设步伐，建立健全中医药标准，使中医药特色优势得到保持和发挥，使中医药能够更好地互联网化。[3]在当前没有统一标准的情况下，可以先以《药典》为依据，尽量减少医疗风险，便于医疗过错的判断和纠纷处理。

（三）互联网中医医院应加强合规管控

1. 严格遵守现行法律法规

首先，互联网中医医院应当按照《互联网医院管理办法（试行）》等法律的规定，建立符合标准的实体医疗机构，办理相应的证件，不能超越备案范围开展医疗活动，发布的中医医疗广告内容应当与经审查批准的内容相符合，并符合《中华人民共和国广告法》的有关规定。对于自建药房的医院来说，要遵守《中华人民共和国药品管理法》的规定，建立并执行进货检查验

---

〔1〕 吕晓娟等：“互联网+医疗面临的机遇与挑战”，载《中国卫生信息管理杂志》2016年第2期。

〔2〕 朱选功：“我国中医药出口的SWOT分析”，载《生产力研究》2011年第3期。

〔3〕 王茂：“行业标准《中医药标准体系表》研究制定——中医药标准分类编码研究”，湖北中医药大学2013年硕士学位论文。

收制度，验明药品合格证明和其他标识，保障药品的质量，对中药饮片的炮制和加工必须遵守炮制的相关规定，还需要向药品监督管理部门备案，保证药品的安全使用。

其次，医院要慎重收集使用并妥善保管用户个人数据。医院应当制定完善的健康医疗数据收集和应用规则并予以公开，使患者了解数据收集的目的、方式、范围、格式样本、流程等，采集患者信息时，应当经患者的同意，并在规定的范围内采集，从而减少患者对数据收集的抵触情绪。医院对于用户在诊疗过程中形成的电子病历、电子处方等数据要妥善保管，通过技术手段防止数据被篡改、窃取、毁损，如果发生医疗纠纷，这些数据是证明医疗情况的主要证据，如果医院不能提供真实完整的诊疗数据，将会承担举证不能的责任，在诉讼和舆论中极易陷入被动地位。用户的医疗数据包含着丰富的诊断治疗和患者健康信息，具有较大的研究价值，可以促进中医科研的发展，但是医院使用用户数据必须进行去识别化，去除个人基本信息，如姓名、住址、社保号等能够识别出具体患者的信息，脱敏后的医疗数据的免费使用只能限定在医疗机构、研究机构等相关机构内部，医院不能将用户数据提供给保险公司或者其他第三方企业，不可将之用于商业用途。[1]

2. 完善内部规章制度

通过前文对互联网中医医院法律关系的分析可以看出，现在互联网中医医院的许多经营还处于一个模糊地段，没有专门的法律来规定，如何分配责任、如何设定权利义务主要由医院自身的规章制度和合作协议来制定。医院应当注重对医院人员的管理，由于多数医生只是通过网络在互联网中医医院兼职工作，管理难度大，当医生、针灸师等人员申请在互联网中医医院执业时，医院要严格审查医生提供信息的真实性，对其医疗执业资格证、原任职医院职称岗位等信息要进行核对，在医院人员开展诊疗活动之前，医院应当通过人脸识别等技术手段确保医院人员是本人。对新注册医师进行规范化培训，保证其熟悉医院规章制度及相关法律法规，并定期对医生进行综合性考查，考查内容包括审核电子处方及病历、接诊量、患者评价等方面，根据考查分数对医生进行奖惩。医院要制定医疗纠纷预防和处理制度，确定在哪些

---

〔1〕 余文清、邓勇：“移动医疗信息安全保护与法律监管机制建构探讨”，载《中国医院》2016年第9期。

情况下医生要承担责任，并且可以通过购买医疗责任险的方式减少医院的损失。[1]

3. 聘请专业律师

在开展对外商务合作时，建议聘请专业律师对已签订的合同进行严格审查，找出风险点，做好风险应对和补救措施，对今后签订的合同要务必有律师的参与，从商务谈判到合同的起草、修改审查再到最后的标准化合同文本库的建设，都由专业律师严格把关，避免不可预知的法律风险导致医院发展陷入困境。

整体而言，互联网中医医院的发展为患者和医疗工作人员皆带来便利，使优质医疗资源得以流通，可以提高医生的工作效率，减轻患者的经济负担，使医疗服务体系更加公平合理，是医疗行业改革的方向。政府应通过研究现有互联网中医医院运营中暴露出的问题逐渐完善立法，规范和引导互联网医疗行业，推动互联网中医医院进一步发展。互联网中医医院也应该遵守法律法规，坚守道德和法律底线，严格把控医疗风险，秉持为人们提供优质中医药医疗服务的理念，不过度追求经济利益，使传统的中医药和现代的科技真正结合起来，为人们带来福祉。

三、互联网中医医院实操案例：江苏省中医院互联网医院

在国家战略支撑与实践成功经验的借鉴下，2018 年初江苏省中医院互联网医院正式启用。这不仅标志着江苏省中医院向智慧医疗方向迈出更加坚实的一步，也意味着全国中医系统首家互联网医院的问世，"互联网+中医"的进程实现了新的跨越。

在国家政策指导下，江苏省中医院互联网医院由第三方软件商承建，以医院实体为依托，通过大数据、互联网、物联网技术的结合，打通了线上线下业务。互联网医院主要由预约挂号、智能导诊、云诊室、健康商城、国医讲堂和慢病管理六个部分组成。患者足不出户即可体验"云预约—云候诊—云就诊—云购药—云支付—云档案"从诊前—诊中—诊后的一体化的就医服务。

---

〔1〕　孟勋："'互联网+'：数字医疗走向新的阶段"，载《中国科技信息》2016 年第 13 期。

（一）发展历程

2017 年 3 月 20 日，江苏省中医院、中国农业银行江苏省分行、中国移动江苏公司三方网络医院战略合作正式签约，标志着江苏省中医院网络医院建设项目正式启动。互联网医院最初开设的是预约挂号服务，患者可以通过中医院 APP、微信公众号、官网等方式实现在线预约挂号。

同年 8 月 26 日，由江苏移动量身打造、省中医院唯一官方授权的"江苏省中医院"APP、新版医院官网及微信公众号预约功能同时上线。除了在线预约挂号以外，还有膏方预约、云诊疗、掌上支付、智能导诊等功能，且患者可以自助预约一周内的专家号，就诊时间细分到具体时间段。

同年 12 月 12 日，互联网医院在促进国内外交流方面取得重大突破。在省侨办、中国驻英国曼彻斯特总领馆见证下，省中医院与英国淑兰中医学院通过远程会诊平台签署了中医远程会诊合作协议。同日，院内专家还通过平台为瑞士、澳大利亚的华侨进行了远程会诊，并开出了全国首张跨洋处方，会诊效果受到现场观摩的省侨办领导和几十位侨领的高度赞赏。

2018 年 1 月 17 日，经过前期数月的准备，江苏省中医院宣布江苏省中医院互联网医院正式启用。

互联网医院正式运行 5 个月后，国际远程会诊和远程教学服务开通，为江苏省中医院进行中医药文化国际交流和传播提供技术支撑，促进了国际医疗资源共享。

（二）主要服务内容

1. 预约挂号

2018 年江苏省中医院全年门诊服务超过 535 万人次，如此巨大的门诊量如果依然使用传统的挂号模式，门诊部必然是人山人海。但实际上，江苏省中医院门诊部依然有条不紊，其依靠的就是"互联网医院"模式下的新型预约挂号系统。在传统电话预约、自助机预约基础上，患者可通过医院 APP、官网、微信公众号等全新方式实现预约挂号。患者可以线上查询医师的坐诊时间及预约情况，然后根据自己的时间安排分时段地进行预约挂号，到时直接按时就诊无需等待，极大地优化了就诊流程，节省了问诊时间。

2. 智能导诊

互联网医院将中医院多年理论知识和临床经验积累与大数据结合，设置了智能导诊模块，针对患者的症状，利用大数据分析，给患者提供患病结果参考和挂号科室建议，既可以使患者对病情有简单的了解，又解决了部分患者因为分不清挂号科室而导致挂错号的问题。

3. 云诊室

云诊室的设立得益于医院与中国移动公司的合作和中国移动云视讯视频会议平台的应用。通过将云视讯嵌入互联网医院系统中，江苏移动为江苏省中医院互联网医院搭建了远程会诊平台，再依托医院实体，病患可进行线上诊疗交流。目前，医院每天都会根据患者预约安排 2 名至 3 名专家在"云诊室"坐诊，使得患者足不出户即可实现问诊，极大地方便了行动不便的患者和外地患者。得益于技术的改进，目前医生已经可以将包括患者舌苔在内的细微处观察清楚，看诊的准确性得到提高，保证了线上问诊的安全性。

4. 健康商城

健康商城是医院提供的线上购药的模块。患者通过云诊室看诊以后，医生即可开出电子处方，并指导患者购买药品。患者凭借医生开具的电子处方，可线上订购所需药品并完成支付，药品将在第二天快递送至患者住所。这样便解决了患者线下购药来回跑的麻烦。

5. 国医讲堂

国医讲堂是一个由名老中医引领，宣传中医药文化知识和江苏省中医院建设经验的平台。平台上包括"名医话膏方""大咖开讲"等名老中医讲授中医药知识的视频，让不在现场的人也可以体会名老中医讲课的风采并从中学习中医药文化知识。

6. 慢病管理

针对慢病、专病患者，江苏省中医院整合医院现有医疗资源，构建了"以医生为主导，以病人为中心"的慢病管理系统，为慢病病人提供健康监测、用药提醒、健康讲座等一系列创新服务。病人可将测量数据上传至平台，医生可以定期查看，并给予科学的指导，帮助病人合理管控疾病，实现慢病长期便捷式治疗。

（三）取得的成就

1. 创新医疗服务模式，提升患者就医体验

互联网医院以医院 APP、官网、微信公众号为入口，集预约挂号、远程诊疗、在线缴费、网络购药、慢病管理等于一体，给患者提供便捷、高效的诊疗服务。改变了传统的就诊模式，为患者看病提供了新的选择，真正实现

了"百姓少跑腿、数据多跑路"。除了便捷性、高效率以外，互联网技术的运用更大程度地发挥了中医治未病、辨证论治的作用，提升了患者的就医体验。

2. 优化资源配置，打造行业新业态

江苏省中医院携手中国移动、中国农行共同打造了网络医院，这是跨行业、跨领域的合作。中医院代表健康，拥有中医院品牌和实体资源；中国移动代表智慧，拥有4G网络、云计算、物联网等先进技术；中国农行代表财富，拥有多渠道的金融科技支撑和全牌照的系统优势。三者的融合利用优势互补、资源共享，实现了合作共赢、服务民生，也顺应了国家供给侧结构性改革的潮流，以"大健康＋大平台＋大数据"为支撑打造了行业新业态，推动了中医药行业的创新发展。

3. 远程国际诊疗与教学，助推中医药文化走出国门

中医药资源不仅是中国的，也是世界的，江苏省中医院多年来一直致力于推动中医药走向世界。互联网医院的建立为中医药国际传播开启了新的大门。利用互联网医院的远程会诊平台，中医院开通了国际远程诊疗和国际教学服务。海外患者可以通过平台预约诊疗服务，实现跨境就医；海外学子也可以在线向老师请教，实现跨境教学。在中国移动的帮助下，远程会诊平台成功实现了与澳大利亚、瑞士、英国、爱尔兰等国家医疗机构的对接。截至2018年6月，江苏省中医院已与10个国家的医疗和教学机构达成中医国际远程会诊和远程教学服务合作意向。

（四）优势与不足

1. 优势

江苏省中医院互联网医院成立以来取得的重大成就与其独特的优势分不开。经过长期发展与完善，该互联网医院基本形成了以下服务特色：

第一，全程管理，一体服务。通过互联网医院，患者可以实现的不仅仅是网上预约挂号和在线问诊，线上开方、在线取药、掌上缴费、电子病历与报告查询、复诊提醒等从诊前到诊后的一系列治疗过程都可以在线上完成。

第二，院外社区医疗服务。通过网络远程会诊平台，与基层医生和患者双向转诊、康复指导、预约咨询、诊疗等，将院内优质医疗资源下沉至社区医院，线下的医疗服务从院内向院外延伸，把疾病治疗与保健服务送至社区。

第三，个性化的慢病管理。在慢病管理方面，互联网医院将慢病患者进行分类，对于不同患者进行不同形式的追踪、回访，提供个性化的慢病管理

服务。

2. 不足

第一，在线诊疗适用对象有限。一方面，针对疾病来说，线上治疗仅适用于病情不复杂、诊疗方案已经明确或者在医院诊疗过的复诊病人，对于病情复杂、需要进一步检查的病人则必须让其线下就诊；另一方面，针对医疗保障来说，受拿医保卡支付的现实约束，目前线上诊疗仅适用于自费病人，不可以医保报销。两方面的情况将大部分患者排除在线上诊疗服务之外。

第二，在线诊疗与现实诊治不可避免存在误差。虽说随着科技的进步，视频、声音技术基本能够真实再现病人的状况，但是医生与患者之间依然是隔着屏幕对话，受光线、设备先进程度、周围环境等多种因素影响，误差必然会发生，随情况不同，误差大小不同。有时误差较大则必然影响诊断结果，进而影响治疗效果。

第三，中医专有特色与互联网不相融合。"望闻问切"是中医诊断的固有特色，通过云诊疗平台，医生望诊、问诊基本没有问题，但是闻诊中嗅气味、切诊把脉是互联网医院无法实现的。此外，中医特色非药物疗法，针法、灸法、推拿按摩等都需要专业人员来实际操作，无法通过线上的方式进行。

（五）发展建议

1. 推进先进科技成果转化合作

江苏省中医院作为三级甲等中医院，不仅要积极贯彻相关政策规定，也应该努力创新，发挥引领作用。《江苏省中医药事业发展"十三五"规划》中强调：运用云计算、移动互联网、物联网等新兴信息技术开发智能化中医健康服务产品。面对互联网医院在闻诊和切诊上的不足，目前通过物联网产品已经可以随时监测病人的脉搏、心律、呼吸等体征，医生在线即可掌握病人的数据情况。此外，通过VR技术可以全真模拟患者真实情况，帮助医患之间更好地在线交流，进一步提升诊断的准确性。因此，互联网医院的建设需要进一步与先进科技成果结合，通过与科技产业合作，提升硬件实力，更好地将中医与互联网技术融合。

2. 深化健康医疗大数据的应用

江苏省是中医药大省，也是国家健康医疗大数据中心与产业园建设国家试点两个试点省之一。中共江苏省委、江苏省人民政府出台的《"健康江苏2030"规划纲要》中指出：推动健康医疗业务与大数据技术深度融合，构建健康医疗大数据应用服务网络。充分利用国家健康医疗大数据中心及产业园区试点示范项目落户江苏的优势，推进基于区域健康信息平台的医疗健康大数据开放共享、深度挖掘和广泛应用。互联网医院的建设对于大数据收集与运用有先天的优势，因此要继续强化健康医疗大数据在临床科研、公共卫生、教育培训等领域的应用，充分发挥医疗大数据的优势。

第二节　互联网中医诊所

近年来，互联网医疗方兴未艾，原国家卫计委发布的《关于推进医疗机构远程医疗服务的意见》和原国家卫计委、中华人民共和国国家发展和改革委员会（以下简称"国家发改委"）、中华人民共和国人力资源和社会保障部（以下简称"人社部"）发布的《关于推进和规范医师多点执业的若干意见》，为互联网诊所的发展提供了契机，丁香园、春雨医生、平安好医生等互联网诊所相继出现。然而，由于医疗行业准入门槛较高，制度层面也面临法律缺失、规范不一、监管严格等问题，互联网诊所的发展存在一些困难。本节在分析互联网诊所发展困境的基础上，对相关政策法律问题进行探讨，并针对性地提出完善对策。

一、互联网中医诊所的基本内涵

（一）互联网中医诊所的含义

医疗机构指从事疾病诊断、治疗活动的机构，包括医院、卫生院、疗养院、门诊部、诊所、卫生所（室）以及急救站等。因此，互联网诊所作为"互联网+"时代的新生事物，其基础功能仍然是从事疾病诊断和治疗。一般认为，互联网中医诊所是借助互联网的媒介作用，集线上疾病咨询与线下诊疗于一体，整合患者移动信息平台、医务人员移动工作平台和供应商电子商务平台，提供综合中医医疗服务的闭环场所。

互联网中医诊所除了有方便快捷的移动平台和庞大的病患信息数据库外，其他基本与普通诊所一致，其设立需要具有与普通诊所相同的资质。

（二）互联网中医诊所的特点

第一，拥有强大的健康信息数据库。互联网中医诊所依托智能手环、智能体重计、智能血压计等与移动平台绑定的可穿戴设备，采集和搜集患者的健康数据，形成了一个可自由流动、上传、分享的线上健康信息数据库，其能帮助医师获得患者身体状态跟踪数据，提高诊断的准确度；能及时反映患者身体变化，监测治疗进程，提高治疗效率；能为患者的居家康复和慢性病管理提供远程监控，减少患者看病费用；能使跨城市之间的医师会诊轻松实现，从而合理配置优质医疗资源。

第二，方便快捷的在线医疗服务。健康管理、线上咨询、预约挂号、慢病管理一体化的在线服务模式着重于改善患者就医体验，私人医师可长期陪伴用户，了解患者身体情况，并且能够根据患者的情况帮助其预防疾病。在市场需求和技术的双重驱动下，越来越多的人选择在线医疗服务，一方面有利于诊所信息公开，接受患者监督，形成服务反馈机制；另一方面有利于简化患者看病流程，缩短看病时间，实现诊所医疗资源利用的最大化。

第三，线上线下的医疗服务闭环。闭环是指线上线下的资源可以实现对接和循环[1]。而互联网中医诊所形成的服务闭环是指线上健康咨询、预约挂号、导诊分诊、慢病管理和线下医患问诊相对接的服务模式。互联网具备了突破时空限制的优势，借用互联网平台可为患者提供更加优质便捷的线上诊疗服务，但医疗服务的核心是医师诊断和院内康复，在线医疗服务模式都是在外围进行患者健康管理和流程优化，尚未切入医疗核心。通过自建线下诊所，弥补了这一缺陷，形成了"慢病管理康复、线上自诊导诊、线下诊疗康复"的服务闭环，优化了医疗资源配置和使用，提升了医疗效率。

（三）互联网中医诊所的运营模式

当前互联网医疗诊所主要有两种运营模式：一是自建诊所的重资产模式；二是与医院合作的轻资产模式。这两种模式都各有利弊，笔者将以丁香园和春雨医生互联网诊所为例具体阐述。

第一，重资产模式：以丁香园互联网诊所为例。丁香园互联网诊所选择的是自建诊所的重资产模式，诊所的定位是综合门诊部，诊疗方向以全科为主[2]。这种模式需要自己雇用医师和租借场地，意味着前期需要大量稳定优质的资金支持，而用户对新型诊所的认可度不高，很难在短时间内将市场规

---

[1] 苏浩然："BAT悉数入场医疗O2O闭环期待政策开闸"，载《中国企业报》2014年12月2日，第8版。

[2] 丁保祥："丁香园：挟医生以动医疗"，载《商界（评论）》2015年第2期。

模做大，由此导致吸引用户和控费乏力是重资产模式的重大考验。

第二，轻资产模式：以春雨医生互联网诊所为例。春雨医生互联网诊所采取的是与医院合作建立挂牌诊所的轻资产模式，场所、医疗设备和医保资质均由合作医院负责[1]，不招聘全职医师，其相当于一个医师兼职平台。这种轻资产的运作模式投入资金少，运作方便，然而该模式高度依赖当前的医疗体系，很难真正去获取用户并取得发展，并且医疗责任归属存在模糊地带。

二、目前互联网中医诊所运营遇到的困境

（一）法律困境

第一，法律地位影响业务开展。互联网中医诊所法律地位的界定比较模糊，这样的机构算不算法律意义上的医疗机构，值得商榷。根据《医疗机构管理条例》第10条的规定："申请设置医疗机构，应当提交下列文件：①设置申请书；②设置可行性研究报告；③选址报告和建筑设计平面图。"采用轻资产模式的互联网中医诊所没有经营场地，是不符合申请设立医疗机构的初始条件的。春雨医生、好大夫等诊所的实质是从事预防保健服务的公司，它们依据《互联网医疗保健信息服务管理办法》（已失效）的规定，申请医疗保健信息服务网站，开展互联网医疗。但是，它们并非医疗机构，不能够从事疾病诊疗的活动，只能从事保健咨询业务。

重资产模式的互联网中医诊所，在其满足了现行法律规定下的所有传统医疗机构必须具备的条件后，法律地位虽然可明确为医疗机构，但是开展互联网诊疗活动的内容仍然受到限制。医疗机构在互联网上只能提供"普通医疗保健信息服务"，以及性知识传播和性科学研究等，而后者还需要医疗机构的互联网站符合其他的条件。原国家卫计委发布的《关于推进医疗机构远程医疗服务的意见》（国卫医发〔2014〕51号）明确了远程医疗服务的定义与内容，即远程医疗服务是一方医疗机构（以下简称"邀请方"）邀请其他医疗机构（以下简称"受邀方"），运用通信、计算机及网络技术（以下简称"信息化技术"），为本医疗机构诊疗患者提供技术支持的医疗活动。医疗机构运用信息化技术，向医疗机构外的患者直接提供的诊疗服务，属于远程医疗服务。远程医疗服务项目包括：远程病理诊断、远程医学影像（含影像、

---

[1] 张越："春雨医生的'路'与'荆棘'"，载《中国信息化》2015年第2期。

超声、核医学、心电图、肌电图、脑电图等）诊断、远程监护、远程会诊、远程门诊、远程病例讨论及省级以上卫生计生行政部门规定的其他项目。也就是说，重资产模式的互联网中医诊所依然不得在网上从事诊疗活动。

第二，挂靠式诊所存在违规风险。依据《医疗机构管理条例》第23条第1款：医疗机构执业许可证不得伪造、涂改、出卖、转让、出借，以及第24条：任何单位或者个人，未取得医疗机构执业许可证，不得开展诊疗活动之规定，医疗机构执业许可证只允许"一证一户一用"，绝不允许转让和出借。任何单位或个人未取得医疗机构执业许可证，不得开展诊疗活动。尽管国家鼓励医师开展多点执业，但是，2014年《关于推进和规范医师多点执业的若干意见》中明确提出："医师在第一执业地点医疗机构外的其他医疗机构执业，执业类别应当与第一执业地点医疗机构一致，执业范围涉及的专业应当与第一执业地点医疗机构二级诊疗科目相同。"也就是说，医师多点执业必须是在"医疗机构"内，而不得在医疗机构以外的其他法人或社会组织内。而轻资产模式的互联网中医诊所不具备医疗机构的资格，医师的挂靠行为是不符合法律、法规和规章规定的。

第三，医疗损害责任归属不清晰。线上线下相对接的医疗服务虽然给病患提供了便捷的服务，但也使医疗损害责任的归属更加复杂和困难。如下几种情形很难认定损害责任的归属：一是由分诊失误而引起的损害责任，由于线上兼职医师判断失误或者患者提供的信息虚假，分诊不力，而延误了治疗的最佳时机导致患者健康蒙受重大损失，目前难以明确这种情形的主要责任是由多点执业医师个人承担，还是互联网中医诊所承担；二是由于合作医疗机构的失误导致医疗损害的发生，患者家属是向挂靠诊所追偿还是向合作的医疗机构追偿也没有明确。

第四，法律救济途径单一。如果互联网中医诊所进行的都是健康咨询、慢病管理服务，其损害风险会比较小，但如果开展诊断治疗，产生医疗损害责任的概率会大大增加。面对传统诊所，患者除了享有民事救济和刑事救济的权利以外，还有权向相应的卫生行政机关投诉，请求主管机关追究违法行为人的行政责任。而面对互联网中医诊所，各级卫生行政部门还未出台明确的法律救济规范，一方面患者能否通过行政法救济途径实现救济还未落实，另一方面互联网中医诊所是否应受卫生行政部门监管以及如何监管也尚不明朗。这就意味着互联网中医诊所一旦出现医疗纠纷，患者及院方双方只能通过民事诉讼或刑事附带民事诉讼来解决，救济途径单一也大大地增加了互联网中医诊所诊疗的风险性。

（二）政策困境

第一，医疗机构准入门槛高。中心城区医疗机构的审批门槛高，严重制约了互联网中医诊所的发展。以深圳市为例，原深圳市卫生计生委、财政委、人力资源保障局联合出台的《关于鼓励社会资本举办三级医院财政扶持政策的实施细则》（以下简称《实施细则》）中规定的一系列社会办医取得三级医院资格等扶持政策让许多社会资本为之热血沸腾。但是，其"高标准、严要求"也让许多社会资本保持着谨慎观望的态度，原因有二：首先，辐射范围有限。《实施细则》对财政扶持的三级医疗机构设定了明确的对象和范围，共两类社会办三级医院可享受该细则的财政扶持：一类是社会资本投资新建的三级医院，另一类是深圳市现有三级以下（不含三级）社会办医院改建或扩建而成的三级医院。对于社会资本追逐的混合所有制形式则不在该政策的鼓励范围内。其次，医疗设置条件要求高。《实施细则》对社会办三级医院需要提供的基本医疗服务量、基本医疗服务项目收费标准、基本医疗服务床位数、出院人次比例以及医院总病床的使用率都进行了硬性规定。如社会办三级医院需要提供不低于50%的基本医疗服务量、医院总病床使用率大于60%。然而，诸如互联网中医诊所之类的新型医疗机构由于设置地点距离城区较远，病源量无法保证，对于是否能取得医保资格依然悬而未决，此外，还存在土地审批、融资渠道受限、人才匮乏、时间周期长等缺陷，这些都造成互联网中医诊所无法享受到上述扶持政策。

第二，互联网中医诊所盈利模式不清晰。中国的医保支付体系很大程度上是被动的，主要是按照各种指标来报销费用，而不是看服务质量和疗效，因此，目前仅靠诊费很难覆盖互联网中医诊所的开支。而且互联网中医诊所不可能通过以药养医或过度检查来获利，这将大大降低其核心竞争力，一旦大型三甲医院或公立医院涉足移动医疗，其市场份额将被抢占。在这样的现状下，商业医疗保险显然是更合适的选择，但在沉重的医保支出下，雇主的商业保险购买动力不强，没有商业保险，诊所无法依靠良好的服务收取较为合理的市场化的诊费生存下去。如果让患者自费前来，显然这个市场份额也无法撑起一个中端诊所的正常运行。

第三，行业规范标准尚未统一。行业规范标准不统一给互联网中医诊所产业的规范化带来了阻力。一方面,《中华人民共和国执业医师法》等法规规定要保护患者隐私,由于法律未放开且缺乏统一的行业标准,各家诊所之间不开放患者相关的信息数据,使得数据共享成了问题。强大的健康信息数据库无法得到价值最大化的使用,线上线下的医疗服务闭环难以形成。另一方面,中国的医疗机构长期以来缺乏较为明确的规范和标准,而互联网中医诊所的运营必须有良好的诊疗规范和支付标准才能吸引用户前往就医。行业规范和标准始终是制约互联网中医诊所发展的瓶颈。

(三)自身运营困境

第一,优质医师资源短缺。能否吸引高质量的医护人员是开办互联网中医诊所的基础。首先,我国医护人员的晋升被卫生主管部门牢牢把控,对于在体制内工作多年的医师、护士,离开体制不仅要自己承担失业的风险,还缺乏在公立医院工作的职业荣誉感和编制;其次,在互联网中医诊所多点执业的医师在没有高额诊费和政治任务的前提下,动力将会明显不足,诊疗质量和效率很难保证;最后,少量有着市场精神的医师到互联网中医诊所多点执业受到政策的制约。只有当医师可以真正自由执业、市场对提高医师的服务费用较为认可这两点达成一致之后,优质的医师资源才可能注入,但这又有赖于医疗体系的改革。

第二,医院、诊所检验结果互认度有限。2006年2月24日原卫生部办公厅《关于医疗机构间医学检验、医学影像检查互认有关问题的通知》(卫办医发〔2006〕32号)正式将检验结果相互认可作为避免重复检查、解决群众看病难、看病贵的举措之一,并成为社会热点话题。2010年6月29日,卫生部办公厅发布的《关于加强医疗质量控制中心建设推进同级医疗机构检查结果互认工作的通知》(卫办医政发〔2010〕108号)再次明确要求全国各地要结合当地实际情况,同级医疗机构之间于2010年底实现常规临床检验项目结果互认。为此,许多专家学者进行了热烈的讨论和研究,意见不一。当前,突出的实际问题是各家医院条件(设备和技术水平)参差不齐,实验室的检测系统各不相同,检验前后和过程中各个环节的质量保证以及量值溯源等方面存在差异,同一样本在不同医院间检测会得出不尽相同的检验结果,因此,临床医师通常只习惯于本单位的检查检验报告,检验结果往往存在认可度极为有限的情况,即便是国家卫健委以及各地方卫生行政部门多次制定鼓励对策,在实践中依然受到医师及医院的软抵制。此外,由于各大医院出于团体利益保护的考虑，排斥其他医院的检验结果，防止利益外流，也在一定程度上阻碍了医院、诊所检验结果的互认。

第三，核心竞争力不足。在线医疗服务、健康数据平台和线上线下的服务闭环是互联网中医诊所的核心竞争力，但是一旦大型公立医院等三甲医院涉足互联网领域，互联网中医诊所的核心竞争力就会大大削弱。首先，不论是医疗资源配备、医保支付体系还是风险防控机制，患者都会优先选择拥有强大实力和背景的三甲医院，换句话说，当前互联网中医诊所的用户黏稠度还属于上升期，其市场竞争力远远不如公立医院；其次，如果互联网中医诊所的定位是面向大众的社区门诊，那么其与公立社区卫生院的服务差异点将直接影响其核心竞争力，如果与公立网络医院的服务模式毫无差异，互联网中医诊所作为体量不大的私营诊所，将无法拿出巨大的财力支撑，最终将会被公立网络医院取代。

三、走出互联网中医诊所运营困境的出路

（一）尽快出台或修改相关法律规范

对于上述问题，解决的根本途径在于，从法律层面对互联网中医诊所运营机制予以规范和完善，为其划定边界或增加制约，使互联网中医诊所的运营更加有序规范。对于挂靠医疗机构的轻资产互联网中医诊所模式，明确其合法成立需要具备的营业资质，对于医师多点执业需要满足的资质、多点执业的范围以及与原单位关系进行明晰，从而保障互联网中医诊所医师资质的合法性。对于互联网中医诊所发生医疗损害时的责任界定进行明晰，明确医师和医疗机构承担责任的范围，从而保障患者的合法权益。对于医疗机构的设置门槛，应当出台相应的政策，降低办理门槛，鼓励满足人民多样化医疗需求的小而精的医疗机构或者诊所，从而避免单一的依据服务区域、病源量以及病床数等因素进行一刀切的设置。

（二）明晰互联网中医诊所盈利模式

国外互联网中医诊所的运营模式大体有三种：①向药企收费。通过为药企提供数据库和问卷调查服务获得收入，其大部分的收入来自药企。②向医师收费，对患者免费。根据地理位置、保险状态及医师专业等要素为患者推荐医师，并可在平台上直接完成预约。患者可以更方便地选择和预约医师，医师使用该平台每月需要支付一定费用。③向保险公司收费。与医疗保险公

司合作，为投保的患者报销医疗费。而我国互联网医疗公司的盈利模式主要是向患者收费，相对单一，未形成稳定持续的资金产业链，营利渠道不明晰，从根本上制约了互联网医疗产业的扩大再生产力。因此，可以借鉴国外的模式，引入商业保险机构，降低患者看病成本，从而保障盈利的可持续性。

（三）建立健全监督评价机制

第一，制定严格的互联网中医诊所审批标准。诊所的审批必须建立相应的标准，才能实现有效监管。一方面，医疗服务是一项非常严肃的高风险工作，必须要在服务质量和安全上牢牢把控。从目前互联网中医诊所的运营模式上来看，现在绝大多数线下诊所的医疗配备和担责机制还不完善，这就要求互联网中医诊所的审批既要符合一定的硬件指标，例如，医护人员的数量、医疗器械的配置以及合作医疗机构的资格审查等，还要符合一定的软件标准，如医务人员的技术水平、资质以及开展手术需要达到的等级标准等。另一方面，互联网中医诊所是刚刚起步的新兴事物，需要政策大力扶持。在城市医疗卫生设施布局规划的审批过程中，可以专门给互联网中医诊所提供一定的名额，以促进互联网中医诊所在各个城市之间的联动发展。

第二，构建互联网中医诊所第三方监督评价机制。互联网中医诊所这一新事物的自身运营必定存在很多问题，而仅靠互联网中医诊所自身的反馈机制是很难及时发现并完善这些问题的，这就需要第三方监督主体对互联网中医诊所进行长期有效的监督，以规避很多不必要的医疗风险，维护医疗服务交易市场的和谐稳定，促进互联网中医诊所产业的健康运行。如何客观评价诊所的医疗效果和患者满意程度一直是个难题。如果由政府方或者投资方来评价，显然有失公允。一个独立的第三方评价机制便呼之欲出。质言之，由于我国医疗服务市场缺乏竞争，第三方评价也只是夹缝生存，并没有形成气候，其权威性也存在质疑。针对这些疑难问题，从评价主体、评价方法、评价标准和评价结果方面寻找出公平、独立、公正的评价路径当是医院第三方评价走向规范化的必由之路。对于互联网中医诊所更应如此。

首先，应设定评价主体监督机制。评价主体的选择应在各方监督下，通过"主动培育、公开招标、严格评估、平等竞争、公正选定、动态管理、优胜劣汰"的形式进行。主体选定后，考虑到医疗卫生服务的专业性较强以及我国第三方评价组织尚不成熟，为确保第三方机构的评价质量，有必要对第三方机构进行相关的政策、法规、制度和技术规范等系统培训，使得第三方机构在评价方案设计、绩效信息收集、现场评价工具及评价报告撰写等方面得到系统、专业的指导与有效监管，同时普及互联网医疗的相关知识。为保证机制形成并实现常态化运行，建议由国务院医改办出面协调相关部门及高校研究机构的专家学者等共同组成专门班子，从顶层设计上展开[1]。从制度上对主体监督机制进行标准化和规范化，从而避免人治的随意性和不可持续性，实现法治的"把权力关在笼子里"的社会治理方式。

其次是创新诊所评审评价理论和方式。历史经验表明，政府对医疗卫生机构开展"运动式"的评价，容易走过场，造成形式主义，难以形成长效制约机制。根据学者的实践和理论经验总结，应探索建立"围评价期"评价模式，将评价过程分为评价前、评价中、评价后三期，并做到三期的耦合与联动。再以战略 PDCA 循环及多维评价和改进工具为手段，促进管理长效机制的形成[2]。只有做到前中后以及围评价期的多元视角监测才能真正形成医疗质量的良性 PDCA 循环。此外，评价方案、过程和结果都应当保证一定的程序公正和信息的透明性，及时让相关机构部门和社会公众知悉评价的整个流程以及采用的评价方法，如此，才能形成全社会的制约监督机制。

最后，应规范量化指标筛选机制。对医疗卫生服务应采取定性评价和定量评价相结合，并以定量评价为主的策略。建立科学的量化评价指标体系的结构、权重与要素，扭转重规模、轻内涵，重硬件、轻软件，重技术、轻管理、轻服务，重结果、轻过程的偏向。评价的重点应聚焦为安全、质量、成本、服务、绩效，包括患者满意度、职工满意度及社会满意度等。同时做到专业评价、社会评价、内部评价相结合。而这些评价不仅仅止于结果的考量，更应该类似品质管理圈（QCC）采取明显的效果公示策略，原有效果和改进效果进行双重对比，以便明确未来的改进空间。量化指标的选取也要结合医院管理的实践经验，对多重指标进行类似关键绩效指标的筛选和标准化，真正提高考核的信度和效度。而且上述评价指标的设定都应该不仅仅是局限于照搬 JCI 指标体系，更应该结合中国的医院评审实践，设定相关的权重，真正把"以患者为中心"服务理念贯彻其中。

第三，建立健全患者评价反馈机制。第三方监督机制不可避免地具有滞

---

〔1〕 刘庭芳："第三方评价：构建外部制衡机制"，载《健康报》2014年2月17日，第6版。
〔2〕 刘庭芳："'围评价期'医院评价理论与实证研究"，载《中国医院》2011年第5期。

后性、宏观性等弊端，而患者作为互联网中医诊所的直接受服务方，其监督行为更具有准确性、实时性和有效性，互联网中医诊所要想获得良性发展必须给患者提供监督救济的反馈渠道，而医疗服务评价机制就是患者能够选择的最方便快捷的监督反馈途径。以好大夫互联网医院为例，好大夫在线已有注册医师 30 万余名，注册患者 2800 万人，患者可从疗效和服务态度两个角度给医师评分，但是这种评价机制过于简单且容易被伪造，起不到很好的监督和反馈作用，互联网中医诊所应加大技术投入，建立健全医疗服务评价机制，使这一评分机制真正起到评价医师素质、监督诊疗行为、规范诊疗秩序、促进诊所发展的作用。

（四）诊所应加强与大型三甲医院和科研机构的合作

不管是重资产模式还是轻资产模式，与大型三甲医院和科研机构加强合作都是下一步的战略选择。首先，对于重资产模式诊所来说，加强与大型三甲医院合作分为三个层次：①促进重症患者的转诊；②给三甲医院医师的多点执业提供渠道；③共享患者线上健康信息数据库。其次，对于轻资产模式挂牌诊所来说，加强与大型三甲医院合作有利于提高轻资产模式诊所的公信力。最后，不管是重资产模式还是轻资产模式，积极与科研机构合作，利用可穿戴设备或线上交流平台为科研机构提供采集到的相关用户健康信息，以此作为互联网中医诊所的盈利方式，将会拓宽互联网中医诊所的盈利渠道、降低资金周转给互联网中医诊所带来的运营压力。

（五）提高核心竞争力以增强用户黏稠度

互联网中医诊所要想在与网络医院的竞争中占据一定市场份额，要学会扬长避短，医疗设施、手术操作肯定不如大型医院，但是在用户体验、居家康复、慢性管理和私人家庭健康跟踪等方面是绝对占优势的，所以互联网中医诊所要结合自己的优势选择适当的定位，以提高自己的核心竞争力。首先，病人去大型医院就诊是一件耗时耗力的事情，尤其是现阶段我国医疗资源地区分配不均衡，看病难、看病贵的现状无法迅速得到改善，如果能够提高患者就诊的用户体验，为互联网中医诊所建立良好的口碑，将会吸引一部分用户长期在互联网中医诊所就医；其次，互联网中医诊所庞大的健康信息数据库无疑是数字医疗的一大优势，互联网中医诊所既可以将这部分数据出售给相关医疗机构赢得利益，也可以以此为基础发展精确医疗，降低诊疗过程中的误诊率，并专注于私人家庭健康跟踪等业务的拓展。

四、互联网中医诊所实操案例：乌镇互联网国医馆

中医借着"互联网+医疗健康"这股东风蓬勃发展。乌镇互联网国医馆可以说是"互联网+中医药"发展的典型代表。第四届世界互联网大会前夕，浙江省委书记袁家军赴乌镇视察，并勉励乌镇互联网国医馆等智慧医疗平台充分利用互联网、人工智能等技术，为中外嘉宾提供优质的中医药服务。乌镇互联网国医馆的创新模式打破了传统中医的运作模式，为中医药信息化建设做出了重大贡献。原国家卫计委副主任王国强调研乌镇互联网国医馆时提出：乌镇模式的探索已经有了成功的经验，让我们有很深的启发，我们会总结经验，创造机会和条件在全国推广。

截至 2020 年行业内的互联网医院数量已达到 577 家，其中典型的例子有：银川智慧互联网医院、微医宁夏互联网医院、银川丁香互联网医院、银川春雨互联网医院、银川京东互联网医院、银川云海翼互联网医院等。[1]

在此背景下，开展中医互联网医院的建设将惠及各方：一是政府得民心。中医互联网医院利于百姓，它的建设不仅为当地政府取得民心，还可以推动当地中医药的发展。如果中医互联网医院发展状况良好，可能还会诞生出全国基层中医药工作先进单位。二是基层中医院得发展。县级中医院构建以县中医院为中心的"1+X"中医医联体，增加了基层中医院的中医药收入，使优质资源下沉，提高了基层中医药服务能力。三是百姓得实惠。百姓通过中医互联网医院与家庭医生签约，享受不出社区看名医的便利。四是企业得效益。有关中医药的企业与中医互联网医院合作，提高其经济效益的同时还可以促进中医药的发展，实现企业的社会责任。

（一）中医互联网医院建设方案

1. 乌镇互联网国医馆建设架构

乌镇互联网国医馆是国家中医药"互联网+"的标准化基地，是微医推进线上线下融合发展模式的成果。其位于嘉兴桐乡市乌镇虹桥路，总面积达到4500 平方米，以"中医药+互联网+人工智能"为创新主题，内设"国医、国药、国技、国礼"四大服务体验区，提供互联网中医诊疗、在线体质辨识、

---

〔1〕 于保荣等："中国互联网医疗的发展历程、商业模式及宏观影响因素"，载《山东大学学报（医学版）》2019 年第 8 期。

智能药品配送、现代膏方制作、在线中医远程教育等服务,[1] 集中展示了中医药文化、中医流派传承、各省市道地药材、智能中医创新应用,以及中医药在"一带一路"中的国际文化输出。在投入使用后,乌镇互联网国医馆以乌镇医派为起点,聚合全国的中医药资源,利用中医药医疗服务"简、便、验、廉"的特点,为6万乌镇居民、69万桐乡居民、329万嘉兴居民以及每年900万人次的乌镇旅客提供优质中医医疗服务。[2]

国医体验区以"古代十大名医""浙派中医"为核心,全面呈现了中医药文化悠久的历史脉络和流派传承。利用互联网、人工智能,国医馆将名医、名方的经验凝聚成一套涵盖疾病证型、治法、体质、处方、配伍的人工智能辅助应用——华佗云。它是辨证论治系统的支撑平台,更是中医药行业创新升级的支撑平台。

国药体验区集中展示了32个省市地区的特色中医和道地药材,并逐步建立起全国各地道地药材的溯源体系和质量认证中心,为中医药的发展提供品质保障和流通渠道。

国技体验区通过互联网、人工智能等科技手段,全面展示了中医智能化的最新应用和产品,包含中医体质辨识、心理测试、线上问诊、智能开方等应用。"中医+人工智能"可以提升基层中医医师辨证论治的能力,让基层中医医师拥有"国医大师"级的诊治能力。

国礼体验区整体面积约431.32平方米,是微医与白山市人民政府深度合作打造的"互联网+中医药"展示销售平台——国礼人参白山馆。该馆于2017年12月4日启动运营,精选以长白山人参为主的48个企业的62个系列长白山大健康特色产品,可在线销售和扫码购买。借助世界互联网大会,白山馆成为深山"王者"连接互联网、走向世界的窗口,为6万乌镇居民、69万桐乡居民、329万嘉兴居民、每年900万人次乌镇游客提供道地药材、健康产品、国礼等服务。[3]

---

〔1〕 "互联网+中医药!乌镇互联网国医馆创新模式受关注",载 https://zj.zjol.com.cn/news/831867.html,最后访问日期:2019年1月2日。

〔2〕 "浙江领跑智慧中医,全国首家互联网国医馆将落地乌镇",载 https://www.medsci.cn/article/show_ article.do? id=0ec611e0885c,最后访问日期:2019年1月2日。

〔3〕 四百味:"深山'王者'亮相互联网大会 中国中医药引世界关注",载 https://www.pintu360.com/a41120.html? o=0&s=70,最后访问日期:2019年1月2日。

乌镇互联网国医馆还开设了名老中医门诊，可提供线上线下相结合中医药服务。中医药茶饮区可根据线上体质辨识测试、一体机体质检测结果，提供多种体质养生茶饮、膏方制作，倡导中医治未病的养生文化，实现中医药的个性化疗养。此外，乌镇互联网国医馆还开设了国医学院，主要开展名医、名派、名方的优势挖掘、远程带教、网络推广等的研究和教育培训，目前已和国家中医药管理局中医学术流派传承推广基地联合建立了"全国中医学术流派互联网传承教育中心"，与中国中医药研究促进会妇科流派分会联合建设"全国中医妇科流派联盟云传承平台"。

2. 中医互联网医院建设目标

中医互联网医院可以分为四大部分：上级医院、中医医联体、社区服务、中医治未病。

上级医院可以构建中医互联网医院平台来进行线上诊疗。上级医院构建的中医互联网医院平台可以分为两部分：一部分是上级医院的院内"互联网+医疗服务"，实现了"复诊+处方+专科"的一体化医疗，另一部分是医疗协同模块，它使上级医院构建的中医互联网医院平台与中医互联网医联体平台相连接，充分调动医生资源，提高医生效率，避免医生资源闲置。

所谓"医联体"是指多家医院通过打破行政性组织架构的约束，将同一个区域内的医疗资源整合在一起的医疗联合体。[1] 中医医联体主要是构建中医互联网医联体平台，上级医院的医生可以通过中医医联体构建的中医互联网医联体平台与社区的家庭医生签约服务平台进行连接，医师在云端工作，能够方便快捷地访问、查询和调用相关资源诊治患者，[2] 使优质资源下沉到社区。同时构建中医互联网医联体平台还可及时转诊，推进分级诊疗的落实。

构建家庭医生签约服务平台，患者可以通过家庭医生签约服务平台向中医医师寻求帮助。社区服务构建的家庭医生签约服务平台包括公卫、全科、中医、医养四个方面。家庭医生签约服务是以组建团队的方式，以全科医生为主体，以公共卫生医生、乡村医生和护士为骨干，选择配备若干健康管理师、康复治疗师、心理咨询师、医学营养师、社（义）工、社区网格员等共

---

〔1〕 肖斌、陆晓琳："基于'互联网+'的新型医联体建设分析"，载《山东社会科学》2016年第S1期。

〔2〕 李长林、杨逸晖："医联体内互联网医院建设"，载《解放军医院管理杂志》2018年第11期。

同参与。签约方式是居民自主选择家庭医生服务团队并与之签约，每位居民同期只能选择一个服务团队。[1]

中医治未病主要包括中医养生保健、健康管理、中医特色康复和健康养老四个方面。其中随着人口老龄化的加剧，健康养老为老年人带来福音。中医互联网医院一方面在日常生活中可使老年人在家中完成日常健康检测和基础医疗，为患者提供疾病的相关知识以及饮食、心理、用药等方面的指导，另一方面，在需要进行救治时，可以帮助医生缩短确诊周期，提升医疗效率。[2] 贯彻落实综合现有的社会力量和信息技术平台，构建健康养老网络服务平台，提供养老护理、康复照料等基本的养老服务，鼓励养老机构开展基于互联网的便捷式体验、提高养老服务综合水平。[3]

3. 打造中医互联网医院六个平台

第一，基于分级诊疗的"互联网+中医医疗"服务平台。该平台可以依托县中医院，建立中医互联网医院，同时搭建区域医联体（医共体）的县级中医互联网信息平台（以华佗云为例）。医生通过该平台可以在线开展部分常见病、慢性病复诊并且在线开具部分常见病、慢性病中医处方，而且医生还可以进行远程中医医疗、接受患者的中医健康咨询并对患者提出中医健康管理建议，使分级诊疗制度落到实处，打破资源不平衡的僵局，实现优质医疗资源的下沉。

第二，基于辨证论治的"互联网+中医"辅助诊疗平台。该平台囊括九大部分：①体质辨识——辨识出患者的体质情况，并给出合理的调理建议；②电子病历——保存病人的"望闻问切"信息；③辨证论治——选择疾病和证型，系统推荐处方；④直接选方——平台内有上千的方子，医生可以直接通过处方名开方；⑤协定方——医生通过设置协定方开方，提高效率；⑥手动开方——有特殊情况医生可以手动进行开方；⑦历史病历——医生可以查看历史就诊病历，历史处方可导入重新开方，提高诊疗效率；⑧知识库——医生学习园

---

[1] "'互联网'+分级诊疗把医院服务搬到'指尖上'"，载 http://hb.qq.com/a/20170106/019774.htm，最后访问日期：2019 年 1 月 22 日。

[2] 刘浩、邹玲："基于互联网+的智慧型医养新模式探讨"，载《中国医院管理》2018 年第 5 期。

[3] 许兴龙、周绿林、陈羲："'互联网+'背景下医疗服务体系整合研究"，载《中国卫生事业管理》2018 年第 2 期。

地，共九大模块；⑨后台管理——后台数据的维护和管理。

以乌镇互联网国医馆为例，基于微医云的重要组成部分——华佗云，乌镇互联网国医馆开发了中医人工智能辅助诊疗开方系统——悬壶台中医辅助诊疗系统。该系统以辨证论治为核心，收录了 1441 条证型、1528 条药物禁忌、2463 条处方和上万条中医知识条目，集纳了中医方面的教科书、有关知识典籍、论文等，凝聚成一套涵盖疾病证型、治法、体质、处方、配伍的云化解决方案。相当于每个基层中医背后，都有一位睿智博学的"国医大师"在指导辅助开方，且开出的方子大都是传统经典中药名方，同时还能根据患者情况临证加减。[1]

截至 2018 年 11 月，以辨证论治为核心的"悬壶台"系统已在全国 1000 多家中医医疗机构得到运用，累计辅助基层中医医师开方超过 260 万张，成为世界应用最广的"云端中医大脑"。[2] 悬壶台和乌镇互联网国医馆的总设计师倪荣博士表示，通过该系统，医院间的"围墙"被进一步打破，通过数据协同、人力协同和资源协同，基层中医医生可在线获得"国医大师"级的指导，为患者提供更加优质的中医服务。

第三，基于生命周期的"互联网+中医治未病"服务平台。县中医院与基层医疗机构通过该平台共同掌握居民医疗健康信息，形成贯穿患者全生命周期的动态更新的健康档案。在中医互联网医院开展业务时，医生可以方便快捷地调阅、共享患者的健康档案，及时获取全面的患者信息，以提高区域医疗水平、提升医疗服务质量，[3] 有利于开展全生命周期的中医治未病服务。同时该平台还运用物联网技术，实现对居民健康的实时监测、疾病预警、慢病筛查、主动干预、个性化评估，而且还支持居民医疗健康信息自主在线查询、居民健康自我管理。此外，平台还实现了体检中心检前、检中、检后的全流程健康管理及中西医并重的全生命周期的健康管理。

第四，基于以人为中心的"互联网+中医"服务流程再造平台。该平台基于互联网技术的流程再造，改善医疗服务，通过网上预约挂号、预约分诊、

---

〔1〕 刘文生："乌镇打开中医药信息化窗口"，载《中国医院院长》2018 年第 3 期。

〔2〕 "木佬佬'医疗黑科技'正在颠覆你的就医方式"，载 https：//www. sohu. com/a/273895082_
178942，最后访问日期：2019 年 1 月 3 日。

〔3〕 李长林、杨逸晖："医联体内互联网医院建设"，载《解放军医院管理杂志》2018 年第 11
期。

移动支付、诊间结算、药品物流配送、检查检验报告推送，实现信息惠民便民服务。此外，该平台还开展预约诊疗、双向转诊、远程医疗等服务，医疗联合体内医疗机构间检查检验结果实时查阅、互认共享，实现了医疗联合体医疗资源上下贯通、信息互通共享、业务高效协同，推进了"基层检查、上级诊断"。同时，平台运用大数据等技术优化医院管理流程，提升了医院管理水平，提高了医疗效率。

第五，基于智慧中药房的"互联网+药品供应保障"服务平台。该平台推广处方流转平台，发展配送中心，携手微医处方共享平台共同参与处方流转、药品物流配送，共享处方。同时，该平台还邀请微医提供"智慧中药房"建设，构建智慧中药房，为患者提供"一站式"药事服务，建立完善的药品供应链体系，实现处方系统与药房配药系统无缝对接以及常见病、慢性病药品线上开方、线下由符合条件的第三方机构配送服务，患者在就近的基层医疗机构领取药品。[1] 此外，平台还基于互联网的短缺药品多源信息采集和供应业务协同，从多角度进行业务拓展。

之前，中药大多需经煎煮为汤药后方可饮用，患者的用药依从性较弱。随着中药的现代化，中药配方颗粒出现，携带更为方便，使用更加便捷。但由于提取工艺不同，其使用效果与中药汤剂相比不尽如人意，产业发展遇到痛点。智慧中药房的出现很好地解决了这些棘手的问题。

乌镇互联网国医馆的一大亮点是其配备有智慧中药房系统。借助该系统，中医师开具处方后，只需将处方内容输入系统，系统便可自动接收处方信息命令，智能识别处方所载中药材，并自动测量剂量，最后完成中药配方颗粒的封装。整个流程耗时不到十分钟，大大节约了患者的等待时间。同时，该智慧中药房系统还在很大程度上提升了医疗机构对中药房的现代化管理水平，降低了中药师的工作强度，提高了患者对中药用药的依从性，更是解决了中药房存在的"确保中药配方颗粒与传统中药汤剂的药效一致""提升配药效率""方便患者服用中药与提升用药依从性"等痛点和棘手的问题。[2]

第六，基于传承创新的"互联网+中医"人才培养平台。该平台建立互联

---

〔1〕 张彦杰、丁莉、范丽："医联体医院'互联网+医疗健康'体系建设探讨"，载《现代医院》2018年第11期。

〔2〕 "互联网国医馆落地乌镇 中药配方颗粒产业借力升级"，载 http://www.xinhuanet.com/fortune/2017-12/08/c_ 129760854.htm，最后访问日期：2019年1月3日。

网中医教育培训云平台，提供多样化的教学资源，开展多层次培养各类"互联网+中医"人才，还培养"互联网+中医"等科研团队。建设该平台后，基层中医医生也能通过该平台学习中医知识，提高临床水平。

中医互联网医院应以区域中医院为中心建设，紧扣国家政策，推进中医药与全民预防、治疗、管理相结合，加强全民对于分级诊疗的正确认知，同时树立中医互联网医院在区域内的龙头作用，带动优质医疗资源的地位，实现中医医联体内医院之间的资源整合、统一高效、互联互通、信息共享，推动区域内的医疗发展建设。

建设中医互联网医院可以强化基层医疗卫生机构居民健康守门人能力，方便群众就近就医，同时可以促进医疗与预防、保健相衔接，使慢性病预防、治疗、管理相结合，医疗卫生与养老服务相结合，可以推动卫生与健康事业发展从"以治病为中心"向"以健康为中心"转变，逐步实现为人民群众提供全方位、全周期健康服务的目标。[1]

以乌镇互联网国医馆为例，目前，世界各国对中医药的需求日益增多，中医药"走出去"已是必然趋势。以往的中医药国际传播多是依赖中医药人才的流动，在新时代背景下，开辟新的传播路径是时代对中医药传播提出的新要求。乌镇互联网国医馆积极响应了这一时代要求，利用"互联网+中医医疗服务"，通过远程会诊等形式，推动中医药全球共享。

例如，泰国一位女患者因运动不当出现肩部损伤，其国内医生无法确定治疗方法，故通过乌镇互联网国医馆在线平台进行求助。乌镇互联网国医馆主治医师张洪利用该平台，为泰国医生做远程诊疗指导，并给出个人意见和建议。倪荣博士表示，希望借助乌镇互联网国医馆的平台，推动中医药与互联网、人工智能的创新融合，助力中医药的传承与创新发展，让中医药能够通过互联网真正走向"一带一路"，为广大海外中医服务，让国医、国药实现全球共享。[2] 据了解，乌镇互联网国医馆正密切与全国各地中医药强省、强市对话，引入更多优质医疗、道地药材等重要资源，将国医馆建设为"一带一路"中医文化输出的世界窗口。

---

〔1〕 "推进医联体建设具有重要意义"，载 http://www.scio.gov.cn/32344/32345/35889/36475/zy36479/Document/1548455/1548455.htm，最后访问日期：2019 年 1 月 25 日。

〔2〕 "乌镇互联网国医馆跨国连线 推动中医药全球共享"，载 http://www.beijingreview.com.cn/chinafrica/201811/t20181115_800148174.html，最后访问日期：2019 年 1 月 3 日。

在国内传播方面，乌镇互联网国医馆充分发挥"特色文化苑"这一品牌，繁荣当地的中医药文化。据了解，"特色文化苑"是镇党委政府设立的旨在繁荣乌镇文化的品牌，乌镇互联网国医馆被第一批授牌。2018年10月，国医馆邀请全国名老中医前去为当地居民讲解中药材和中医养生等方面的中医药知识，并提供机会让百姓免费体验中医疗法。

此外，乌镇互联网国医馆还扛起了中医药文化传承的大旗。除了教材记载的中医药知识外，国医大师等名老中医的临床经验同样是中医药文化的重要组成部分。但由于临床经验很难呈现于纸面，其传承难度较大。乌镇互联网国医馆和"悬壶台智能辅助诊疗系统"的存在，将有效打破传统中医"只可意会，不可言传"的隐性经验传播困局，让这一难题迎刃而解。[1] 乌镇互联网国医馆将互联网、人工智能和中医药进行了融合，通过大数据和信息技术，深入挖掘名医、名派、名方优势，将名老中医的临床经验显性化，为中医药发展寻觅新思路、新方法，有利于名老中医经验知识的挖掘、积累与传承。

（二）中医互联网医院建设关键

中医互联网医院建设应以医生为核心、处方为根本，以药品收入为未来相当长时间内的主要业务收入。中医互联网医院应紧抓以下四点进行建设：

第一，建设智慧中药房。智慧中药房就是借助"互联网+"和"物联网"优良平台提供集中药调剂、煎煮、送药上门及药事咨询等一系列服务。[2] 互联网国医馆APP中的患者、医生和各级医疗机构、药店所需中药通过互联网传输到共享中药·智慧中药配送中心，由服务中心专业人员根据药方要求煎煮，然后再由共享中药物流中心通过物流渠道将中药配送到各级医疗机构药房、零售药店以及患者手中并通过手机告知。在此期间医疗机构、药店可以通过网络实时监控中药煎煮全过程，患者也可以对其煎药订单进行实时跟踪。[3]

智慧中药房的建设惠及多个方面。首先，智慧中药房促使县级中医院负

〔1〕 潘程程："全国首家互联网国医馆昨落户乌镇——当天开出首张'辨证论治'电子处方"，载《嘉兴日报》2017年11月26日，第2版。

〔2〕 钮金军："康美智慧药房安全服务80万人次"，载《中国中医药报》2016年6月23日，第6版。

〔3〕 彭敏等："'互联网+中药房'建设模式研究"，载《中医药导报》2018年第24期。

责区域基层医疗机构的中药配送，增加中医院的中药收入，提高其中药药占比。其次，智慧中药房可以降低基层医疗机构人员成本与中药养护成本，中药质量有保障。再次，智慧中药房方便患者就医取药，缓解病人看病难的问题。最后，建设智慧中药房更便于各级卫生部门及国市监部门对中药的监督管理。

智慧中药房的建设所需的药品资源可依托中国中药特有的资源优势，依靠中国中药特有的一套先进且成熟的设备系统，最后生产的产品可以覆盖传统中药饮片、中药配方颗粒、中成药、贵细药材、参茸及保健食品等。而且智慧中药房所需的软件平台可在中国中药刚开发的智能中药配送中心软件平台基础上进行优化改造。最终将这些进行整合形成智慧中药房。

智慧中药房的赢利点分析：以浙江省为例，县级中医院中药饮片每年收入 1000 万元至 3000 万元，如加上基层医疗机构，每个县域中药饮片每年收入至少 2000 万元至 4000 万元。

第二，拓展悬壶台。悬壶台是基于睿医云大数据、人工智能技术开发的中医药应用，以辨证论治为核心思想，将名中医、名方的经验凝聚成一套涵盖疾病证型、治法、体质、处方、配伍的云化解决方案。据了解，截至 2017 年底，该平台已接入超过 300 家中医馆，全面覆盖浙江省 11 个地级市，累计处方量超过 160 万张，成为全国应用最广的"云端中医大脑"。[1] 因此建设中医互联网医院需要悬壶台。

悬壶台可以根据不同的地域和医疗机构的差异，为医疗机构量身定制开发，从而解决由于其他各种原因导致的中医医师外流问题。悬壶台还可以充分利用中医医师碎片化时间，为中医医师提供临床指南、现代方剂、古代方剂、期刊文献、名医医案、中医疾病、中医草药、中医穴位、中医古籍 9 个功能模块知识供医生在线学习，并给出相关的详细参考信息，协助中医医师查阅相关内容。此外，悬壶台还实现了医保移动支付，实现了让患者少跑腿，让数据多跑腿。

以乌镇互联网国医馆与悬壶台的结合为例，乌镇互联网国医馆、悬壶台为中医医师提供了共享诊所，中医医师可以拎包入驻，拥有自己的诊所。此

---

〔1〕 "开方 160 万张，悬壶台成全国应用最广'云端中医大脑'"，载泰安大众网，http://taian. dzwww. com/jj/201711/t20171110_ 16248900. html，最后访问日期：2019 年 1 月 24 日。

外，中医医师可以通过线上、线下以及健康管理等方式服务更多的居民，而且随着中医医师服务途径的增加，他们的收入也会增加，从而吸引更多的中医医师加入。悬壶台将成为医生实现梦想、创业创新的淘宝平台。

第三，构建区域中医药信息平台。不同地方中医互联网医院建设有不同的实际需求和具体要求，而基于区域中医药信息平台的中医互联网医院应用解决方案具有很强的适应性，既可以充分利用区域中医药信息平台建设成果快速搭建满足当前医联体信息化的需求，以支撑上下联动的医联体机制，又可以充分利用大型公立医院的技术力量带动基层医疗卫生机构能力的提升和共同发展。[1]

以杭州市中医药信息平台为例，杭州市中医医疗机构包括市级中医院、县区级中医院、社区卫生服务中心以及乡镇卫生院。杭州市应以市级中医院为中心构建"1+X"的中医药信息平台。该平台以中医药工作人员、中医执业医师、中医全科医师等一批优秀的中医药队伍为根本，建立了互联网中医科、中药房、医联体、中医适宜技术培训基地等中医药网络建设，提供中医医疗、中医适宜技术、中医特色专科等优质服务。该平台还提供中医公共卫生服务、中医慢病管理、中医治未病等中医健康管理以及中医药健康教育。

第四，构建中医教育平台。首先，中医全科专业化培训。中医互联网医院可以聘请各个中医药大学的专业师资团队，设计培训流程及内容并建立中医全科医师规范化培训基地，统筹医学教学资源库和典型病例库，根据培训学员、合作对象、培训要求等不同制定中医适宜技术课程及培训流程，为中医互联网医院内的医生规范化培训及基层全科医生学习提供支持服务。同时根据不同学科安排开展专家系列讲座，提高稀缺优质医学教育资源的可及性，使医生在工作过程中能够随时随地根据需求自主安排个性化的培训，从而不断巩固和更新知识，提高实际工作能力。[2] 其次，中医专科人才培养体系。专科人才培养体系分为三个层次，即专科医师规范化培训体系、专科医师规范化进修体系、单项技术进修体系，分别适用于不同层次的专科医师培训。在基层缺乏专科医师人才的当下，推行一些互为补充性的培训体系具有显著

---

〔1〕 李长林、杨逸晖："医联体内互联网医院建设"，载《解放军医院管理杂志》2018 年第 11 期。

〔2〕 张彦杰、丁莉、范丽："医联体医院'互联网+医疗健康'体系建设探讨"，载《现代医院》2018 年第 11 期。

的实用意义。基层医师学会之后，回到基层医院独立开展操作时，可以预约专家在互联网平台上开展远程指导，在操作过程的关键时刻给予指导，以有效提高诊治效果。[1] 最后，中医师承是中医教育中不可取代的方式。《中医药发展战略规划纲要（2016—2030年）》中提出要强化中医药师承教育，建立中医药师承教育培养体系。因此该平台进行中医师承系统化培训必不可少，平台将根据中医成长各阶段及师承培训等具体状况，使中医师师承的课程呈现出各学科系列化、阶段化特点。此外，中医教育平台还可以线上培训、线下面授以及线上线下相结合等多种方式进行中医医师教育。还可以建设中医适宜技术培训基地，通过 PC（电脑）、移动端 APP、微信公众号等多端口进入线上课程学习。

第三节　中医诊疗智能化

近年来，人工智能发展进入新阶段，呈现出深度学习、跨界融合、人机协同、群智开放、自主操控等新特征，为医疗、健康、养老等领域的建设带来了全新的机遇。

2017年7月印发并实施的《新一代人工智能发展规划》将建设安全便捷的智能社会列为重要任务，提出发展智能医疗的目标，要求推广应用人工智能治疗新模式、新手段，建立快速精准的智能医疗体系。2018年4月发布的《国务院办公厅关于促进"互联网+医疗健康"发展的意见》（以下简称《意见》）指出，鼓励医疗联合体内上级医疗机构借助人工智能等技术手段，面向基层提供远程会诊、远程心电诊断、远程影像诊断等服务，提升基层医疗服务能力和效率。同时，《意见》为中医与人工智能技术的融合也指明了方向，明确提出支持中医辨证论治智能辅助系统应用，提升基层中医诊疗服务能力。

然而，中医智能化道路还面临诸多现实困境。其中，中医人工智能机器人能否突破传统限制是中医人工智能研发中的一大难题。中医理论体系和现代医学体系、技术体系结合度低，并且医生对自身长期诊疗经验的总结和看

---

[1] 张军跃、陈梓尧、卢清君："'互联网+远程医疗'推动基层学科发展的构想和实践"，载《中国医院》2018年第1期。

病用药习惯是构成中医个性化的部分，中医智能化很难通过一个统一的标准实施。此外，传统中医诊疗讲究"望闻问切"，中医医师通过对病人进行"望闻问切"，从而确定患者病因，并根据自己的经验开出处方。在整个过程中，患者和中医医师面对面交流，确保了中医医师对患者的准确诊疗。而中医人工智能机器人作为机器，如何实现对病人"望闻问切"和如何保证处方正确等也都是棘手的难题。不过，随着近年中医药与人工智能融合的探索正在飞速前进，各种推动中医智能化的尝试火热开展，如一些地区开始推出了中医智能医联体云平台。

一、现实需求

调研发现，一些地区建立中医智能医联体云平台主要基于以下原因：

第一，助力实现《规划》中提出的"提升基层中医药服务能力"。《规划》要求，85%以上的社区卫生服务中心和70%以上的乡镇卫生院设立中医综合服务区（中医馆），信息化得到加强，中医诊疗量占诊疗总量的比例力争达到30%。到2020年，所有社区卫生服务机构、乡镇卫生院和70%的村卫生室具备中医药服务能力。

第二，加快中医人才培养速度。目前，医学院校毕业的医生，在疾病诊治过程中更倾向于西医辨病，加之基层卫生机构的全科医生大多是西医出身，即使是中医院校毕业的医生，也在走中医西化的道路，整个基层医疗卫生环境缺乏真正的中医诊疗氛围。借助中医智能云系统，有利于缩短中医人才培养周期，提升中医专业人才供给的速度，降低培养年轻医生的成本。

第三，提升医院中医诊疗服务水平。借助中医智能医联体云平台，使西学中医医生、全科医生、中医医师的中医诊疗水平更上一层楼。

第四，扩大中医药服务覆盖人群。区域中医智能医联体云平台通过中医智能辅助开方系统，帮助各类中医医师实现智能开方，并通过中心药房直接配送上门，扩大中医药服务覆盖人群。

二、具体内涵

一般来讲，中医智能医联体云平台的共同点在于，其将中医和人工智能相结合，以中医智能辅助诊疗系统（基于经典理法方药理论、中医大数据、云计算，结合人工智能技术打造的中医医疗信息化云系统，具有中医辅助诊疗、临证学习、大数据分析三大版块特色）为核心，包含"互联网+名老中医"特需服务平台、远程会诊系统、中心药房等功能。

区域中医智能医联体云平台内部主要包括六大类中医人工智能产品：国医大师智能专病辅助诊疗系统、智慧共享药房系统、中医智能云系统、中医智能诊间系统、中医智能康复系统、中医诊后智能管理系统。

其中，国医大师智能专病辅助诊疗系统主要针对中医人才培养难的问题，通过和国医大师实战互动汲取其经验，并通过大数据进行闭环验证，从而在中医传承、教学、科研等方面起到有效的辅助作用。其既可以用于三甲医院专病专科门诊，借助国医大师智能诊间进行诊疗，也可以用于县域医联体共享模式，将国医大师经验下沉到基层，帮助基层医生系统学习国医大师辨证思路和临证经验，赋能专病专科，提升基层专病专科诊疗技术。

智慧共享药房系统主要针对基层中药"质"与"量"均有不足的情况，力图借助人工智能技术优化药品配送的流程，保证中药材的质量。集中管理，统一配送，实现当地中药房集中化、统一化、标准化。

中医智能云系统主要针对基层中医水平低的问题而推出，意在协助基层医生开具中药处方、加速基层中医人才成长、智能协助基层医生辨证、提供基层医疗机构中医药服务水平。同时，具有辅助开方、智能辨证、中医合理用药、大数据分析等特色功能，构建"病—症—法—方"数据模型，自动将诊断、处方、用药等临床数据上传至平台云端并进行集成化管理。

而中医智能诊间系统、中医智能康复系统、中医诊后智能管理系统3项中医人工智能应用共同将中医诊前、诊中、诊后有效连接，实现中医智能诊疗的闭环，使中医人工智能贯穿中医诊疗全生命周期。

三、优势与意义

（一）辅佐中医

"人工智能+中医"在中国有着三大先天发展优势：一是中国人口数量庞大，有充足的医疗数据，为"人工智能+中医"发展提供了基石；二是公众对于优质医疗健康服务需求的持续增加，为中医人工智能未来的产业化发展提供了空间；三是国家对中医产业信息化的政策支持。

国务院办公厅印发的《中医药健康服务发展规划（2015—2020年》指出，运用云计算、移动互联网、物联网等信息技术开发智能化中医健康服务产品。国务院发布的《关于积极推进"互联网+"行动的指导意见》鼓励传统产业树立互联网思维，积极与"互联网+"相结合，推广在线医疗卫生新模式。

事实上，人工智能、大数据等十分适合中医对病理、生理和变化规律的认识以及治疗方式探索的提升。中医的经验实际上就是大数据的积累和分析。因此，中医诊断是对疾病信息的提取，"望闻问切"就是一种提取方式，在这种信息收集过程中，单靠人工方式是不规范的。中医智能设备的研发便是通过智能设备保障中医诊断信息提取的完整性、系统性，通过人工智能和其庞大的数据库，以达到完整快捷的信息提取。其不仅可以准确提取人体信息，对于中药饮片，也可以通过人工智能对温度、湿度、色温等多项指标进行控制，以达到高度准确的中药炮制。

除了基础的诊断，"人工智能+中医"基于中医的知识体系建设了极为庞大且秩序井然的中医知识图谱。例如，问止中医在中医知识图谱的基础上，通过各种医学团队多位一线临床医师的多年临证案例做训练集，不断优化软件的算法，以模拟出名医大师的中医思维和治病思路。然后智能化设备便可利用中医思维，对疾病提出新的规律和认识，辅助医生进行诊断。

（二）助推中医智能化

利用人工智能技术助推中医医疗智能化发展的优势主要表现在以下方面：

第一，对患者的优势。通过现代人工智能和医疗大数据，实现健康状态可视化，可以提前预测患者心肌梗死、脑卒中的发病概率，使患者对自己的健康状况有明确的认知。患者甚至仅仅通过手机就可以自助进行体质辨识，在线随时与医生进行便捷沟通，实时进行自我健康管理和督促。

第二，对医生的优势。人工智能中医所汇集的知名老中医诊疗思想、辨证逻辑和处方经验能辅助、能诊疗，可以让更多普通医师融入名医的思维，从而提高诊疗能力。

同时，通过智能辅助诊断工具，可移动、便携式服务装备和远程诊疗系统使中医医师扩大服务半径、提高诊断能力以及工作效率。

第三，对医疗机构的优势。人工智能通过整合医疗和信息资源可帮助顶尖中医医院将名老中医诊疗技术和名方验方输出沉淀至基层，提高基层医师的诊疗能力和机构整体的服务水平，帮助中医医院成为区域的中医药诊疗和健康服务中心。

第四，有助于中医诊疗经验传承。通过人工智能和大数据客观采集诊断数据，实现名老中医医案舌脉信息可视化记录，智能挖掘名老中医诊疗规律及核心方。通过数据挖掘令"医案发声"，帮助年轻医生领悟理法方药规律并应用于临床实践。

四、存在的问题与风险

虽然中医人工智能已成为一大热门，但其对人工智能以及互联网的运用仍处于初级阶段，大数据的逻辑性和中医原创思维相融合是较为困难的事。数据的挖掘要能够实现价值也不简单，而且当前已经暴露的主要问题在于数据库做得不精致、数据网络涵盖十分有限、维护不当等。

首先，技术相对初级。随着人工智能在医疗领域的应用发展，通过智能可穿戴设备监测体征数据并非难点，但问题的关键还在于如何持续监测，让健康可见，把控疾病风险，实现提前预警。这也是目前"人工智能+中医"尚未做到的。

其次，缺乏相关人才。人工智能与中医结合的每一个环节都需要专业的人才来支撑。然而，在"人工智能+中医"亟需大量人才就业的情况下，我国的人工智能相关专业人才却极度缺乏，同时，对医生们有关人工智能技术的简单学习和培训也难以普及。

再次，缺少数据联通。大部分企业的人工智能系统都相对独立，这会造成大量优质的患者健康数据被封闭于企业的围墙内，是数据资源的极大浪费。

最后，可能存在法律风险。在中医智能化的过程中，还可能发生以下法律风险：

第一，机构准入的风险。2018年7月，国家卫健委、国家中医药管理局印发《互联网诊疗管理办法（试行）》，对互联网诊疗实行严格准入管理，几乎堵死了网络平台、社会公司开展互联网诊疗活动的道路。即使人工智能的网络平台尝试通过注册中医医院的方式开展中医诊疗，也必须符合相关规定，诸如"轻问诊"等服务很难实现。

第二，法律缺失的风险。与"人工智能+中医"以及智能化中医相配套的法律法规尚不健全，亟需有关部门完善立法予以规制。风险防控机制的建构需要走法治化的道路，统筹制定中医药信息化建设与多点执业配套法律制度。

第三，信息安全的风险。中医智能化涉及大量的电子数据，包括用户的账号信息以及个人健康信息。中医医疗机构一方面要加强数据安全系统建设，防止用户的电子数据遭到窃取和滥用。另一方面，中医医疗机构要通过合同方式，明确界定能够使用这些电子数据的范围和程度，合理合法使用数据，防止侵犯患者合法权益。所以，"人工智能+中医"企业在顺应时代潮流、响应并利用国家有关中医药信息化智能化的利好政策的同时，一定要注意相关法律法规的约束，严守法律红线，规避可能发生的法律风险。

五、深圳市开创人工智能中医医疗模式的实践

随着国家对"互联网+中医药"产业发展的重视，截至 2017 年 4 月，国家中医药管理局在全国批准了 15 家国家中医药综合改革试验区，其中一家中医药综合改革试验区就是深圳。在深圳被确定为国家中医药综合改革试验区后，深圳修订完善了《深圳市中医药综合改革试验区建设工作方案》，确定了构建三个体系、建设三个高地和搭建三个平台，2020 年实现中医药服务全覆盖、人人基本享有中医药服务的目标，并随后形成 1+N 工作方案。[1] 其中的一个平台就是搭建"互联网+中医药"平台，构建人工智能中医药服务系统。因此本部分将对深圳市的人工智能中医医疗模式的发展现状进行调研。

（一）人工智能中医医疗模式的背景

1. 相关政策

人工智能已成为我国的国家战略，是未来科技发展的战略制高点。在 2017 年 3 月的全国两会上，政府工作报告中首次提出要加快培育人工智能产业。2017 年 7 月，国务院印发的《新一代人工智能发展规划》要求推广应用人工智能治疗新模式新手段，建立快速精准的智能医疗体系，探索智慧医院建设。2017 年 12 月，工信部发布的《促进新一代人工智能产业发展三年行动计划（2018—2020 年）》也有相关规定。2018 年的政府工作报告中再次提出实施大数据发展行动，加强新一代人工智能研发应用，在医疗、养老等多领域推进"互联网+"，这表明了国家对中医人工智能的重视。

---

〔1〕 "看中医不再难！2020 年深圳中医药服务全覆盖，还有'互联网+中医药'"，载《深圳特区报》，http://static.nfapp.southcn.com/content/201706/12/c476360.html，最后访问日期：2019 年 4 月 3 日。

2. 发展人工智能中医医疗模式的重要性

由于我国人口众多并且区域发展不平衡，如今虽然医疗资源已形成体系，但地区间中医医疗资源分配不均衡，最基本的中医医疗保障仍无法普及。如患者在偏僻地区就医，遇到无法诊治的疾病时，不得不选择转院等措施，延误了最佳治疗时机。即使在中医医疗资源集中的城区，过载的人流、有限的资源、高昂的价格等问题仍迫在眉睫。与此同时，患者对于更为人性化、个性化中医医疗护理的需求也日益攀升，有限的资源已无法满足市场需求。中医医疗人工智能的诞生，正是为了填补需求的空缺，[1] 让优质中医医疗资源下沉到基层，让患者在家门口就可以享受到专业、安全、便捷的中医健康服务。因此发展中医人工智能、构建人工智能中医医疗模式迫在眉睫。

（二）深圳市人工智能中医医疗模式的现状

1. 携手腾讯尝鲜人工智能

第一，上线"腾讯觅影"。"腾讯觅影"是 2017 年腾讯发布的一款人工智能医学影像产品，该产品是人工智能技术与医学大数据的结合，把图像识别、深度学习等领先的技术与医学跨界融合，是与中山大学附属肿瘤医院等权威医疗机构共同长期攻关的成果。借助深度学习技术，"腾讯觅影"拥有在医学影像中辅助进行癌症早期筛查的能力。[2] 深圳市中医院上线"腾讯觅影"后，将逐步利用"腾讯觅影"的人工智能技术给医生赋能，辅助他们更快、更有效地理解病案，提高对胃肠镜下的食管癌、胃癌，CT 影像的肺结节、肺癌，眼底图像的糖尿病视网膜病变、青光眼等疾病的筛查效率。

第二，建立"智慧医院"。2018 年，深圳市第二人民医院与腾讯共同建立"智慧医院"医疗服务云平台，将人工智能技术创新应用于医院管理和患者就医各环节中。"智慧医院"将分别提供诊前、诊中、诊后的解决方案。其中，智能分诊将缓解诊前资源错配现象；智慧医疗云则解决诊中挂号时间长、候诊时间长、缴费时间长、就诊时间短的症结；智能随访可以提升患者诊后的依从性。腾讯还将协助医院开展人工智能辅诊研究、人工智能分诊研究、医疗影像及医疗大数据应用研究等人工智能医疗临床应用的相关工作，探索

---

〔1〕 柳奕诚、宋欣阳、李宗友："论医疗人工智能的未来：医疗网络"，载《中国中医药信息杂志》2018 年第 11 期。

〔2〕 "中医＋互联网，人工智能医疗进入深圳市中医院"，载 http://www.myzaker.com/article/5a3ba4e41bc8e0c27f0004c2/，最后访问日期：2019 年 4 月 4 日。

人工智能技术的医学创新研究能力，进而提升医疗服务效率和质量。[1]

第三，微信电子健康码。深圳市卫健委和腾讯利用居民健康档案，构建了微信电子健康码。微信电子健康码是一种使用微信二维码实现就医诊疗、医保支付、健康档案等多种服务的电子标识。它基于国家标准电子健康卡二维码，添加时间戳、微信侧加密信息等，可为每个人动态生成专属的"健康二维码"。医疗机构通过微信公众号或小程序渠道发放电子健康码，市民领取电子健康码后可存储于微信卡包，在深圳全市各家医院就医即可"马上通"，待打通全省和国家全民健康信息平台后，有望持码在全省乃至全国通行就医。[2]

深圳市医疗机构与腾讯的合作使深圳市实现人工智能中医医疗模式，进入中医人工智能时代。

2. 上线智慧药房

2018 年，北京大学深圳医院与国药一致集团合作共建的"智能链药品统一验收平台"正式启用。通过这个平台，药品经销商可以连接 HIS，直接根据药品采购订单生成验收清单和条码，同时把数据同步到 HIS 中。这样，就可以实现全院药品采购、验收、入库全程自动化，每一份药品也有了自己的条码"身份证"，实现全流程追溯管理和精细化管理。[3] 除了医院的药品精细化管理，深圳市还有一站式药品服务。深圳市宝安区中医院借助互联网的力量，上线康美智慧药房服务，助力中医药事服务进社区，让优质医疗资源下沉到基层，让患者在家门口就可以享受到专业、安全、便捷的健康服务。深圳市宝安区中医院通过全方位的质控管理，逐步制订了药品电子处方流转、审核、调剂以及智能化中药煎煮、安全快捷交付五大系统标准。通过手机网络预约派送，煎煮好的中药便可定点送到患者手中，[4] 这为深圳市构建人工智能中医医疗模式做出了贡献。

---

〔1〕"智慧医疗，改善市民就医感受"，载《深圳特区报》，http://sztqb. sznews. com/PC/content/201803/15/c320227. html，最后访问日期：2019 年 4 月 7 日。

〔2〕"深圳将建设卫生健康大数据平台 一人一个电子健康码"，载人民网，http://sz. people. com. cn/GB/n2/2018/0530/c202846-31646790. html，最后访问日期：2019 年 4 月 6 日。

〔3〕"智慧医疗，改善市民就医感受"，载《深圳特区报》，http://sztqb. sznews. com/PC/content/201803/15/c320227. html，最后访问日期：2019 年 4 月 7 日。

〔4〕"杨光义：建设'三名工程'打造智慧医疗提升中医院服务水平"，载深圳新闻网，http://health. sznews. com/content/2018-07/11/content_ 19523305. htm，最后访问日期：2019 年 4 月 5 日。

3. 智慧虚拟针灸人

虚拟针灸教学系统是由深圳市中医院、中国中医科学院刘保延首席研究员中医针灸临床评价方法创新团队和深圳先进技术研究院共同研发而成。借助虚拟现实技术及计算机仿真技术，戴上3D眼镜屏幕上就会出现一个立体的虚拟人，骨骼、肌肉、血管、经络、穴位都和真人一模一样，医学生通过激光针就可以在虚拟人身上进行扎针训练。这个系统内含经穴标注模块、教育学习模块、考试评估模块，为医学生提供了一个具有真实感、沉浸感和交互感的虚拟环境，激发自我学习探索能力，缩短培训周期，这有利于快速培训针灸人才。[1] 深圳市构建人工智能中医医疗模式不仅需要科学技术，还需要相应的人才来操作，虚拟针灸教学系统可以为深圳市培养相应针灸人才。

4. 探索微信医保支付

发展中医人工智能、构建人工智能中医医疗模式不可避免地会遇到医疗保险如何处理的问题，如果不解决医保问题，患者就会对使用人工智能中医医疗模式抱有疑虑，那么就会阻碍中医人工智能的发展、减缓人工智能中医医疗模式的构建。

国家卫健委远程医疗管理培训中心针对远程医疗进行专项研究，结论之一便是将远程医疗费用纳入医保报销范畴。国家卫健委远程医疗管理培训中心建议，以相对简单、操作成熟的远程医疗服务项目为试点，将远程医疗纳入医保，并制定合理的医保标准，确定合理的医保报销比例。将互联网医疗纳入医保报销范围备受期待，但未来还有多道坎需要迈过。深圳市却勇于尝试新型互联网医保支付。

2018年12月28日全国首个微信医保支付示范医院在深圳落户。微信医保支付支持微信进行就诊全流程——挂号、交费、处方单均可扫码支付。据了解，基于微信医保支付能力，深圳市人民医院打通线上就诊全流程的"任督二脉"，改善患者就医体验，提升医院服务效率。例如，通过人工智能导诊小程序，患者可以1秒精准匹配医生；通过绑定社保卡，患者可免排队支付医疗费用；通过微信公众号，患者能够轻松查预约信息、医疗消费账单、线

---

〔1〕 "智慧医疗，改善市民就医感受"，载《深圳特区报》，http://sztqb. sznews. com/PC/content/201803/15/c320227. html，最后访问日期：2019年4月7日。

上检查报告、社保缴费明细。[1] 在深圳，微信医保支付已经成为深圳市构建人工智能中医医疗模式的一环。

腾讯觅影总经理钱天翼表示："微信医保支付示范医院落地深圳市人民医院，是双方合作共建智慧医院点亮的一个新图标，也是双方合作迎来的一个新起点、新突破。未来腾讯将会继续深化和细化合作，上线少儿医保、生育险、大病医保等众多新功能，让就医便利覆盖更多人群。"

5. 构建信息监管平台

信息监管平台的建设是近年来深圳市医管中心力抓的项目，通过大数据对医院进行精细化的管理，由以往的"结果监管"改为"过程监管+结果监管"。深圳市医管中心通过完善综合管理平台的建设，实现了对各个医院信息的实时在线监管，推动现代医院管理。目前，医院绩效考核中涉及的业务、质量、费用等量化指标已100%实现平台抓取，已实现对财务管理模块、财政预算执行率、结余情况、药占比与耗占比、医疗次均费用、科教支出等8项重点指标监控。[2] 深圳市构建的信息监管平台对中医医院也同样适用，其实现了对深圳市各个中医医疗机构的中医诊疗活动全过程与终末指标的监控，使深圳市构建的人工智能中医医疗模式更加完善。

6. 高级别的电子病历系统

深圳市目前已经有两家医院拿到了"医疗机构电子病历系统功能应用水平分级评价五级医院"证书，这代表着深圳市信息化发展已进入全国先进行列，医院管理已步入现代化、信息化、科学化。电子病历系统最重要的是看病很安全、质量有保障——无论是门诊的病例记录、检查报告、医嘱执行等，还是病房的药品配置、护理记录等，再到手术预约登记和全过程监护数据等全方位的信息都可以一键查询，在系统里有迹可循。从入院挂号检查到出院，电子病历系统实现了就诊全流程信息化，辅助医师实施正确的诊疗措施，规范了诊疗行为，保障了患者的就医安全和质量。[3] 高级别的电子病历系统不

---

〔1〕 "全国首家微信医保支付示范医院落户深圳"，载人民网，https://www.sohu.com/a/285238561_114731，最后访问日期：2019年4月5日。

〔2〕 "智慧医疗，改善市民就医感受"，载《深圳特区报》，http://sztqb.sznews.com/PC/content/201803/15/c320227.html，最后访问日期：2019年4月7日。

〔3〕 "智慧医疗，改善市民就医感受"，载《深圳特区报》，http://sztqb.sznews.com/PC/content/201803/15/c320227.html，最后访问日期：2019年4月7日。

仅代表深圳市信息化发展已进入全国先进行列，也有利于深圳市构建人工智能中医医疗模式。

（三）深圳市发展人工智能中医医疗模式的意义

1. 以中医人工智能驱动全周期健康服务

在实践中，依托中医人工智能构建的健康医疗服务平台缓解了看病"三长一短"问题，医疗影像识别、智能诊疗、虚拟护理助手、机器人辅助手术、慢病和流行病智能防控等数字技术与健康医疗事业融合应用初见成效。但是，健康医疗事业还存在发展不平衡、数字化程度低、全方位全周期健康服务的数字化基础薄弱等问题。因此，深圳市利用中医人工智能技术助力中医医疗资源平衡配置，推动社区健康医疗服务和新型城乡健康医疗服务体系的建立，助力区域间和区域内中医医疗机构之间资源和能力的平衡发展。[1] 深圳市构建人工智能中医医疗模式将实现健康医疗大数据的规范采集、集成共享和合规应用，赋能基层中医医疗和个人健康管理，加速全方位全周期健康服务。

2. 打通信息孤岛，实现医疗信息共享

深圳市已经有医院建设"智慧医院"，而建设"智慧医院"最关键的一环是信息化，也就是医疗信息的互联互通和共享。HIS 不联通对于跨医院、跨区域的业务协作会产生信息集成、系统集成困难等问题。因此 2018 年 12 月深圳市中医医疗联盟成立，据悉，深圳市计划建立起 10 个深圳市中医医疗技术专业联盟，拟逐步实现医疗技术同质、管理信息共享、教学与科研资源共享、中药制剂流通使用。[2] 这有助于打破机制体制壁垒，提高中医医疗资源的总体配置效率和利用效率，将分散在"孤岛"中的数据有效地服务于个人的健康管理，实现信息系统的互联互通和信息共享。

（四）深圳市发展人工智能中医医疗模式的建议

1. 探索中医人工智能标准化

中医人工智能最主要的就是辅助诊疗，但是由于中医诊疗的特殊化以及人体的差异性，中医人工智能辅助诊疗的标准化就极为重要。无论是名老中医经验挖掘，还是证候学与疗效评价研究，或是病毒传播预测，中医人工智

---

〔1〕 向雨航："'互联网+AI'正改变深圳人就医之路"，载《深圳观察》，https://www.kanzhun.com/news/301534.html，最后访问日期：2019 年 4 月 7 日。

〔2〕 "深圳市中医医疗联盟今日成立"，载深圳新闻网，http://www.sznews.com/news/content/2018-12/18/content_ 21288548.htm，最后访问日期：2019 年 4 月 4 日。

能的研究都离不开标准化。以中医传统的"望闻问切"为例，虽然随着科技的发展，中医的"望闻问切"已经一定程度上实现了智能诊疗化，但是依然缺乏标准。标准化的缺乏，可导致智能诊疗仪在输出层的维度不一，相应的其训练集所需要的数据量就会增大，且验证难度也随之增大。标准化是信息化的基础，信息化是标准化的重要表达形式，中医人工智能标准的不完备也阻碍了人工智能中医医疗模式的构建。[1]《国家中医药管理局关于推进中医药健康服务与互联网融合发展的指导意见》中提出"建立中医药健康服务信息标准体系"。

2018年12月，深圳市中医医疗联盟正式成立，各中医医院、综合医院、专科医院、门诊部、中医馆、中医诊所等70余家医疗机构作为首批联盟成员加入其中。因此，深圳市中医医疗联盟可以起带头作用，探索中医人工智能标准化，建设深圳市区域中医人工智能标准。

2. 规范医疗责任

在线下的临床诊治中，医疗责任划分就已十分复杂，在发展人工智能中医医疗模式的过程中，更多变量的参与使责任归属更加难以划分，一旦患者利益受到侵犯时就可能存在相关责任方相互推诿的问题。因此在发展中医人工智能、构建人工智能中医医疗模式的过程中探讨如何处理医疗责任的承担问题是必不可少的。深圳市作为国家中医药综合改革试验区，可以针对中医人工智能诊疗发布相应规章制度，建立医疗责任分担机制，可以将因人工智能误诊产生的医疗责任按照药物致损的归责原则处理。同时还可以设立专门的监管机构，设立严格的准入制度，完善人工智能中医医疗模式中的医疗责任问题，使患者的合法权益得到保障。

3. 确保患者信息安全

研究中医人工智能肯定会涉及数据挖掘，中医药在漫长的发展过程中逐渐积累大量的数据与理论，特别是将线下中医诊疗转到线上，这些数据也将出现在网络上，其中患者的信息数据安全问题引人重视，因为面对人工智能的快速发展，现有的法律法规不足以保护患者健康数据的隐私性。

《国家中医药管理局关于推进中医药健康服务与互联网融合发展的指导意见》中提出，要落实我国网络安全法和信息安全等级保护制度，重视人工智

---

〔1〕 周小玲等："'互联网+'中医药的SWOT分析与对策"，载《医学争鸣》2017年第5期。

能等技术应用带来的安全风险，因此，深圳市构建人工智能中医医疗模式需要制定信息流通和存储的规章制度，微观上，要完善信息中间建设，细化信息监管的流程，将责任落实到个人，实现制度和人员的充分保障。[1]

人工智能关键技术的不断突破，大大推动了人工智能在医疗服务领域的应用。深圳市通过建设中医人工智能诊疗、微信医保结算、电子病历系统、智慧药房等措施，构建了一套人工智能中医医疗模式，搭建了"互联网+中医药"平台，为深圳市的中医药综合改革做出了贡献。

六、中医智能医联体云平台案例：中医聪宝

（一）中医智能医联体云平台的六大中医人工智能产品

区域中医智能医联体云平台内部包括六大中医人工智能产品：国医大师智能专病辅助诊疗系统、智慧共享药房系统、中医智能云系统、中医智能诊间系统、中医智能康复系统、中医诊后智能管理系统。

1. 国医大师智能专病辅助诊疗系统

国医大师智能专病辅助诊疗系统主要针对中医人才培养难的问题，通过系统掌握中医基本理论和各种经典培养中医思维，与国医大师实战互动汲取经验，并通过大数据进行闭环验证，从而在中医传承、教学、科研等方面起到有效的辅助作用。国医大师智能专病辅助诊疗系统主要具有三大功能：专病专科建设——装备国医大师智能辅助诊疗系统，建立国医大师智能诊疗中心，提高医院专病诊疗水平，帮助医院专病专科建设；网上拜师——成为大师弟子，国医大师传承人进行现场带教、远程教学、远程会诊指导等，打破传统"师带徒"模式；规范中医病历——构建专病诊疗大数据，根据中医需求提供规范化、标准化的中医电子病历和大量可视化诊疗数据，为科研、疫病防控等提供参考。

国医大师智能专病辅助诊疗系统汇聚国医大师毕生诊疗经验，既可以用于三甲医院专病专科门诊，借助国医大师智能诊间进行诊疗，也可以用于县域医联体共享模式，将国医大师经验下沉到基层，帮助基层医生系统学习国医大师辨证思路和临证经验，赋能专病专科，提升基层专病专科诊疗技术。如今，杭州聪宝科技有限公司（以下简称"聪宝科技"）已经研发出国医大

---

〔1〕 郑砚璐："构建'互联网+中医'监管机制研究"，福建中医药大学 2018 年硕士学位论文。

师王琦咳嗽专病机器人、国医大师朱良春痛风专病机器人、程莘农院士针灸专病机器人等多个专病机器人，已在1000多家医疗机构开具超过了300万张处方，帮助老百姓在家门口享受到大师水平的诊疗，形成了更大的群体智能。

2. 智慧共享药房系统

智慧共享药房系统主要针对基层中药"质"与"量"均有不足的情况，力图借助人工智能技术优化药品配送的流程，保证中药材的质量，集中管理，统一配送，实现当地中药房集中化、统一化、标准化。以海盐县智慧中医药服务共享中心为例，2018年10月17日，在聪宝科技和海盐县卫生健康系统的共同推动下，海盐县智慧中医药服务共享中心顺利完成首日试运行，其是以县中医院实体中药房、中药库为载体的第三方共享药房，囊括800多味中药材，取代了全县医疗机构各自的中药房，为全县提供统一的中药饮片供应。无论医生在县中医院，还是在各镇卫生院（社区卫生服务中心）及所辖社区卫生服务站，均可通过县域部署的中医智能云系统为患者开具中药处方，中药饮片和代煎药品均由共享中药房通过一体化集中服务，免费配送到患者家中，实现中医药服务一体化，帮助基层突破中药饮片配备不全、医生开方不便的瓶颈，提高基层医疗机构中医药服务能力。

3. 中医智能云系统

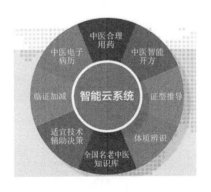

中医智能云系统是主要针对基层中医水平低的问题而推出的，意在协助基层医生开具中药处方、加速基层中医人才成长、智能协助基层医生辨证、提高基层医疗机构中医药服务水平。中医智能云系统具有辅助开方、智能辨证、中医合理用药、大数据分析等特色功能，构建"病—症—法—方"数据模型，自动将诊断、处方、用药等临床数据上传至平台云端并进行集成化管

理。现中医智能云系统已进入全国上千家医疗机构，有效提升了基层医生的中医辨证论治水平。

4. 中医智能诊间系统、中医智能康复系统、中医诊后智能管理系统

中医智能诊间系统、中医智能康复系统、中医诊后智能管理系统 3 项中医人工智能应用共同将中医诊前、诊中、诊后有效连接，实现了中医智能诊疗的闭环，使中医人工智能贯穿中医诊疗全生命周期。

中医智能诊间系统是在国医大师程莘农院士智能工作站的指导下成立的智能熏蒸中心。该系统以中医智能诊疗系统为核心，将 TMT 热成像、熏蒸仪、中心药房等架构起来，帮助医院建立智能熏蒸中心，实现了中医从诊断到治疗、干预的可视化，主要用于赋能适宜技术，提升基层医疗机构中医药适宜技术服务水平，对熏蒸设备进行集中式管理，减少操作人员，降低运营成本。

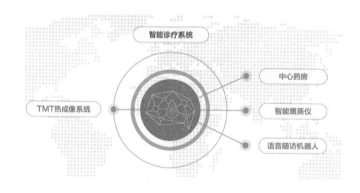

中医智能康复系统赋能康复科室，连接康复流程中的多角色，针对中医

诊疗患者康复、保健提供智能化指导，帮助患者就诊后康复、保健等，同时帮助医院信息化建设，实现完整的康复流程管理，在康复中发挥中医优势，提高康复效果，依托医联体，充分利用基层闲置的中医康复资源。

中医诊后智能管理系统是针对中医诊后患者的康复、保健、回访等情况，以帮助患者就诊后的康复、保健等为目的，提供的语音回访、智能保健服务的智能化管理系统。其打通了诊疗全流程服务闭环，代替医生进行随访，收集病患诊后信息，解决医生无法完成诊后随访工作的难点，借力人工智能帮助医生诊疗更有效、医院服务更高效、提高医院的患者复诊率及治愈率。

（二）区域中医智能医联体云平台应用的社会效果

聪宝科技推出的中医智能医联体云平台致力于实现《规划》、加快中医人才培养速度、提升医院中医诊疗服务水平。截至 2017 年 9 月，中医智能医联体云平台已在浙江省永康市 4 家市级医院、15 个镇卫生院、189 个村卫生室成功实践，并在浙江省海盐县成功构建"1+9"中医智能医联体，与浙江省舟山市中医院、浙江省东阳市中医院、浙江省海宁市中医院、陕西省中医院等建立合作，受到了国家的重视与关注，原国家中医药管理局局长王国强、医政司司长蒋健、浙江省委员会教科卫体委员会副主任徐润龙亲自听取聪宝科技相关工作的汇报，王国强亲自启动国医大师朱良春浊瘀痹（痛风）智能辅助诊疗系统，国家中医药管理局副局长闫树江亲自启动国医大师王琦智能辅助诊疗系统，等等。中医智能医联体云平台是中医人工智能研究道路上的成功案例，为中医人工智能的发展积累了丰富经验。随着医疗健康大数据成为一种趋势，人工智能技术在医学领域中的应用日益广泛，目前无论从国家层面、科研单位，还是企业层面都在努力推动中医行业及中医智能化的发展。作为未来中医领域重要的发展方向，中医智能化的前景值得期待。

1. 成功案例

2016 年，聪宝科技在浙江省海盐县部署中医智能云系统，实现"县—镇—村"三级中医药服务全覆盖；2017 年，部署国医大师智能辅助诊疗系统，并发布了全国首个县域中医大数据，2017 年海盐县域中医大数据显示中医干预病种明显增多，基层医生可以快速准确辨证疾病，基层医师辨证水平明显提升，临床医生可以针对不同患者的情况，开出个性化的中医处方，将中医的"一人一方"落到实处，全年中医辨证论治智能辅助系统智能处方服务合计服务 19 636 人次，较 2016 年上涨 101%；2018 年，部署实施中医智能诊间系统，经过两年发展，聪宝科技在浙江省海盐县打造了中医基层化、应用智能化、服务一体化的"海盐模式"，海盐县基层医疗机构医生中医辨证论治能力得到极大提升，中医诊疗服务能力快速提升，海盐县也因此获得了"全国基层中医药工作先进县"称号。

2017年，聪宝科技在浙江省永康市部署实施中医智能医联体，实现永康全市100%中医药全覆盖。同年，聪宝科技在永康市开启中医药一体化建设，打造了中医药一体化的"永康样板"。此外，聪宝科技助力浙江省永康市建设的市域中医智能医联体与永康市中央药房联动，建立区域共享智能中药房，为全市卫生服务机构提供中药饮片统一配送服务，实现了全市的中医药一体化，共享中药房覆盖199家镇、村卫生服务站、村卫生室，为基层群众提供中药代煎和"送药上门"服务。区域共享智能中药房的建立有效解决了基层医院中药专业人员紧缺局面，每年节约成本达300多万元。

2. 推广应用

公司研发的中医智能医联体云平台及中医智能辅助诊疗系统、国医大师智能专病辅助诊疗系统、中医智能病房系统、中医智能康复系统、中医智能诊断设备及应用系统、中医互联网传承培训系统、中医诊后智能管理系统等产品在江苏、陕西、上海、安徽、江西、河南、云南、湖北、甘肃等省市超过上千家医疗机构广泛应用，并开具处方超过百万张，帮助老百姓实现了大病看国医大师不出县、在家门口看名医。

第四节　中医诊疗信息化

一、中医馆健康信息平台建设背景

近年来，为进一步提升中医药信息化水平，提高中医药领域的就医指导、预约诊疗、中医药健康信息教育等服务水平，实现医药卫生体制改革提出的"建立实用共享的医药卫生信息系统"总要求，我国各地建设了一批统一高效、资源集成、使用便携互联互通的中医馆健康信息平台，为中医馆健康服务的开展提供高效的信息系统平台。

中医馆健康信息平台建设项目是国家中医药管理局中央财政投入专项资金支持的中医药信息化建设项目。中医馆健康信息平台总体上分为国家级云平台和省（市、自治区）级云平台两级架构，分别在中国中医科学院中医药数据中心和省（市、自治区）级中医药数据中心部署，两级平台之间通过数据服务总线进行数据和服务的集成，建立统一的中医药健康信息平台门户、中医临床业务监管系统、中医药知识库、字典术语管理、中医远程教育系统、中医远程医疗系统。[1]

　　2015年，国家中医药管理局启动了中医馆云平台项目，首先在10个试点省份建设中医药数据中心和中医馆云平台，为中医馆提供全面的信息化服务，通过建设中医特色电子病历、辅助开方、辅助诊断、名老中医知识库、古籍文献知识库、远程诊疗、远程教育等信息化服务，快速提升了中医馆的服务水平，同时推动了各级中医药管理部门加强基层中医药服务管理。在总结试点经验的基础上，2016年，国家中医药管理局对21个省的中医药数据中心和中医馆云平台建设进行了全面部署。

　　从中医馆健康信息平台建设的政策背景来看，2015年3月5日，十二届全国人大三次会议上，李克强总理政府工作报告中首次提出"互联网+"行动计划，医疗卫生行业在积极行动。国务院办公厅关于《全国医疗卫生服务体系规划纲要（2015—2020年）》明确提出"开展健康中国云服务计划，积极应用移动互联网、物联网、云计算、可穿戴设备等新技术，推动惠及全民的健康信息服务和智慧医疗服务，推动健康大数据的应用，逐步转变服务模式，提高服务能力和管理水平。"2016年，为了提高基层中医馆信息化水平、提高基层中医药服务能力，国家中医药管理局规划财务司争取中央财政安排专项经费7.9亿元，在全国范围内遴选5000多家基层医疗机构计划开展中医馆健康信息平台建设项目。同年，全国中医药工作会议明确了"中医药十三五"行动计划并启动实施，提出了中医药信息化建设与发展规划、"互联网+中医药"行动计划等，确定了建立国家中医药智慧云服务平台的总体目标，积极参与全民健康保障信息化工程。

　　此外，中医信息化建设的相关标准与法规的相继出台为中医馆信息化建设提供了标准性、规范性和实用性。2011年，国家中医药管理局相继修订出台了《中医医院信息化建设基本规范》和《中医医院信息系统基本功能规

---

　　[1]　"中医馆健康信息平台总体架构"，载 https://cloud.tencent.com/developer/news/370357，最后访问日期：2018年12月13日。

范》，使得中医医院信息化建设有章可循。2015 年，国家中医药管理局为了加强对基层中医馆建设的指导，开展了涵盖中医馆所有业务体系的标准制定工作，包括《基层中医馆健康信息系统电子病历建设指南研究》《基层中医馆健康信息系统辨证论治系统建设指南研究》等，成为规范各地中医馆基本医疗信息系统建设的规范性技术文件。同时，2017 年 7 月 1 日起，《中华人民共和国中医药法》正式实施，这意味着中医药的发展已经上升至国家层面，中医医疗服务的合法地位获得确认，也推动了中医药领域的规范化发展。

二、中医馆健康信息平台内容及优势

（一）中医馆健康信息平台内容

中医馆健康信息平台是通过计算机、远程通信等技术，对中医馆中医药服务过程中产生的数据进行采集、传输、汇总和分析，提供中医特色电子病历、辅助开方、辅助诊断、名老中医知识库、古籍文献知识库、远程诊疗、远程教育等信息化服务，快速提升中医馆的服务水平，同时推动各级中医药管理部门加强基层中医药服务管理。通过对基层医疗卫生机构医疗业务数据的实时汇总、整理和分析，中医馆健康信息平台可以为业务监管提供支撑，与基层医疗卫生机构现有信息系统互联互通、资源共享，快速提升中医馆的服务水平，推动各级中医药管理部门加强基层中医药服务监管，全面提升基层医疗机构中医药服务能力和水平，保障各级中医药管理部门加强基层中医药服务管理，实现对中医药服务进行规范化、科学化管理。

中医馆健康信息平台主要针对四类用户：一是公众用户，公众可以通过门户查找中医馆和中医馆的医生、查找名老中医相关信息，学习治未病知识。如果在中医馆做过治疗，可以登录系统查看治疗相关信息。门户作为平台的统一入口还集成了中医治未病系统、中医药知识库、中医远程教育等业务子系统中面向公众的各个功能。二是各级中医药管理部门，各级中医药管理部门通过门户登录后可以全面掌握本地区内的中医馆相关情况。三是中医馆医生，中医馆医生登录系统后可以了解、跟踪自己病人的情况，跟公众形成互动，解答公众的问题。四是门户管理员，门户管理员对健康信息门户进行管理，根据用户访问情况调整门户栏目，及时更新和发布内容。

中医馆健康信息平台主要应用包括：中医馆健康信息门户、中医药知识库系统、中医电子病历系统、中医辨证论治系统、中医远程会诊系统、中医远程教育系统、中医治未病系统、中医临床业务监管系统、中医云 HIS。

中医馆健康信息门户作为统一的对外出口，集成各业务子系统中外网服务功能，面向公众提供服务，并提供基于移动 APP 和微信公众平台的便民服务，主要功能包括检索中医馆和中医医生、中医馆介绍、名老中医介绍、中医治未病服务、中医药知识库服务等。

中医药知识库系统主要包括名医医案知识库、中医古今文献知识库，通过建设开放的资源平台，通过上传下载的用户共享方式，丰富医案资源和文献资源，实现医案的共享学习。

中医电子病历系统主要功能包括病历书写、管理诊疗活动、查询医疗记录、控制医疗质量等，实现与中医馆云平台系统数据实时交互。

中医辨证论治系统主要包括辨证论治、智能推方、病案匹配、临证加减、方库管理、合理用药和诊断分析等系统。

中医远程会诊系统用于调动国家中医药管理局直属直管 6 家医院和 16 家国家中医药临床基地、国家级中医重点专科专病、中医学术流派以及各省中医院的优质医疗资源等，与各基层中医馆联谊，采取自愿与推荐结合的方式进行定期病例讨论。

中医远程教育系统通过云课堂为中医馆医生提供学历教育和非学历在职培训。远程教育可分为实时交互和课件点播两种培训模式。

中医治未病系统在中医馆云平台的基础上建立中医治未病信息化服务，主要为居民提供互联网中医治未病服务，包括专项健康监测、健康管理评估、绩效评价等功能。

中医临床业务监管系统基于计算机网络和信息应用技术，采集和统计各家医院日常医疗业务开展的业务量数据，并结合实际的业务管理需要，通过对数据的二次处理，建立统计、分析比较、展现、预警等应用，以考量和评估医院业务工作的负荷程度、工作效率的高低以及各区域人群对医疗服务的需求压力等，辅助医疗卫生管理部门及时调整医疗资源的分布，确保有限的医疗资源能得到合理、充分的使用。

中医云 HIS 主要包括基础数据管理、患者管理、挂号管理、门诊医生站、门诊收费、药房、药库管理和统计分析等。

以河北省中医馆健康信息平台为例，该平台具备九大功能：中医馆健康信息门户、中医电子病历系统、中医辨证论治系统、中医药知识库系统、中医远程会诊系统、中医远程教育系统、中医治未病系统、中医临床业务监管系统、中医云 HIS。通过该平台的建设可以进一步缩短患者就诊时间，并为患者提供上级专家诊疗服务。该省数百家基层医疗卫生机构的中医馆加入该平台，河北省中医药数据中心与中国中医科学院中医药数据中心实现互联互通，今后将继续扩大信息平台建设范围，逐步将全省所有的国医堂以及所有的乡镇卫生院和社区卫生服务中心纳入进来，最终建成全省中医药信息化的大平台。

（二）中医馆健康信息平台优势

2018 年，国家中医药管理局副局长闫树江在中医馆健康信息平台建设现场经验交流会上指出，中医馆健康信息平台项目是推进中医药信息化建设、提升基层中医药服务能力、实现中医药与互联网融合发展的具体实践。中医馆健康信息平台的建设是推进新时期中医药信息化建设的战略举措，是完善中医药服务体系的重要内容，是落实"互联网+"战略、实现人人基本享有中医药服务的重要举措。

1. 提高医师看诊效率，简洁便利

对于中医馆医生而言，其登录系统后就可以及时了解、跟踪自己病人的情况，与公众互动，解答公众问题。此外，借助中医辨证论治系统，医生可以在了解病人的病情后在平台的辅助下，通过各种业务应用程序接口进行数据交互，从系统中获取常用的药房，并根据病人的临证情况和中草药库存修改药房，可以帮助医生实现快速开方。同时，利用远程诊疗，中医馆医生可以在接诊病人时利用互联网远程视频的方式和专家医师沟通，联合对病人进行诊治。

以浙江大学医学院第二附属医院为例，其借助信息化平台为患者提供网络就诊、开方、配药三方面的功能，并通过打造专属的 APP 或者微信系统，为病人提供辅助就医服务。同时，其针对病人线上线下的就诊记录，为患者建立健康档案，并提供主动的跟踪和关怀服务，从而赢得患者对医院品牌的信赖。

2. 构建资源共享体系，高效整合

推动优质医疗资源下沉是解决老百姓看病就医"痛点"和"堵点"的有效途径，也是提升人民群众幸福感、获得感的民生实事。中医馆健康信息平台的建设对于提高基层医疗服务水平，实现分级诊疗健康策略，实现小病不出乡、大病不出县，引导整合优质医疗资源下沉发挥着重要的作用。

此外，平台借助信息技术手段，将中医医疗卫生保健服务的管理置于社会公众监督之下，促进医疗卫生服务更规范、更透明。公众可以方便地通过网络进行查询，了解个人健康状况、历次就诊和医学检查记录、预防保健服务安排以及各项医疗卫生服务政策、办事程序，做到心中有数。卫生机构创新开展数字医疗服务模式，实施预约服务、远程咨询会诊、转诊、转检、慢性病跟踪监控等服务，使有限的医疗资源发挥更佳的运行效能，更好地满足了人民群众多层次卫生保健需求，促进了和谐社会建设。

以黑龙江省中医健康信息平台为例，黑龙江中医药大学附属第一医院通过中医馆健康信息平台建设，实现与地市、县级中医医疗机构的双向转诊、远程会诊，促进优秀中医资源的下沉，同时增加了医院患者就诊量、知名度和影响力。通过平台的大数据分析能够有效地了解黑龙江省病患情况，使医院及时调整应对政策，做到及时响应，提高中医服务能力和水平，有效利用中医药信息化系统，实现分级诊疗、远程会诊建设，提升全省中医业务水平，带动全省、市、县、乡、村各级医疗机构协调发展。

3. 保障基层服务监管，科学管理

中医药作为我国独具特色的医疗体系，千百年来以其"简、便、廉、效"的特点，满足了人民群众养生保健、慢性病、老年病防治的需求，解决群众反映较多的"看病难、看病贵"问题，为我国人民繁衍生息和生命健康做出了无可替代的贡献。中医药在基层医疗保健体系中占据着十分重要的地位、发挥着巨大的作用，深受广大农民欢迎，农村的一些常见病、多发病用中草药治疗的情况十分常见。然而，在基层中医诊疗中也存在着许多亟待解决的问题，例如：基层中医医师匮乏、基层中药种类不全、质量参差不齐等。

借助中医馆健康信息平台中的基层 HIS，各机构通过数据服务总线，上报中医馆的基础资源数据、中医电子病历数据到中医药数据中心，汇总形成本省的中医馆数据仓库，并上报国家中医药数据中心，汇总形成全国中医馆数据仓库。

此外，中医馆健康信息平台的中医临床业务监管系统为中医卫生行政主管部门构建了一套科学、精细、专业化的网络体系，建立了系统化、常态化的医疗行为监管机制，可以实现对中医药临床服务行为的全过程动态监管。市县级管理部门可通过中医馆云平台监管中医临床业务，其基于计算机网络和信息应用技术，采集和统计各家医院日常医疗业务开展的业务量数据，并结合实际的业务管理需要，通过对数据的二次处理，建立统计、分析比较、展现、预警等应用，以考量和评估医院业务工作的负荷程度、工作效率的高低以及各区域人群对医疗服务的需求压力等，辅助医疗卫生管理部门及时调整医疗资源的分布，确保有限的医疗资源能得到合理、充分的使用。

三、各地推行中医馆健康信息平台的案例

（一）江西省中医馆健康信息平台

近年来，江西省大力发展中医药大健康产业，努力走出一条具有江西特色的健康发展之路。一批中医药大健康产业、养生基地已经在江西生根发芽、开花结果，而以健康养生、健康医药、健康养老、健康医疗、健康运动及健康食药材为主的中医药大健康产业发展之路也为江西经济绿色健康发展插上了腾飞的翅膀。江西省高度重视中医药大健康产业发展，密集出台了促进中医药大健康产业发展的若干政策文件，政策机遇不断叠加，政策红利不断释放。作为国家中医药管理局批准的国家中医药综合改革试验区，江西省人民政府出台了《国家中医药综合改革试验区（江西）建设行动计划（2018—2020年）》《关于江西樟树"中国药都"振兴工程实施方案的通知》《江西省中药材产业发展工程》《中国（南昌）中医药科创城建设重点工作分工方案》等政策，为江西省发展中医药产业提供了强有力的政策保障。

作为国家中医药管理局中央财政投入专项资金支持的中医药信息化建设项目，江西省中医馆健康信息平台致力于提供统一的中医电子病历、辨证论治、中医药知识库、远程会诊、远程教育、中医治未病系统，通过对基层医疗机构医疗业务数据的实时汇总、整理和分析，为业务监管提供支撑，与基层医疗卫生机构现有信息系统互联互通、资源共享，推动各级中医药管理部门加强基层中医药服务监管，全面提升江西省基层医疗机构中医药服务能力和水平，不断满足基层人民群众日益增长的中医药服务需求。

截至2018年5月，中医馆健康信息平台已经覆盖中医馆总数量486家，联合3家基层HIS厂商。平台的建设内容主要包括中医馆健康信息门户、中医电子病历、中医辨证论治、中医药知识库系统、中医远程会诊系统、中医远程教育系统、中医治未病系统、中医临床业务监管系统、中医云HIS九项内容。其中，中医药知识库系统面向中医馆医生提供专业的、标准的中医药

知识库，进而提升中医馆中医诊疗水平和工作效率；中医远程会诊系统是指中医馆医生在接诊病人时利用互联网远程视频的方式和专家医师沟通，联合对病人进行诊治的一种门诊；中医远程教育系统可分为实时交互和课件点播两种培训模式，实时交互式远程培训支持远程专题讲座、远程学术研讨等基于课件的交互式远程培训，进修人员不用离开工作岗位就能接受到优质的培训，提升人员的服务能力和水平，并对上课过程中讲师的上课过程及使用的讲义等进行录像，保留通用的格式，储存于云课堂。

（二）黑龙江省中医馆健康信息平台

黑龙江省中医馆健康信息平台建设是黑龙江省医疗信息化建设的重要组成部分，为基层医疗机构提供中医电子病历、辨证论治、中医药知识库、远程会诊、远程教育、中医治未病、中医临床业务监管等信息化服务，并创新性开展了基层云 HIS 建设，填补了黑龙江省基层医疗平台不完善、缺少 HIS 的缺陷；开发分级诊疗平台，在 1 家地市级中医医院、9 家县级中医医院开展了分级诊疗平台建设，为中医药分级诊疗体系建立奠定了基础；建立了中医药大数据展示中心，对中医药大数据进行分析利用。

黑龙江中医药大学附属第一医院通过中医馆健康信息平台的建设，实现与地市、县级中医医疗机构的双向转诊、远程会诊，促进优秀中医资源的下沉，同时增加了医院患者就诊量、知名度和影响力。通过平台的大数据分析，能够有效地了解黑龙江省病患情况，使医院及时调整应对政策，做到及时响应，提高了中医服务能力和水平。

2018 年 11 月 23 日，按照国家中医药管理局验收指标和验收细则，验收专家组对黑龙江省基层医疗卫生机构中医诊疗区（中医馆）健康信息平台建设项目进行了逐项评价打分。最终项目建设评分为一般指标 91 分，核心指标完全达标，省级终验验收结果为优秀。

（三）山东省中医馆健康信息平台

为保障中医馆健康信息平台项目的建设，山东省专门建立了山东省中医药数据中心。以山东省本地信息基础化程度不同为区分标准，平台针对无诊间系统的中医馆和有诊间系统的中医馆提供不同的服务。在无诊间系统的中医馆，中医馆云平台提供独立的医生站系统，其中电子病历系统、知识库系统、处方（辅助开方）系统分别在问诊、诊断、处方活动中为中医医师提供信息化支撑，并接收挂号系统的患者信息，将处方信息传送给收费系统（可以是新农合计费系统），提高工作人员的工作效率。对于有诊间系统的中医馆，处方系统由原医生站系统提供，中医馆云平台提供的辅助开方系统与医生站处方系统对接，电子病历系统和知识库系统嵌入医生站系统。

通过省级中医药数据中心系统建设，可以方便山东省政府全面、及时、准确掌握全省中医医疗卫生服务体系、疾病预防控制体系、卫生监督体系和突发公共卫生事件应急机制等方面的第一手信息，为科学制定和调整卫生改革与发展政策提供客观依据，实现管理全省卫生手段的现代化和规范化，提高决策的科学性。这对更好地促进人人享有基本医疗卫生服务，真正实现病有所医、病有好医，具有重大的现实意义。

四、中医馆健康信息平台面临的问题

信息化是中医药向高效、科学方向发展的必然选择，中医馆健康信息平台能够集中整合中医药信息资源、促进信息交流和知识共享、改善中医药服务质量，是中医药迈向现代化的重要尝试。然而，在中医药数字化的征程中，建设中医馆健康信息平台仍面临一些政策与法律问题。

（一）中医馆健康信息平台面临的政策法律问题

1. 远程医疗服务中的法律关系与法律责任，面临新挑战

借助互联网技术开展远程会诊可以有效破除时间和空间瓶颈，实现优质医疗资源共享，是对边远县、市级的医院技术、人员匮乏等短板的有力补充，最大限度满足人民群众方便就医、廉价就医的需求。[1] 远程会诊在互联网的助力下帮助医学专家和病人建立起全新的联系，让患者可以在本地医院接受外地专家会诊，在外地专家指导下接受治疗和护理。

在传统医疗模式中，法律关系与法律责任较为明确，然而在中医馆健康信息平台的建设过程中，所运用的远程医疗服务涉及主体复杂，除了传统的医患双方关系外，还涉及远程端医疗机构、网络经营者、设备提供者等多重法律关系。同时，由于远程医疗服务中主体众多，涉及的法律责任承担也更为复杂。现行的《远程医疗服务管理规范（试行）》中规定，在远程医疗服务过程中发生医疗争议时，患者向邀请方所在地卫生健康行政部门提出处理

---

〔1〕 "德令哈：远程会诊系统方便患者就医"，载 https://baijiahao.baidu.com/s？id=1612912950 288125189&wfr=spider&for=pc，最后访问日期：2018年9月29日。

申请。远程会诊由邀请方承担相应法律责任，远程诊断由邀请方和受邀方共同承担相应法律责任。医疗机构与第三方机构合作开展远程医疗服务发生争议时，由邀请方、受邀方、第三方机构按照相关法律、法规和各方达成的协议进行处理，并承担相应的责任。但在目前，互联网中医远程医疗服务尚在起步阶段，如何更好地划分远程医疗服务中的法律责任和如何对医疗责任进行鉴定，仍是未来中医馆健康信息平台建设中需要关注和重视的问题。

2. 线上平台患者隐私保护问题难度大，敏感信息多

中医馆健康信息平台的建设以互联网为载体运用多种技术手段，众多中医馆向患者提供了在线健康教育、医疗信息咨询、远程诊断或会诊、电子处方、电子健康档案等多种形式的线上健康医疗信息服务。

在传统的医疗模式中，患者的信息会被保存至病案室内，这意味着除去患者本人和医疗机构负责人员的其他人很少有机会接触到患者的信息。但在线上平台，患者的隐私信息保护问题则面临着更大的风险。与传统的医疗模式相比，中医馆健康信息平台的使用意味着除了患者本人和近端中医馆可以接触到患者的信息，远端的医疗机构、平台甚至设备的提供者也都有机会接触到患者的信息。这一系列环节都存在着患者隐私数据泄露的风险。首先，患者需要填写自己的个人信息注册或是绑定账号以获取网站服务；其次，在进行医疗咨询或在分享就诊经验时，患者可能会无意地泄露一些碎片信息，也许这些碎片信息单独看似毫无价值，但将之与患者提供的其他信息关联后却有可能识别其身份。此外，由于中医馆健康信息平台的建设平台子软件众多，需要支撑的基础环境复杂，全省的中医馆都在使用同一生产系统，需保证无间断运行，运维和技术支持工作量也巨大，近几年，孕、产妇个人信息泄露的新闻不绝于耳，其带来的一系列推销、诈骗问题严重困扰信息当事人。[1] 如何提高传统的信息系统对于这一方面的应对能力、提高防御和抵抗能力、明确对网络窃取医疗信息行为的法律制裁，将会是未来中医医院在发展"互联网+"诊疗时不可避免地需要面临的一大难题，也是未来中医馆健康信息平台建设中需要谨慎面对的问题。

3. "互联网+医疗健康"服务支撑体系尚不完善，建设难度大

《意见》强调完善"互联网+医疗健康"支撑体系，要求加快实现医疗健

---

[1] "上千名孕妇信息被贩卖 数据安全难保障"，载《中国医院院长》2016年第7期。

康信息互通共享，加快建设基础资源信息数据库，完善全员人口、电子健康档案、电子病历等数据库，健全基于互联网、大数据技术的分级诊疗信息系统。

但目前来看，"互联网＋医疗健康"服务支撑体系的建设尚不完善且建设难度大，以中医馆健康信息平台最需要的医疗健康信息互通共享的建设为例，《意见》中提出，要求各地区、各有关部门协调推进统一权威、互联互通的全民健康信息平台建设，逐步实现与国家数据共享交换平台的对接联通，强化人口、公共卫生、医疗服务、医疗保障、药品供应、综合管理等数据采集，畅通部门、区域、行业之间的数据共享通道，促进全民健康信息共享应用。国家卫健委医政医管局监察专员焦雅辉在国家卫健委针对《互联网诊疗管理办法（试行）》《互联网医院管理办法（试行）》《远程医疗服务管理规范（试行）》三份文件详细解读的新闻发布会上也表示，要对互联网诊疗的初诊和复诊进行监管，需要依靠正在建立的区域卫生信息平台以及电子病历数据库，把电子病历和居民的电子健康档案连接起来。

但目前，想要建立统一的中医电子病历，推进与基层医生机构现有信息系统的互联互通、资源共享并非易事。当前，各医院信息系统缺乏统一性，要建立电子病历平台且可以在医师之间流通，需要通过立法进行统一规范和信息保护。但目前规范全国各中医馆使用统一的信息系统还没有明确的日程。

（二）中医馆健康信息平台的风险点

近几年，随着信息技术和医疗卫生领域的深度融合，互联网医院、网上问诊、多点执业等新兴业态和执业方式迅速出现。拥有传统资源优势的中医药领域在信息化路上，也在不断奔跑前进。然而，就像其他医疗卫生元素一样，中医药在信息化的道路上，也存在很多法律风险。

1. 机构准入的风险

2018 年 7 月，国家卫健委、国家中医药管理局印发《互联网诊疗管理办法（试行）》，提出互联网诊疗活动应当由取得医疗机构执业许可证的医疗机构提供，不得对首诊患者开展互联网诊疗活动。

可见，《互联网诊疗管理办法（试行）》对互联网诊疗实行严格准入管理，能开展互联网诊疗的必须是拥有医疗机构执业许可证的正规中医医疗机构，这几乎切断了网络平台、社会公司开展互联网诊疗活动的可能性。即使网络平台尝试通过注册中医医院的方式开展中医诊疗，也必须符合相关规定，诸如"轻问诊"等服务基本不太可能再实现。

2. 远程医疗的风险

2018年7月,国家卫健委、国家中医药管理局印发《远程医疗服务管理规范(试行)》,提出本规范所称远程医疗服务包括以下情形:①邀请方直接向受邀方发出邀请,受邀方运用通信、计算机及网络技术等信息化技术,为邀请方患者诊疗提供技术支持的医疗活动,双方通过协议明确责权利。②邀请方或第三方机构搭建远程医疗服务平台,受邀方以机构身份在该平台注册,邀请方通过该平台发布需求,由平台匹配受邀方或其他医疗机构主动对需求做出应答,运用通信、计算机及网络技术等信息化技术,为邀请方患者诊疗提供技术支持的医疗活动。邀请方、平台建设运营方、受邀方通过协议明确责权利。邀请方通过信息平台直接邀请医务人员提供在线医疗服务的,必须申请设置互联网医院,按照《互联网医院管理办法(试行)》管理。

根据《远程医疗服务管理规范(试行)》,中医医师作为个体执业单位,要想参与远程医疗服务,必须在设置互联网医院的邀请方处执业。作为中医医师,在顺应时代潮流、响应并利用国家有关中医药信息化的利好政策的同时,一定要注意相关法律法规的约束,严守法律红线,绝不能作为个体单位利用互联网技术开展中医诊疗等医疗服务。

此外,中医医师利用互联网平台进行远程医疗作为新生的医疗服务模式,与之相配套的法律法规尚不健全,亟需有关部门完善立法予以规制。风险防控机制的建构需要走法治化的道路,应加快对我国执业医师法等相关规定的修订,统筹制定中医药信息化建设与多点执业配套法律制度。

3. 非法行医的风险

2014年11月,原国家卫计委、国家发改委、人社部、国家中医药管理局、中国保监会印发《关于推进和规范医师多点执业的若干意见》,提出医师多点执业是指医师于有效注册期内在两个或两个以上医疗机构定期从事执业活动的行为。

由于信息化的特点,利用互联网开展中医诊疗活动在时间和空间上有很大的随意性,加之患者受用户评价的影响,对不同中医医师的选择倾向等存在差异,可能出现某些中医医师即使在互联网平台上占有一席之地,但在一定时期内却开展极少的诊疗服务甚至无人问津的尴尬状态,这就导致认定中医医师"定期"利用互联网开展中医诊疗活动具有很大困难。如果不能认定为多点执业，则中医医师利用互联网开展远程诊疗可能会被认定成"非法行医"，该医师可能面临被吊销执业医师证书的行政处罚，甚至构成非法行医罪。

医疗行为具有公益性，仅凭中医医师在网络平台上的出诊时间就否认其多点执业的性质是不合理的。为此，建议建立中医医师线上服务时间的法定制度和轮班制度。此处，英国、德国、日本等国的"4+1"工作模式值得借鉴，即多点执业医师在第一执业机构工作4个工作日，在第二执业机构工作1个工作日。这样既可以避免已经备案的多点执业流于形式，纵生"只挂名、不执业"的现象，还可以促使多点执业医师重视其在第二执业机构的工作，理性地做出是否申请多点执业的决定。同时，可考虑为加盟中医诊疗网络平台的中医医师设置轮班制度，增加患者的选择范围，减轻患者评价等因素对中医医师服务时间的影响。

4. 增加诉累的风险

在现行医院用人制度下，中医医师只与一个医疗机构存在劳动人事关系。但是，各地的管理办法都不约而同地规定了"强制签约制度"，即多点执业的中医医师必须与第二、三执业机构签订书面聘用协议，至于这种聘用关系究竟属于劳动关系、劳务关系、委托关系还是雇佣关系，至今没有权威的法律适用依据。

法律关系的定性涉及责任主体的确定。如果依照《中华人民共和国侵权责任法》第54条的规定，患者在诊疗活动中受到损害，医疗机构及其医务人员有过错的，由医疗机构负赔偿责任，而非医师本人。但如果该医师同时具有故意或者重大过失的，依据《最高人民法院关于审理人身损害赔偿案件适用法律若干问题的解释》第9条第1款的规定，雇员在从事雇佣活动中致人损害的，雇主应当承担赔偿责任；雇员因故意或者重大过失致人损害的，应当与雇主承担连带赔偿责任。雇主承担连带赔偿责任的，可以向雇员追偿。可见，多点执业的中医医师有可能被直接或者间接地卷入医疗侵权诉讼中，甚至面临较大数额的民事赔偿。

对此，可考虑从多方面入手解决：一是法律层面，明确规定多点执业的中医医师与第二、三执业机构之间构成劳动关系而非劳务关系或者其他法律关系，这样既是对法律事实的尊重，也更有利于保护患者权益。结合《中华人民共和国劳动合同法》第68条的规定，多点执业聘用关系应当认定为"非全日制用工"劳动关系。二是政策层面，为应对中医医师多点执业违约的法律风险及责任承担问题，政府有关部门应加快中医医师从单位人向自由人身份的转变，以使中医医师可以在与第二、三执业机构签约时，有效地做出意思表示，通过与多个执业机构签订具有约束力的契约，以合同手段明确且合理分配责任承担，合规合约地进行多点执业。三是，注重发挥保险机构的监督作用。可考虑研究开发新型医责险险种，鼓励建立本地医疗损害赔偿基金，减轻中医医疗机构和中医医师的经济负担。

5. 信息安全的风险

《互联网诊疗管理办法（试行）》提出，医疗机构应当严格执行信息安全和医疗数据保密的有关法律法规，妥善保管患者信息，不得非法买卖、泄露患者信息。

互联网医疗必然涉及大量的电子数据，包括用户的账号信息以及个人健康信息。中医医疗机构一方面要加强数据安全系统建设，防止用户的电子数据遭到窃取和滥用。另一方面，中医医疗机构要通过合同方式，明确界定能够使用这些电子数据的范围和程度，合理合法使用数据，防止侵犯患者合法权益。

五、中医馆健康信息平台未来发展建议

（一）完善法规、利用先进技术加大健康信息保护力度

网络安全是充分释放"互联网+"效能的重要保障和基本前提。[1] 目前，世界上有上百个国家出台了专门的个人信息保护法，但我国尚无系统性的法律、法规针对医疗信息安全进行规范保护，这意味着目前我国法律对个人信息及隐私保护主要以间接方式为主，并且存在规定模糊不清、震慑力不足等问题。有关健康信息保护的法规的缺失不仅会使得隐私信息泄露者肆无忌惮，而且也将导致在纠纷出现时，受害者无法可依，难以寻求救济。因此，及时出台有关个人信息或医疗健康信息保护方面的专门性的法规，完善制度规范，研究制定医疗健康数据的确权开放、流通交易和产权保护等方面的法律法规，建立配套的制度体系，强化网络安全和建设工作一定要同步规划、同步部署、

---

〔1〕 李伟："优化'互联网+'发展环境，为建设现代化经济体系提供有力支撑"，载 https:// www. sohu. com/a/211054609_115495，最后访问日期：2017 年 12 月 19 日。

同步推进、同步落实,[1] 这对"互联网+医疗健康"领域的良性发展有着至关重要的作用。

此外,各地在中医馆健康信息平台建设过程中,要积极利用先进技术为患者医疗信息的存储与传输安全保驾护航,可以建立互联网医疗服务的相关技术应用审查机制,并构建分级分类审查制度,可以引入国际上的先进技术,如访问控制技术、匿名技术、加密技术、安全监控和审计技术等,同时鼓励创新与我国国情相适应的信息技术。[2]

(二)积极构建完善、有效的互联网医疗服务监管体系

正如国家卫健委副主任于学军所说,推动中医药领域现代化发展的过程中既要加大油门往前走,又要看住刹车做好监督工作。

各地市级监管部门在推进中医药健康信息平台建设时,应从三个方面入手做好监督工作:一是明确监管标准,确保医疗健康服务的安全和医疗健康服务的质量;二是明确在提供互联网医疗健康服务的过程中的责任划分,另外,在监管方面的原则是按照属地化管理,实行线上线下统一监管,同时,要建立医疗责任的分担机制,也就是推行在线的知情同意的告知,防范化解医疗风险;[3] 三是提高监管能力,利用互联网运用过程中全程留痕的特点,建设卫生健康行政部门的监管端口,通过监管的端口对互联网医疗行为采取动态监管,确保医疗服务依法依规地开展。

六、县级城市推进中医药信息化建设案例:海盐县中医智能化建设

近年来,传统中医药行业逐步复兴,互联网技术和人工智能的发展为中医药的传承与创新提供了一种全新的可能,国家对此高度重视,出台了一系列政策和法律法规予以支持引导,力求通过中医药信息化、智能化建设,打破原有中医药行业环境信息孤岛及中医药资源分配不合理的局面,以期中医药

---

〔1〕 "3个方面加强'互联网 医疗健康'监管",载 http://www.360doc.com/content/18/0417/06/4981404_746260279.shtml,最后访问日期:2018年4月17日。

〔2〕 马诗诗、于广军、崔文彬:"互联网医疗的隐私保护与信息安全",载《上海医药》2017年第9期。

〔3〕 "'互联网+医疗健康'如何加强监管?国家卫健委回应",载 http://baijiahao.baidu.com/s?id=1597893512455746598&wfr=spider&for=pc,最后访问日期:2018年4月16日。

行业更好地服务于人类健康。[1] 借助这一东风，浙江省海盐县自 2009 年开始中医智能化建设，十几年来，海盐县坚持"中西医并重"方针，积极构建中医智能化发展平台，创新研发中医智能化系统，全面推进中医智能化建设，经过中医基层化、基层信息化、应用智能化的层层部署，终于发展成为全国基层中医药工作先进县。全县中医药社区卫生服务覆盖率和一体化率达到 100%，县内多个乡镇卫生院及街道社区卫生服务中心均已建立规范化、标准化的独立中医药服务区，并且海盐县在全国率先部署了覆盖全县域的中医智能诊疗系统，其中医智能化建设取得了举世瞩目的成果。[2] "海盐模式"已然成为县级城市中医药信息化建设典型的探索与实践案例，具有深刻的研究意义，因而本部分拟探讨海盐县中医智能化建设的原因及其模式的具体内容，以此分析海盐县如何通过智能化建设应对传统的基层中医药行业面临的问题并研究其模式的借鉴意义。最后将以最新国家政策性文件为基础，对海盐模式未来可能面临的法律风险予以预测与提示，并提供对应的防范措施。

（一）海盐县中医智能化建设的动因

1. 外部环境

随着互联网技术的迅猛发展，"互联网+中医药"领域不断涌现出新的发展模式和产品应用。中医药信息化作为一种互联网技术与传统中医药相结合的典型产物，逐步进入公众的视野，融入社会生活。2016 年，国家中医药管理局发布《中医药信息化发展"十三五"规划》，明确指出中医药信息化的重要性："中医药信息化是实现中医药振兴发展的重要引擎和技术支撑，也是体现中医药发展水平的重要标志。全面提升中医药信息化水平，以信息化驱动中医药现代化，是适应国家信息化发展新形势的重要举措，是推进中医药振兴发展的内在要求，也是实现人人基本享有中医药服务的必然选择。"自此，中医药信息化真正成为国家医药卫生事业发展战略的重要组成部分。党中央、国务院越来越重视中医药信息化建设，对其发展提出了明确的要求，中医药信息化建设由此迎来了发展的春天。

---

〔1〕 尹泽玲等："简述'互联网+中医药'产业的发展概况"，载《电脑知识与技术》2018 年第 4 期。

〔2〕 向佳、章关春："浙江海盐：基层中医化智能升级"，载《中国中医药报》2018 年 3 月 21 日，第 1 版。

但在中医药信息化获得重视的同时，其所面临的困难和挑战也不容忽视，《中医药信息化发展"十三五"规划》指出：我国中医药信息化起步较晚，长期投入不足，基础设施总体薄弱；全行业以信息化驱动中医药现代化意识欠缺，中医药信息化统筹推进、建设和管理的力度不足；中医药信息共享和互联互通水平有待提升，信息孤岛现象比较严重；中医药大数据建设和"互联网+"发展相对缓慢，中医药信息化专业人才匮乏，支撑中医药信息化发展的政策机制还不完善，一系列问题阻碍着我国中医药信息化建设的发展。

为应对上述问题，国家制定颁布了一系列的法律法规，除《中医药信息化发展"十三五"规划》之外，2016 年颁布的《国家信息化发展战略纲要》《中医药发展战略规划纲要（2016—2030 年）》《关于促进和规范健康医疗大数据应用发展的指导意见》都对中医药信息化建设的相关问题有所提及，2018 年 4 月 25 日发布的《意见》更是极具针对性地做出了有关"互联网+中医药"的重点性的倡导性规定。国家对于中医药信息化建设的重视以及近几年出台的相关政策性文件无疑为浙江省海盐县的中医智能化建设提供了有利的外部环境和方向指引，助推海盐县中医智能化建设的探索与实践。

2. 内部原因

除国家的利好政策给海盐县中医智能化建设提供了有利的外部环境外，海盐县进行改革前自身的中医药事业基础薄弱、发展相对落后的问题也是倒逼其进行中医智能化建设的动因，具体表现为以下几个方面：

第一，中医药人才严重缺乏，且专业素质欠缺。当前社会医疗资源紧张，优质医疗资源向大城市的大型医院集中，接受过专业且优良的医学教育的中医医师出于自身发展的需要也会倾向于选择这类医院，这就不可避免地导致基层医疗机构中医药人才流失严重，且基层医疗机构的中医药从业人员专业知识较为欠缺，四诊技能、辨证思维不熟练。另外，受所在地域限制，也可能存在病人来源狭窄、病历单一的问题，使中医医师施展医术受限、专业技术难以得到发挥和提高、临床经验不足、专业素质欠缺、中医诊疗行为规范化程度不够。

第二，财政投入不足，中医药载体匮乏。现行国家对医疗卫生经费补贴不足，中医药专项投入更少，基层财政缺口较大、医疗卫生经费补贴不到位是一个普遍性问题，由此造成基层中医药载体匮乏，在海盐县则具体表现为：专门的中医医院较少、基层医疗机构中医药服务规模小、硬件设施严重不足且较为落后。[1]

第三，中医药综合服务能力薄弱，缺乏特色优势。海盐县基层医疗机构的中医药服务模式相对单一，往往以中药饮片为主，针灸、刮痧、熏蒸、药物贴敷等非药物疗法应用较少，缺乏特色优势，这可归结于基层医疗机构硬件设施的落后使得能收集到的患者信息不足以判断哪一种诊疗方法最佳、基层医生欠缺以针灸为主的非药物疗法的诊断能力和诊断思维、民众对有些非药物疗法认可度低等原因。

第四，中医药管理体制机制落后。海盐县此前缺乏相应的中医药管理机构和人员编制，管理水平和能力难以满足中医药行业发展的需求。中医药产业管理职能分散于各相关职能部门，欠缺统一协调的产业发展机制，导致海盐县的中医药事业受到重重阻碍，发展缓慢。

第五，基层医疗机构空心化，民众"看病难、看病贵"问题突出。

受以上五点问题综合作用的影响，基层医疗机构中医药人才缺乏、资质不足、落后的硬件设施、薄弱的综合服务能力等原因使得基层医疗机构难以满足民众的医疗需求，民众对基层医疗机构的服务能力存在不信任情绪，病人纷纷往大医院集中，加剧了看病难、看病贵的状况。反观基层医疗机构"空心化"现象严重，医疗资源闲置，严重不利于基层中医药事业的正常开展。

（二）基层中医化、应用智能化的"海盐模式"分析

1. 概述

海盐县依托聪宝科技提供的系统和技术支撑，以区域中医智能医联体云平台为核心部署基层中医化、应用智能化建设，将中医和人工智能相结合，创新中医药发展模式。分别通过政策保障、硬件升级、中医药信息平台建设、推广中医药应用、应用中医智能化系统、创新人才培养机制、建立区域医联体等多方面联动全面推进中医智能化建设。

2. 海盐县中医智能化建设的具体内容

第一，加强政策保障，营造有利于中医智能化发展的政策环境。海盐县先后制定出台《海盐县人民政府关于进一步促进中医药事业发展的意见》《海

---

〔1〕　刘兵、张卫星："基层医疗机构中医药发展现状与策略研究"，载《中医药管理杂志》2014年第5期。

盐县医疗机构使用中医药考核管理办法》《海盐县中医药事业发展"十三五"规划》，把中医药事业纳入全县发展规划；在全省首开先河设立专门的中医药工作管理机构——中医科，配置专人统筹协调全县中医药工作；每年的中医药事业经费实行年度财政预算单列并确保中医药经费占卫生投入的10%以上，一系列由卫健委统筹协调的"政策组合拳"为海盐县的中医药发展搭建了坚实的保障平台，营造了有利的政策环境。[1]

第二，强化硬件设施，为中医药发展提供充足载体。构建以县中医院为龙头，以县人民医院中医科为重要力量，社区卫生服务中心（卫生院）服务站为基础的中医药服务体系。自2009年以来，海盐县人民政府共投入数亿资金以加强县、镇、村（社区）三级医疗卫生服务机构的规范化、标准化建设，并通过县中医院搬迁改造项目增加业务用房面积和核定床位数。此外，县中医院设立中医药诊疗区、名医堂等，建立辐射全县的中医药养生保健中心、中医药技术培训与推广中心。同时，海盐县中医院自被浙江省立同德医院全面托管后，依托此优势建立的"浙北中西结合消化病诊疗中心"和"浙北中西结合肿瘤病诊疗中心"有效提升了海盐县的中医药服务能力。最后，海盐县在各镇（街道）医疗机构设立中医药诊疗区，实现了中医药社区卫生服务100%全覆盖，一体化管理率达到100%。

第三，加强中医药信息平台建设。海盐县先后投入700余万元，成立县卫生信息中心，成功开发功能比较齐全、运行稳定、安全高效的卫生计生信息化系统，建立居民电子健康档案和电子病历数据库，整合区域内卫生信息资源，促进跨地区、跨部门、跨领域的信息资源共享与交换，做到与人口健康信息平台纵向贯通、横向互通，实现中医药数据中心之间、中医药机构之间、中医药数据中心与中医药机构之间的互联互通，进而推进中医药信息高效、快捷和安全传输。2015年起，该县积极探索"互联网+中医"，在全国县域中率先建立中医智能云系统，构建中医临床中"病—症—法—方"数据模型，自动将诊断、处方、用药等临床数据上传至平台云端并进行集成化管理，有效规范了临床诊疗行为，为开展中医科研、医院管理、疾病防控宣传等提供了数据支撑，同时通过中医病例的收集与保存推动了中医药的传承与发展。

---

〔1〕 向佳、章关春："浙江海盐：基层中医化智能升级"，载《中国中医药报》2018年3月21日，第1版。

第四，利用补贴机制推广中医药应用。明确对全县公立医疗机构采用普通针刺、灸法等传统中医非药物治疗手段的服务项目，按每门诊人次10元的标准给予补助。2017年，该社区共提供近7万人次中医非药物治疗服务，这意味着中心能获得近70万元的专项补助。截至2018年，作为整个浙江省唯一提供此项财政专补政策的地区，海盐县传统中医非药物治疗补助、中药饮片补助累计达2500余万元，充分发挥中医非药物治疗在防治常见病、慢性病中的优势。[1] 此外，海盐县鼓励医务人员运用中医药技术治疗群众的常见病和多发病，对县级医院提高中药饮片使用比例进行奖励，"冬病夏治"辐射到了社区卫生服务站。

第五，推广中医智能化系统，解决基层中医药应用难题。其一，完善中医智能开方系统。首先将县中医院和3个镇（街道）医疗机构作为中医智能开方系统的首批试点单位，再逐步推广应用。四家试点单位从临床操作中发现的问题入手，加强项目研发，逐步完善智能开方系统的各项功能，最终建成规范化中医门诊电子化处方系统。2017年，在智能开方的基础上应用基于国医大师王琦大师临床经验的辅诊机器人，将病人具体症状输入后即可自动生成饮片处方、相应的非药物治疗方案以及名老中医常用的处方参考等，使中医药执业人员开具规范有效的中医处方成为可能，进一步规范了基层中医医师的执业行为，大大提升了基层中医药服务的医疗水平。其二，建立中医智能诊间系统。中医智能诊间系统以中医智能诊疗系统为核心，将TMT热成像、熏蒸仪、中心药房等架构起来，连接检查和干预设备，实现中医从诊断到治疗、干预的可视化。通过在县中医院部署，建立中医智能诊疗中心，服务全院各个科室。各科室医生利用先进的医用检查设备，收集患者身体多个层次的信息，并根据患者检查信息和中医智能云系统的分析，确定患者的特殊病理和治疗方案。医生根据治疗方案对患者进行智能熏蒸或药物贴敷治疗。借助中医智能诊间系统，诊疗地点不再局限于中医医院，乡镇卫生院、村卫生室同样可以进行有效诊疗，由此建立起县、镇、村三级的中医智能诊疗联系。通过多模信息诊断处方、干预诊断的互联网化，加上县、镇、村三级配置，使中医智能诊间形成一个基层中医医联体非药物诊疗智能模式，解决了

---

〔1〕　向佳、章关春："浙江海盐：基层中医化智能升级"，载《中国中医药报》2018年3月21日，第1版。

基层医疗机构非药物疗法人才匮乏的问题。通过系统和硬件的连通，智能化模式解决了基层医疗机构人员不足的问题，有力提升了基层非药物诊疗的能力。[1] 其三，建立中医药互联网诊间。中医智能云系统开发的"互联网诊间——在线特需服务"功能使患者不出县域就能享受到全国优质中医医疗资源。患者只需用手机通过海盐县中医院的合作平台预约全国知名专家和对症的名中医后，到海盐县中医院的"互联网诊间"接受该院门诊医生的望闻问切即可。海盐县中医院医生会将详细的就诊数据上传至合作平台，携手名老中医对患者进行会诊，联络医生再根据专家的方案，帮助该患者完成检查、治疗和配药等一系列工作，真正实现"不出家门，看全国名医"。[2] 同时，基层中医工作者也可以利用"互联网诊间"学习专家的技术和经验，在中医名家的指点、引导下不断进步，提高诊疗水平和临床疗效。其四，推进中医药大数据应用。通过对 2016 年度全县 26 个基层医疗机构、140 名中医医师、9777 名患者和 17 416 诊疗人次的全部诊疗数据进行采集和专业分析，获得的县域中医药大数据清楚展示了该县居民的疾病发生率、发病规律和中医药发展的真实情况。

第六，创新中医药人才培养机制。海盐县出台名中医评选管理办法，评选出海盐县首批名中医 6 名，开展"青蓝工程，拜师学艺"名中医带徒工作，建立临床中医药人才培养导师制，系统开展"西学中""护学中"和"中医基层化，基层中医化"等培训班，加快中西医结合人才队伍建设步伐，壮大了基层中医药队伍，为中医智能化发展提供了人员保障。此外，中医智能云系统的应用也拓宽了中医药人才培养渠道。一方面，中医智能辅助诊疗系统所具备的临证学习功能可以为临床中医医师提供国医大师医案，中医智能开方系统可以帮助基层中医医师学习名家经验开方选药，提高自身诊疗水平；另一方面，借助"互联网诊间"，基层中医医师可与中医专家在线沟通交流，接收其知识经验的传授，"随时随地"可成为名老中医甚至国医大师的传承弟子，由此创新了中医师承模式，为中医药传承发展提供了有效的储备人才的途径。

---

〔1〕 "中医智能诊间助力基层非药物疗法"，载 http://www.cctime.com/html/2018 - 3 - 29/1370383.htm，最后访问日期：2018 年 7 月 11 日。

〔2〕 "'互联网诊间'受好评"，载 http://www.21nx.com/21nx/html/zhuanti/yiyaozixun/2016/0427/55195.html，最后访问日期：2018 年 7 月 11 日。

第七，建立区域"1+1+9"中医药联合体。海盐县依托浙江省立同德医院全面托管海盐县中医院优势，建立以县中医院为核心、9家基层医疗机构为基础的中医药医联体；大力发展中医远程医疗、移动医疗等新型医疗服务模式，加强以中医电子病历和医院管理为重点的信息系统建设，加强基层医疗卫生机构中医馆（国医堂）等中医综合服务区健康信息云平台建设，同时，医联体探索实行"中心大药房"机制，实现县域中药饮片快速周转与同质化管理，规范中药饮片采购、使用、储存，保障饮片采购质量及用药安全。另外，聪宝科技助力海盐县域中医智能医联体与中央药房联动，建立区域共享智能中药房，为全县卫生服务机构提供中药饮片统一配送服务，实现全县的中医药一体化。共享中药房覆盖多家镇、村卫生服务站、村卫生室，为基层群众提供中药代煎和"送药上门"服务。区域共享智能中药房的建立有效缓解了基层医院中药专业人员紧缺的情况，节约了大量成本。[1]

（三）"海盐模式"的重要借鉴和推广意义

1. 深化医改，符合建设健康中国的战略方向

第一，海盐县中医智能化建设是落实《中医药信息化发展"十三五"规划》的良好范例，同时也为《意见》的出台提供了现实参考，这在一定程度上体现了政策性文件与海盐县中医智能化建设的实践互相促进、相辅相成、密切联系的关系，政策性文件是海盐县中医智能化建设的指引和推动剂，"海盐模式"的成功又促进了国家对中医药信息化建设的重视并为相关政策的制定提供了现实依据。

第二，促进区域医联体、医共体建设，带动分级诊疗。"海盐模式"通过区域中医智能医联体云平台和中医智能辅助诊疗系统，将中医专家经验、技术下沉到基层，突破原有上级医师需到基层医疗机构坐诊的医联体模式，实现名家经验的快速复制，从而优化医疗资源配置，使民众在基层即可享受到优质的中医诊疗服务，有利于患者分流，缓解大医院的压力。

第三，"海盐模式"响应国家振兴发展中医药事业的号召，在通过互联网技术和人工智能有效传承中医药文化的同时，建立中医药发展新模式，全面提升中医药信息化水平，以信息化驱动中医药现代化，在继承中发展创新。

---

〔1〕 "国务院发文支持中医人工智能应用，杭州聪宝领跑三大项目"，载 https://baijiahao.baidu.com/s？id=1600164832534546552&wfr=spider&for=pc，最后访问日期：2018 年 7 月 11 日。

第四，为其他基层地区中医药信息化建设提供示范作用。海盐县中医智能化建设的成功给浙江省永康市带来了启发，永康市也在探索建立基层中医智能化发展模式，与聪宝科技合作在全市部署中医智能云系统，以期推动永康市基层中医药智能化发展。此外，海盐县在自身发展的同时，还对口帮扶推动四川省屏山县基层中医智能化发展[1]，使其成功模式得以推广，给其他地区带来借鉴意义。

2. 全方位提高医疗机构的医疗水平和服务能力

第一，人才方面。首先，通过中医智能辅助诊疗系统，尤其是中医智能开方的学习平台，使得青年中医医师可借鉴已有的病例治疗方案，学习名家经验开方选药，从而提高中医医师的诊疗水平和专业素质。其次，中医智能云系统的部署和应用也拓宽了中医药人才培养的渠道，创新了人才培养机制，中医师承制度得以完善，院校教育和实践基地结合的培养模式丰富了中医药人才的培养方式和途径。[2] 最后，人工智能系统的高效便捷有效缓解了基层中医药专业人员紧缺的局面，节约了大量人力成本。

第二，管理方面。一方面，政府设立中医科作为专门的中医药管理机构有利于对基层中医药医疗机构的专业集中化管理；另一方面，医疗机构利用互联网技术、大数据分析等实现对医院信息的有效管理，为医院考核、强化医疗质量管理、优化医院收入结构等提供了数据支撑。

第三，医疗服务能力方面。首先，中医智能诊间系统促进了针灸、刮痧、熏蒸、药物贴敷等非药物疗法在基层医疗机构的应用，提升了基层医疗机构的综合服务能力。其次，中医辨证论治智能辅助诊疗系统、国医大师智能专病辅助诊疗系统的应用提升了基层医师的辨证水平，进而提高了基层中医诊疗服务能力。最后，海盐县应用的独立于西医电子病历系统的中医辅助开方平台矫正了中医电子病历西医化发展的不良趋势，通过规范病历和处方的书写促进了基层中医诊疗行为的规范，提升了基层中医医师的整体业务水平和基层医疗机构的医疗服务能力。

---

〔1〕 "观点 | 基层中医智能化实践与展望"，载 http://www. 7624. net/iyule/5100568/20180427A1AOVE00. html，最后访问日期：2018 年 7 月 11 日。

〔2〕 章关春等："浙江海盐：基层中医有了'云'翅膀"，载《中国中医药报》2016 年 5 月 12 日，第 3 版。

3. 满足民众中医药健康需求，缓解"看病难、看病贵"问题

海盐县中医药智能化建设的一切举措根本的出发点和立足点都是人民群众的利益。落后的基层中医医疗服务模式难以满足民众日益多样化的健康养生需求，在此基础上寻求改变，衍生出了"中医基层化，应用智能化"的"海盐模式"。无论是改善中医药信息化基础设施，还是中医智能云系统的应用，根本目的都是提高基层中医药服务能力、扩大中医药服务覆盖人群，提高人民群众对中医药服务的获得感和认可度，使人民群众在基层也能享受优质、均等的中医药服务，而不必蜂拥聚集在大医院加重看病压力，有效提高了全民健康水平，推动实现了健康中国战略。

第三章

互联网+中药

第一节 互联网+中药材

中药材行业领域竞争日趋激烈，在信息时代的潮流下，互联网不可避免地渗透进该领域，经过互联网潜移默化的改造，中药材的货源组织方式、行情获取方式、交易方式均发生了较大变化，"互联网+中药材"产业应运而生。

目前"互联网+中药材"产业正处在政策利好、行业繁荣的机遇当中，各企业有关于此的改革实践不断涌现，且多取得了较为不错的成绩。然而，有机遇便会有挑战，"互联网+中药材"产业同样存在诸多问题与挑战。

随着国家对中医药产业的逐渐重视，不论国家层面、部门层面抑或是地方政府层面，有关"互联网+中医药"的政策性文件不断出台。例如，《中医药发展战略规划纲要（2016—2030年）》《中医药信息化发展"十三五"规划》等，国家对于"互联网+中医药"的越发重视使得与之密切相关的"互联网+中药材"产业的地位也水涨船高。

一、"互联网+中药材"是大势所趋

发展互联网与中药材产业是大势所趋。之所以鼓励"互联网+中药材"行业，是因为互联网与中药材产业结合有着良性"化学反应"，其优势在于：相对于传统交易模式，线上交易具有交易面更广、成本更低、品质更高、风险更小等特点，符合交易双方的需求，能够给消费者带来便利，给药农、药商和中药材企业带来更大的机遇。

第一，互联网在一定程度上使得中药材交易成本降低，既帮助了货源组

织，也为普通百姓提供了便利。在崭新的互联网时代，新一代药农可以在互联网平台上寻找商机，药商可以通过互联网平台寻找优质货源。据一些市场药商反映，当前市场的大货交易已逐渐由市场转向产地，现在中药材市场上多为批零交易。

在货源组织方面，互联网创造了一个虚拟市场，提供了一个降低交易成本的渠道，使得药农与药商有机会在虚拟市场上讨价还价。因此，通过各种电子商务平台，药商可以采购到性价比较高且成药质量有保证的药材，为其成本控制提供了前提条件。

第二，中药材电子交易平台大大缩短了中间环节。互联网上的中药材之所以价格低廉，是因为电子交易平台缩短了中药材交易的大部分环节。按正常的销售渠道来说，实体店的中药材要经过农户、产地商贩、产地农产品交易市场、产地大商贩、全国各地药材市场、药店（医院）再到消费者七大环节。现在通过电商平台，农户选择在网上直销卖出，最大程度上节省了中间流程，农户手中的药材就可以直接送到消费者的手中，节省了中间许多不必要的开支，销售价格自然也就便宜。电子交易平台极大程度上降低了中药材交易的成本，提高了中药材交易效率，避免或减少了中药材在经营企业之间长距离来回周转，还能快速对中药材价格进行实时监控，调节供需关系，增加市场信息透明度，并进一步促进中药材生产企业树立品牌。

第三，互联网增强了中药材买卖双方信息获取能力。在互联网的渗透之下，相关方获取中药材行情的方式正在发生变化。过去，中药材的市场价需要在现场进行议价才能得知，这种传统市场方式的弊端就是其产生的信息仅在一个较小的范围内传播，全国各地信息参差不齐，而电子交易平台的建立则为采购方提供了很大的便利。

网络信息技术的发展给中药材资讯信息传播和网络询价提供了技术支持，使得数据在网络上得以被采集、分析，从而演算出有价值的信息。互联网在中药材行情获取方式这方面，使得买卖双方信息获取能力大大增强，中药材价格变得更为透明。电商的兴起将对实体商家形成冲击，当信息沟通越来越完善后，将倒逼传统的摆摊讲价模式尽快转型。但是，网络获取信息的方式并不会完全替代现场获取信息的方式。

第四，互联网给消费者带来便捷。据调查显示，普通的消费者更喜欢在电子交易平台上购买中药材，主要原因有：一是购买方便，节省了消费者去药店或者在医院的排队等候时间。二是价格优惠，网上的大多数药品的价格都比药店的便宜且送货上门。一些网站上的药材价格仅仅是药店的五分之一，以党参为例，互联网上的党参价格从 40 元/公斤到 1000 元/公斤不等。三是网上店铺大部分是产地直销，尤其是价格较低的店铺，因此可以买到原产地的药材。四是货源更广，很多在药店里买不到或者是没货的中药材也可以在网上买到。

二、中药材服务贸易信息平台发展现状

中药材作为我国独特的植物资源，蕴含着巨大的经济利益。近年来，国内外市场对中药材的需求逐年增长，这给予了线上中药材的贸易巨大的发展空间。目前，我国中医药服务贸易信息平台的发展主要是两种形式：一种是伴随着中医医疗出现的"智慧中药房"，即利用互联网、物联网技术，对传统线下就诊取药模式进行转化，通过与社会各医疗机构的 HIS 对接获取电子处方，进行专业的处方审核，为广大患者提供中药材的配制、饮片煎煮、送药上门等中药材贸易服务；另一种是国内与国际的电子中药材贸易平台的建设，即利用"互联网+"的电子平台，进行线上中药材的国内外贸易。

广东、北京、成都、昆明等城市的"智慧中药房"目前发展比较完善，它们强调互联网医疗机构和中医医疗相结合，在医师开处方的基础上，进行售药、代煎、配送等各个环节，形成一站式医药医疗服务、便捷取药和配送等传统就诊取药流程。这种形式的售药服务能够满足不同类型消费群体的各种有针对性的服务需求。

安徽、云南、黑龙江等省份借助本身是中药材大省的优势，进一步结合互联网技术，强调电子中药材贸易平台的建设。特别是安徽省亳州中药材交易市场正在加强开设门户网站，利用中药材电子商务平台，推动中药材贸易的发展，使其成为全国最大的中药材专业市场，同时还扶持中药材贸易相关的配套仓储运输机制，这进一步发展和完善了中药材服务贸易信息平台。

部分省份发展和完善中药材服务贸易信息平台的政策一览表

省份	发展政策
安徽	促进中药产业集聚发展，支持亳州打造"世界中医药之都"；推动中医药传承创新，建设中医药科技平台，加强中药资源保护与利用

省份	发展政策
广东	鼓励传统中医药企业积极拓展互联网业务，促进中医药产品电子商务发展；建立"粤港澳大湾区互联网+中药材交易平台"
江西	建立江西省中医药数据中心，开创中医药以数据为核心的研究新模式；以樟树市开启"互联网+中医药"发展新模式
云南	支持骨干企业建立"互联网+中药材"贸易模式，支持领军企业在昆明市综合保税区搭建消费者跨境电商平台、进出口服务贸易平台；建设"云药"专营连锁店或在现有连锁药店体系搭建"云药"专柜；建设"线上+线下"云药销售平台，促进中药材产业融合
黑龙江	在哈尔滨建设中药材"线上+线下"交易平台，形成以哈尔滨为中心，以重点药材产区为支点的市场化体系；提高信息化水平，推进中药材产业大数据库建设，服务上、中、下游产业客户；加强中药材营销服务，全方位宣传、推销黑龙江省中药材产业
青海	加强中藏医药信息化建设，康美药业与青海省卫生健康部门共同打造一个涵盖网络医院、掌上医院、掌上药房（含智慧药房）、健康管家、医药在线支付和医疗保险等的全方位智慧医疗服务体系
湖北	加强互联网与中药产业融合发展，大力发展中药电子商务，支持中药和中药材配送中心、物流中心建设，建立健全中药产业物流专业化服务网络，构建湖北现代化中药流通大优势、大格局
贵州	贵州省中医药管理局先后与有关单位分别签署了建设中药材电商平台和支持中医药文化发展的战略合作协议；聚集中医药产业创新资源，构建"上联农户、下达终端、线上交易、场厂对接、就地仓储、快捷配送、省际互动"的中医药电子交易网络

三、"互联网+中药材"面临极大挑战

虽然"互联网+中药材"产业发展前景良好，但是有机遇就会有挑战。"互联网+中药材"产业在快速发展的过程中存在着一些疑难杂症，面临着极大的挑战。

第一，交易机制仍待完善。目前，交易方式是互联网对中药材难以渗透、难以改造的一个困难环节。由于中药材有其特殊性，如中药材的道地性、中药材的质量、中药材品规的分类等，降低了互联网交易的成功率。

一般来说，药材的品质主要靠有经验的药商现场分辨，而互联网尚未能提供与之匹配的标准化展示工具。通常中药材的质量容易出现问题，难以控

制。例如，有些中药材品种容易发生虫蛀、霉变、残次缺陷等问题，但在互联网上交易中却难以及时发现这些问题。中药材不同品种的品规分类方式差异较大，不同品种的品规分类难以通用，这也就需要对中药材进行标准化。但目前，这是最为困难的一件事。同时，第三方交易模式也存在着缺陷，即平台为资金做担保，买家付钱给平台，卖家交货后平台再付钱给卖家的这种模式会导致平台没有对药材的定价权。

第二，相关部门监管不到位。在网上买中药材最容易出现的便是中药材质量问题，中药材市场的复杂性使得管理标准一时间难以出台细化。而没有完善明确的管理流通标准，会使交易双方容易产生纠纷。笔者发现，电商平台上的第三方卖家仅仅给出了药材的产地、生产日期、中药材的食用方法等信息，但是没有关于药材安全性的证明，甚至关于该药材的剂量、禁忌也没有说明。大部分卖家虽然自称"农家自产自销"，但在购物页面出示相关药材收购证明的却极少。之所以会出现这样的情况，是因为网店上的中药材交易缺乏有效监管。假冒伪劣商品也搭了互联网的顺风车，销售极为便利。

对此，电商平台和政府主管部门应当对假冒伪劣药材采取防范和相关应对措施，大力加强网络监管。同时，通过完善互联网线上交易机制、加强信誉管理等方法解决因中药材独特性产生的线上交易问题，有利于大幅降低中药结算成本、加快交换速度，让信用成为一种无形资产，让非标准化的产品交易靠信用记录来维持秩序。

第三，互联网中药材产业规模较小。由于医药领域主要受到强制许可以及《药品经营质量管理规范》等的严格管控，有其特殊性，所以起步较晚，发展也较慢，在电子商务领域所占比重也很小。

目前，我国网上药店总体市场规模只有数十亿元。目前医保和网络平台并没有全部并网，为扩大交易规模，可以联通网上药店和医保。医保能否支付网上购药，与普通消费者的关系十分密切。如果能够联通网上药店与医保，网购药材的数量和对消费者的吸引力都将激增，有利于中药材电商的发展。但是，这些年来，已有不少医药生产企业、医药物流企业、医药资讯网站转型或加码电商交易板块，其中不乏上市公司，但各家的模式都有不同，各个企业彼此间的竞争也十分激烈。所以说，在大力发展中药电商领域时也要注意交易平台不宜过多，以免重复建设。

第四，相关专业人才缺失。中药材的线上交易作为一个新的渠道，有着技术、经营及人才三道门槛，传统企业需要在这些方面有足够资源储备，否则可能面临经营风险。

技术上的问题容易解决，可以聘请专业的 IT 公司做技术服务，尤其考验的是在经营和运营层面企业的综合实力。如果把传统部门的人员调过去成立电商部，摸索着经营，就有可能出现很多问题。因此"互联网+中药材"产业迫切需要相关方面的专业人才。

出于国家、相关行业对于"互联网+中药材"产业发展的逐步重视，现在"互联网+中药材"产业正处于政策利好、行业繁荣的大好机遇当中，各地、各企业有关于此的改革实践不断涌现，而且大部分有所成就，一部分企业成为改革实践典范。但是，如上所述，机遇常常伴随着挑战，目前"互联网+中药材"产业的发展存在交易机制不完善、缺乏相关法律法规、相关监管不到位、缺乏人才等伴生症。不过，新事物的产生都是"扬弃"的过程。通过行业上下的努力解决这些问题与挑战，便能促进"互联网+中药材"这个新兴产业继续蓬勃地发展。

四、"互联网+"道地中药材质量安全管理模式构建

《中共中央、国务院关于促进中医药传承创新发展的意见》中明确指出："中西医并重方针仍需全面落实，遵循中医药规律的治理体系亟待健全，中医药发展基础和人才建设还比较薄弱，中药材质量良莠不齐，中医药传承不足、创新不够、作用发挥不充分，迫切需要深入实施中医药法，采取有效措施解决以上问题，切实把中医药这一祖先留给我们的宝贵财富继承好、发展好、利用好。"中药材的质量直接关系到中医药行业的健康发展和人民群众的健康，如何保障中药材质量安全、加强对中药材质量安全的监督管理一直是大众关注的焦点。中药材纯正与否更是直接关系到用药疗效好坏的重要原则。中药材是中医药事业传承和发展的物质基础，道地药材更是我国传统优质药材的代表，但道地药材资源无序开发、品种创新不足、质量安全水平不高，影响中医药持续健康发展。加快道地药材基地建设，对促进特色农业发展和农民持续增收、加快发展现代中药产业、实现乡村振兴具有重要意义。因此，建立健全切实有效的道地中药材质量安全管理制度，是保障中药材有效的重要手段。当前，"互联网+""大数据"和"人工智能"等深入社会生活各个领域，对各行各业的流通和监管模式都产生了深刻影响，道地药材的监管同

样如此。"互联网+"大背景下如何健全道地药材的监督管理、探索建立高效的道地中药材质量安全管理模式，是当前中药材质量安全研究的重要议题之一。

"互联网+中药材"创新了发展模式，道地药材的生产、流通和监督管理等产生了新的变革。通过建设集药材信息、电商、初加工、仓储、溯源、标准等服务于一体的电子商务基地模式，可以从种植、加工、仓储到贸易、物流等环节开展一系列规范化工作。例如，多年来我国逐步建设健全的"中药材流通追溯体系"已经初步建成了以中央、地方追溯管理平台为核心，以中药材种植养殖、中药材经营、中药材专业市场、中药饮片生产、中药饮片经营和中药饮片使用六大环节追溯子系统为支撑的流通追溯体系。我国中药材现代流通体系专项建设也进展得十分顺利，通过技术升级，实现了中药材生产、产地加工和流通设施现代化，充分运用互联网、物联网、区块链和人工智能等新技术，建立了质量可追溯系统，打造了现代化中药材电子交易市场，有助于确保中药材质量全程可控，对加快推进健康中国有着重要意义。

（一）建立健全严格的道地中药材质量控制标准

当前，我国多数地区的药材种植仍处于一家一户分散化经营阶段，规范化、标准化难以推进，影响了中药质量的提升。道地中药材产业走向标准化和"互联网+"是大势所趋。充分运用互联网、物联网、区块链和人工智能等新技术建立质量可追溯系统、打造现代化中药材电子交易市场，有助于确保中药材质量全程可控。同时，道地药材多源自特定产区，具有独特药效，需要在特定地域内生产才能保证其优良的品质。多年来的资源过度开发导致一些野生药材资源濒临枯竭，许多适宜产区种植不规范，非适宜区盲目扩种，造成药效下降、道地性丧失。因此，建立健全严格的道地中药材质量控制标准、严格准入管理制度对道地中药材的生产监督有着重要意义。加强道地药材资源保护和生产管理，规划引导道地药材生产基地建设，推进标准化、规范化生产，稳步提升中药材质量，对于实施健康中国战略和乡村振兴战略具有十分重要的意义。

建立健全严格的道地中药材质量控制标准，对道地中药材的认定提供明确指引，有助于确保健康中国战略和乡村振兴战略的有效实现。对道地中药材的生产，打击冒用道地中药材名称的行为，进一步明确道地中药材的播种、田间管理、产地的初步加工、包装运输以及入库储存等整个过程、环节的标准控制体系，将对道地中药材的传统的有效辨别手段吸收进质量标准中，保证道地药材的质量可控、稳定。与此同时，要加大对大中型中药材生产企业的扶持力度，鼓励道地中药材生产区建立中药材种植生产合作社，统一经营、规范管理，以科学化和现代化的手段方法，对道地中药材进行种植和养护，规范农药和化肥的科学使用。结合"互联网+"、大数据等新兴技术，大力推进生产流程的全公开、全监管。同时，也要进一步加大对中医药的科学规范化种植、养护的培训力度，结合"互联网+"，通过远程培训指导等方式，推进优势资源均衡化发展。

正如中国中药协会中药材商务交流专业委员会主任委员刘峻杰表示的那样，大力推广运用互联网、大数据等信息化技术手段，推进中药材种植、中药材高科技提取及加工、中药材质量追溯管理、中药材物流规范、中药材海外贸易等，推进中药材产业振兴发展。如前所述，道地中药材产业走向标准化和"互联网+"是大势所趋。目前，我国多数地区药材种植仍处于一家一户分散化经营阶段，规范化、标准化难以推进。中药材的种子、种苗、种植技术、管理等基础环节都有待规范。

刘红卫认为，近几年我国中药材种植快速发展，特别是 2015 年至 2018 年 3 月，全国中药材种植面积大幅度增长，传统道地药材产区发生了明显变迁，新产区不断出现。而据有关数据统计，当前全国中药材种植面积接近 1 亿亩，年产量近 3000 万吨，供给超过了需求，且质量千差万别。生产企业尤其是饮片厂近几年质量问题频发，都是因为药材质量不合格。因此，落后的中药材种植业已成为阻碍中药质量提升的拦路虎。例如，道地产区盲目向非道地产区引种，化肥、农药滥用导致药材药力下降，中药材流通中以非药用部位充当药用部位、以次充好，以及流通环节繁杂、价格不透明等。应督促企业履行主体责任、规范产地初加工、建立中药材流通追溯体系、加强中药材质量控制。2018 年底，国家中医药管理局等部门推出"定制药园"工作，仅云南省就在贫困地区设立不少于 100 个"定制药园"，旨在通过建立中药材产业全过程可追溯体系，鼓励道地药材种植，保证药材质量，并帮助贫困户增收。因此，明确道地药材的认定标准、明确准入制度刻不容缓。

（二）建立健全严格的"互联网+"道地中药材流通制度

首先，依托"互联网+"搭建信息公开共享平台，借此建立健全严格的道地中药材流通信息公开平台，强化道地中药材的流通体系监管。建立健全严格的道地中药材流通制度首先要提升道地药材产业化水平，加强源头治理，强化现代化加工基地建设，鼓励中药企业在道地中药材产地建设现代化加工基地，切实加强中药材在流通之初的治理，其次要培育一批知名优秀的中草药品牌，创建一批地域特色突出、产品特征鲜明的地区中药材区域公用品牌，创建一批品质好、叫得响、市场占有率高的道地药材知名品牌。同时，坚持以满足群众安全便捷用药需求为中心，积极发挥"互联网+药品流通"在减少交易成本、提高流通效率、促进信息公开、打破垄断等方面的优势和作用。引导"互联网+药品流通"规范发展，支持药品流通企业与互联网企业加强合作，推进线上线下融合发展，培育新兴业态。

其次，依托"互联网+"等信息化手段，构建现代化的道地中药材流通网络。应采取现代化物流、信息化技术和标准化控制等运营方式，大力发展推进道地中药材流通的新业态、新模式，构建完善的道地中药材流通网络，拓展市场。同时，规划和建设现代化中药材仓储物流中心，配套建设电子商务交易平台及现代物流配送系统，引导产销双方无缝对接，推进中药材流通体系标准化、现代化发展，初步形成从中药材种植、养殖到中药材初加工、包装、仓储和运输一体化的现代物流体系。此外，规范零售药店互联网零售服务，推广"网订店取""网订店送"等新型配送方式。鼓励有条件的地区依托现有信息系统开展药师网上处方审核、合理用药指导等药事服务。药品监管、商务等部门要建立完善互联网药品交易管理制度，加强日常监管。

最后，要建设健全完善中药材流通行业规范体系。应完善常用中药材商品规格等级，建立中药材包装、仓储、养护、运输行业标准，为中药材流通健康发展夯实基础。同时构建道地药材产销信息的监测网络，及时公开与人民群众生产生活密切相关的信息，积极引导契合合理安排生产、促进产销的衔接。要着力注重解决医药产品市场分割、地方保护的问题，加快推进药品流通企业跨地区、跨所有制的兼并和重组，培育大型现代药品流通骨干企业，整合药品仓储和运输资源，实现多仓协同互动，支持药品流通企业跨区域的配送运输，形成以大型骨干企业为主体、中小型企业为补充的城乡药品流通网络。此外，应加大对中小型中药材流通企业专业化经营的支持力度，加快实现部分中小型中药材企业向分销配送的模式转型，积极鼓励药品流通企业批发零售一体化经营，推进零售药店分级分类管理，提高零售连锁率，加大对道地中药材药品流通企业参与国际药品采购和营销网络建设的支持力度。

（三）建立健全严格的"互联网+"道地中药材全流程监督制度

首先，建立健全严格的"互联网+"道地中药材全流程监管制度，落实政府主体责任，依托"互联网+"大数据等对道地中药材带来的新变革，完善道地中药材的全流程监督管理制度，督促企业严格执行药品生产质量管理规范，如实记录生产过程中的各项信息，确保数据真实、完整、准确和可追溯；加大对道地中药材生产、流通等环节的检查，检查结果及时向社会公开，有效控制社会风险。同时，加大对伪造、冒用道地中药材的打击力度。

其次，监督要更加突出重点，整治道地中药材中存在的突出问题。各政府部门，包括国市监总局、国家卫健委、人社部、价格、税务、工商行政管理、公安等部门要定期开展专项检查，加大对道地中药材生产过程中存在的租借证照、虚假交易、伪造记录、商业贿赂、价格欺诈、价格垄断和伪造、虚开发票等违法违规行为的惩处力度，严格追究相关责任人的法律责任。同时，依托"互联网+"，将查实的违法违规行为依法予以公开，并记入药品采购不良记录、企事业单位信用记录和个人信用记录等，加大失信惩戒力度，加大联合惩戒的强制力度。对其中情节较重的，要依法进一步加大相应处罚力度，提高相关责任人的违法违规成本。此外，国市监总局要加强对医药代表的管理，建立医药代表登记备案制度，备案信息要及时公开。医药代表只能从事学术推广、技术咨询等活动，不得承担药品销售任务，其失信行为记入个人信用记录。

再次，依托"互联网+"和大数据，强化价格信息监测机制。建立健全药品价格监测机制，完善价格可追溯机制，强化药品集中采购平台（公共资源交易平台）、医保支付审核平台的互联互通，加强与有关税务数据的共享。同时，加大对虚报原材料价格和药品出厂价格的药品生产企业的查处力度，依法依规清缴相应税款，严肃追究相关责任人的责任，构成犯罪的移送司法机关处理。进一步加强对竞争不充分药品的出厂（口岸）价格、实际购销价格监测，对价格变动异常或与同品种价格差异过大的药品要及时研究分析必要时开展成本价格专项调查。

最后，提升道地药材的质量安全水平，要在加快标准化生产的基础上，进一步突出重点难点，提升道地药材的质量安全监管水平，确保道地药材符合国家行业的相关标准和要求，加大绿色生产技术的推广力度，加大支持中药材质量生产管理规范，推广有机肥替代化肥、绿色防控代替化学防治等关键技术，减少化肥和农药的用量。确保道地药材产地环境的改善，用最适宜的土壤生产最优质的道地药材。另外，要进一步加快道地药材使用农药的信息登记和公开，加大对科研教学单位、相关生产企业对道地药材适用合适农药开发新品种的支持力度，进一步优化相应审批手续和流程，提高办事效率，加大解决道地中药材没有适用的农药的问题。

此外，要加强质量流程追溯制度体系建设，依托互联网技术，对生产过程进行记录，构建起贯穿于种植、加工、收购、存储、运输和销售各个环节的质量追溯体系，强化全流程监管，实现来源可查、质量可追、责任可究。同时要坚持从源头治理，对生产基地中生产的不符合质量标准的产品不采收也不销售，直接在道地药材生产基地对道地中药材产品进行检测，强化源头监督管理。

总之，在药品生产流通过程中，"互联网+"给传统的道地药材监督管理机制带来了深刻变革，依托"互联网+"，构建起道地药材的全流程监督管理机制，事关中医药行业的健康发展，事关国家社会和谐稳定。要强化对道地中药材的事前、事中、事后的全流程监督管理制度建设，加强政策组织领导，结合实际细化工作方案和配套细则、完善落实的机制和办法，把责任压实、要求提实、考核抓实，增强改革定力，积极稳妥推进，确保改革措施落地生效，要及时评估总结工作进展，研究解决新情况、新问题，不断健全药品供应保障制度体系。

第二节　互联网+中药流通

中药材追溯体系建设中，有关部门和人员会搜集中药产品从生产到流通环节、从源头到消费者手里的过程中一系列有用的信息。追溯体系的建设为消费者了解产品原料、节点信息及安全性提供了便利，对企业迅速查找相关批次、及时召回问题产品、加强管理和品牌文化建设、提升经济效益具有重要意义，是有关部门加强产品全过程监管与风险把控、精准问责的有效措施。

2019 年 5 月 31 日，由商务部会同六个部门就关于加快推进建设重要产品追溯体系的相关问题联合印发《关于协同推进肉菜中药材等重要产品信息化追溯体系建设的意见》（以下简称《建设意见》）。

一、《建设意见》解读

（一）多平台对接，实现全面覆盖管理

《建设意见》第 2 条提出："商务部门依托国家及地方数据共享交换平台，推动建设覆盖中央、省、市（及部分具备条件的县）各级重要产品追溯管理平台，推动中央与地方重要产品追溯管理平台对接，实现追溯信息纵向互通和跨地区联通；探索建立追溯平台市场化对接管理机制，鼓励各类生产经营企业、协会和第三方追溯系统接入行业或地区追溯管理或信息协同平台。"

2012 年以来，由商务部市场秩序司发起，分三批支持 18 个省、市建设中药材流通追溯体系项目已基本落实。作为项目第二批建设省份，据统计，截至 2018 年年底，云南省全省中药材种植面积达 756 万亩，领跑全国其他地区。根据云南省商务厅公布的统计结果来看，一方面，省内药材追溯平台现已有 380 多家中药材企业入驻，基本实现了中药材从种植加工到流通销售的全产业链追溯，同时也与商务部的国家追溯平台实现了数据对接。但另一方面，据新华网报道，云南省于上年共收处各类举报信息 1 万余件，查出药品违法案件 1158 件，移送司法机关 23 件，涉案货值 490 万元，罚没金额 843 万元。可以说，自中药材溯源体系建设以来，各方确有在积极响应，药品问题事件呈下降趋势，但瑕疵仍旧不断。该条意见旨在进一步解决这一状况，通过推进全面覆盖追溯管理，更进一步降低产品瑕疵率。

（二）市场主导，政府并行

《建设意见》第 4 条提出："科学界定政府与市场边界，积极发挥市场决定性作用，更好发挥政府作用，建立健全追溯体系建设运行投入和保障机制。政府投资主要用于信息化追溯公共服务平台建设和运维，相关部门应加强沟通协调、统筹规划，防止多头建设、重复投资。鼓励地方通过市场化运行的方式解决经费，建立长期稳定的投入保障机制。"

该条意见直面当下中药材追溯体系平台推广困难的状况。以企业为例，目前，因为追溯体系建设成本的问题，自建体系往往只存在于规模较大的医药企业和第三方科技公司。对于中小型企业而言，体系构建中高额的硬件软件设施费用必不可少。同时，因为在生产加工过程中加入新的一环，人力物力等成本也随之上升。如此大的成本投入，无法在短期内看到显著收益，同时还要面对资金链紧张问题，中小型企业一般不易接受。

（三）法律法规引导中药材标准化

《建设意见》第5条提出："标准化工作管理部门和商务部门会同相关部门建立完善重要产品追溯标准体系……加快推进重要产品追溯通用性标准建设……农业农村、市场监管、中医药管理、药监等部门分头推进食用农产品、食品、中药材、药品等重要产品各领域的追溯专用标准制修订和应用推广工作。"

该条意见旨在解决当下中药材市场品种繁多、情况复杂而造成的药材质量和安全问题。在生产种植层面，种植户为追求利润使用过量甚至违禁化肥农药；在药材加工炮制环节，原料来路不明，质量低下，加工方式未知常有发生；在运输流通这一环节，贮存条件恶劣，变质产品与正常产品混同，加之消费者专业水平有限，更容易造成混淆与误购。

（四）多方、多形式培训宣传

《建设意见》第7条提出："商务部门会同相关部门加强重要产品追溯体系建设工作培训，编制重要产品追溯培训读本，提升工作水平；加强部门间、地区间追溯工作交流，发挥典型引领作用，大力复制推广先进经验与典型模式。"

该条意见一改之前重点针对生产经营者而忽视产业链中其他角色的运营模式，开始关注加强部门之间、地区之间追溯工作交流，发挥典型的引领作用，同时兼顾消费者一方，加大可追溯中药材产品宣传力度，提高消费者认知水平和认可度，营造追溯体系共建共管、共享共兴的社会氛围。

二、《建设意见》执行建议

（一）依托市场，从自身出发

对于中小企业而言，随着国家中药材追溯体系建设工作的不断推进，反而呈现出有心无力的状态，它们既希望能加入中药材追溯体系建设这一行列，又出于成本的考虑望而却步。《建设意见》明确：各企业积极发挥市场决定性作用，政府作用并行。

首先，政策法规应调动企业积极性。政府可以出台相应的优惠政策加大对中小企业的扶持力度。同时，多层次、多方面开展中药材追溯体系建设宣传活动，运用创新激励机制，调动企业积极性。

其次，应明确消费者作为产业链中的重要一环，是中药材产品的最终使用者，一切生产经营活动应当围绕消费者进行。在追溯体系中，具有溯源标识的中药材产品是每个企业的名片，消费者的每一次购买，除了增加产品销量、提升企业效益外，同时也是对企业的进一步认知。

最后，应联合共建、合作共赢。对于规模较小的药企，应鼓励联合共建药材追溯体系，弥补资金上的不足。

（二）引入区块链技术，加快全面覆盖

区块链技术是指以通过去中心化的方式集体维护一个可靠数据库的技术方案，是基于密码学的一种分布式储存方式，具有确保流通过程中的信息安全性与完整性作用。

在中药材追溯体系中引入区块链技术旨在以低成本、高效率的方式解决在追溯体系中数据篡改、信息虚假的问题。通过区块链技术，能够有效构建中药材数字化产业链并提高其透明度；通过 CA 身份认证方式，区块链中每个节点的通信难度增加，信息变得更加私密；通过每个节点之间的"智能合约"方式，大大增加被存入溯源系统中的数据修改难度；通过中药材溯源 ID，加之其道地特性，可以提高流通中药材信息的完整性与安全性，最终实现全产业链的溯源。

基于区块链的中药材溯源体系应当包括：①数据采集层。该层采集中药材生产种植、加工包装、运输流通、交易、消费者使用等各个环节的原始信息数据。②数据层。该层封装底层区块数据，采用非对称加密技术进行加密并加入时间戳。③网络层。该层采用分布式组网机制、数据验证机制和网络传播机制等实现已存在区块中每个节点的一对一联络，对于新区块以广播形式通知其他节点并进行验证。④共识激励层。该层采用授权股权证明机制、工作量证明机制，将中药材产业链中的生产销售者、监管者、消费者三方作为成员节点加入区块链。⑤合约层。该层包括供应方、需求方及监管方事先拟定的智能合约，同时可以引入一定的有关于中药材质量管理的规范性文件。⑥应用层。该层为中药材质量溯源系统访问门户，致力于为消费者、生产销售者、监管部门提供有关的药材品质信息、交易信息、加工信息和相应的资金信息和监管信息查询服务。

（三）各环节标准化落实

《建设意见》第 5 条提出："标准化工作管理部门和商务部门会同相关部门建立完善重要产品追溯标准体系"，标准化内容应包含以下四个方面：

第一，种植标准化。生产种植者应该做到：实现同类品种集合式种植，增强批量供应能力；把控种植环境，提高道地药材质量；重视生产技术，减少化肥使用，保证药材安全性；加强种植过程跟踪管理，进行药材生长过程监测；加强与市场联系，做到供求相应，减少陈料囤积；记录生产种植过程中的数据信息。

第二，制程标准化。生产加工者应当遵循的要求：严格把关原料来源，减少残次品流入市场，严选加工环境，减少原料及产品损坏、污染，合理合法使用加工辅料，保证产品安全性，古法炮制技术与现代技术结合，保证产品疗效，对接市场，提高原料利用率，减少产品积压，记录加工过程中的数据信息。

第三，运输流通标准化。根据《药品经营质量管理规范》相关规定，从业人员应当做到：遵循市场交易规则，保证产品来源可溯；把控仓储条件，保证出入库产品质量；监控产品市场流通态势，及时召回问题产品，并做好不良反应处理工作；记录产品流通过程中的有关信息。

第四，监管标准化。地方管理部门应制定该地区可溯源产品名录并通过追溯平台进行汇总。对于该地区流通的中药产品，应当严格按照名录信息进行监管；开展专项检查与飞行检查，覆盖跟踪高风险产品及企业；明确责任主体，让监管透明。对于市场所出现的产品问题，通过对消费者的走访调查和信息采集，精准定位问责对象，并将不良反应案例进行公告。

中药材溯源体系建设作为"十三五"期间的一项重要要求，是实现药品市场数字化监管必不可少的一环，也是中医药事业发展重要的一步。因此，相关部门应统筹兼顾，发挥全产业链中各方作用，发掘市场价值，走标准化道路，加快推进中药材溯源体系建设，实现中药材产品来源可溯、去向可追、过程可控、责任可究。

三、药品网售平台商业运营模式

（一）第三方药品网售平台商业运营模式合规预测

当前医药电商的O2O模式为网售处方药的主导模式。国家鼓励线下实体药品连锁店开展互联网药品业务，自建自己的网售药品平台，但是也仅有少数药事服务能力强的实体药店才能依托互联网承接此项利好。而纯粹的B2C业务目前还未获政策支持。

正如中国政法大学赵鹏教授指出的，在巨大的市场需求下，网售处方药已成为一种大趋势。若药品的上市许可人、药品经营企业只能自建网络平台、配送系统进行销售，那么他们将面临极其高昂的合规成本。因此，应当允许药企借助第三方网络平台销售处方药，以降低市场销售成本。而处方药进入第三方平台进行销售一直遇阻的原因主要还是监管技术不到位而无关商业模式，笔者预测后期随着相关药品监管方面法律法规的出台，处方药网售最终还是会解禁，相关医药电商应做好处方药全面解禁准备，迎接政策利好。

（二）典型第三方药品网售平台分析比较

第三方药品网售平台是网上药店入驻并提供交易服务的第三方平台，如常见的外卖平台的"送药上门"服务。现选择比较有代表性的四家（阿里健康大药房、天猫医药馆、京东药京采和叮当快药）第三方药品网售平台进行比较分析，探讨第三方药品网售平台的商业运营模式。

1. 阿里健康大药房

早在 2016 年 5 月，阿里健康就联合全国 65 家连锁药店成立了"中国医药 O2O 先锋联盟"，拟探索医药新零售，预计将覆盖全国近百个城市、万余家零售药房门店。2018 年 8 月 19 日，中国医药 O2O 先锋联盟上线药房门店的全国日单量超 10 万单。2018 年 8 月 20 日，菜鸟和阿里健康联合宣布，在杭州率先上线日间 30 分钟送药上门，并首次开通 24 小时送药服务，提供夜间 1 小时送药上门。该送药服务于当天的交易超 5000 单。受此消息影响，阿里健康股价当天及次日走强，两日涨幅达 15.1%，振幅 21.73%。

阿里健康布局的医药新零售领域主要通过两种方式入手：一是利用自身优势及资源搭建平台；二是利用阿里系相关医疗健康平台做市场拓展。

2. 天猫医药馆

流量是天猫医药馆的突出优势。天猫医药馆在医药电商行业占据着领先地位，天猫电商平台的影响力及知名度极为突出，以上两个条件使天猫医药馆拥有大量的用户和流量，而流量则是一般网上药店最为欠缺的部分，入驻天猫医药馆是大部分网上药店的选择。此外，天猫医药馆背后的阿里巴巴集团已经拥有非常完善的电商体系，大范围的推广与广告投放为天猫源源不断地输入流量和用户，更有支付宝作为其后盾。

实际上，在经历了因资质问题暂停到重新开放，天猫医药馆在 OTC 药品销售方面也积累了不少经验。入驻天猫医药馆的网上药店数量也在不断增加，

2014年"双11",天猫医药馆的医药类目销售额同比增幅达315%。但也有业内人士指出,天猫医药馆只是在重复B2C的商业模式,用户在天猫上购药与购买衣服没有本质的区别,缺少专业性。

3. 京东药京采

众所周知,京东的物流系统是其优势之一,一旦网售处方药放开,这个优势将进一步体现出来。据时任京东医药商城CEO崔伟介绍,目前京东正筹备医药物流,未来将打造"全国医药中心—各地医药物流中心—1公里配送范围"的全国医药物流配送体系。随着京东获得了互联网交易资质,相信京东医药商城将迎来新一轮的发展。

目前,京东医药商城采取的是与药店进行区域合作的模式,京东与线下药店签订协议时会按照药店的服务半径来决定其需要配备的执业药师数量。截至目前,京东已经与线下30家连锁店签订协议,这30家连锁店的门店数量都超过100家,每家药店位于不同的城市。由于在区域内连锁药店有唯一性,也使得许多药店与京东医药商城合作的意愿并不强。

4. 叮当快药

叮当快药选择携手美团外卖,美团外卖继续扩大其领先优势,再度拓宽服务范围,由"送饭"服务延展至"送药"服务,叮当快药在医药行业的资源优势与美团外卖形成高效互补。同时,叮当快药在全国已布局26座城市600余家药店,将有助于美团外卖迅速推开全国市场,率先实现全面性覆盖。通过这样的战略合作,美团外卖将继续扩大其领先优势,再度拓宽服务范围,叮当快药在医药行业的资源优势将与美团外卖形成高效互补,从而实现双赢,这也符合叮当快药和合共赢的商业之道。

综合以上四家第三方药品网售平台可以看出,市场竞争激烈,在药品种类、覆盖面积、送货速度、医疗咨询服务以及O2O闭环整合等众多方面都将成为竞争热点。

四、药品网售平台潜在的风险

(一) 药品处方审查与监管难

网络销售药品的特殊性要求法律监管更加严格和具体。但是目前市场上处方药网售乱象频出,药品处方上传审核形同虚设,电子处方没有药师签字,缺乏有效监管。比如,据报道,一名记者在一家电商平台上选择了一家药店,并用宠物狗照片作为处方上传，成功买到了处方药——秋水仙碱片。这种被纳入医保甲类的西药主治痛风性关节炎，过量服用后会有明显的毒副作用。2018 年，江西和上海先后发生过两起超量服用秋水仙碱片致死的案例，巧合的是，在这两起案件中，死者都是通过网上购买获得了这种片剂。

（二）药品配送和药品储存难

药品物流配送体系的不完善一直制约着我国医药电商服务的发展，特别是冷链物流技术和信息化程度不高、缺乏上下游的整体规划与协调。药品的特殊性对药店的存储运输有特殊的要求，目前普通快递公司的管理水平和条件还达不到药品配送的要求。另外，药品在运输途中出现的质量问题职责划分不容易界定，运输风险难以管控。当前外卖平台配送场景主要为 5 公里半径下的短距离即时配送，第三方平台运营商要考虑到在 GSP 认证已明确取消的背景下，如何确保药品配送的合法合规。

（三）消费者个人医疗隐私数据保护难

互联网药品交易下，可以实现医生开外配处方时开通用户名，由患者自己在 APP 上选具体的品牌药品。在此基础上，平台拥有更多移动互联网的消费者服药评价数据，因此商品评价更准确。第三方药品网售平台获得了用户和产品的相关大数据，而对于个人敏感信息的收集、存储、使用等环节都有着更高的合规要求。

（四）处方药广告和促销合规难

目前，网上药品销售企业为了吸引消费者，往往用夸张的语言来宣传药品效果，甚至进行虚假宣传。其中，中药材产品由于鱼龙混杂、没有明确的标准，虚假宣传现象更为普遍。一些不法商家利用中药药效相对模糊的特点进行夸张宣传，或者利用网络传播虚假药品信息，通过夸大药品疗效等方式来获利。部分电商网站充斥大量所谓"权威专家""患者"，通过使用绝对化、承诺性的语言，对"药品"疗效进行虚假宣传，如药到病除、服用几个疗程病症全无、无毒副作用、免费试用等。面对虚假宣传，患者往往难以辨识，最终上当受骗，导致疾病治疗的贻误。

互联网药品交易不同于传统药品交易的关键在于网络的虚拟化，所有有关药品的信息都是由药品经营者提供，若此时药品经营者的信息披露不完善将会直接影响消费者知情权的实现，甚至关系到消费者的生命安全。

我国《电子商务法》第 17 条明确做出规定，电子商务经营者应当全面、真实、准确、及时地披露商品或者服务信息，保障消费者的知情权和选择权。电子商务经营者不得以虚构交易、编造用户评价等方式进行虚假或者引人误解的商业宣传，欺骗、误导消费者。对于中药企业来说，要坚持为消费者提供准确信息，不要对药效做过度宣传，不要误导消费者，这样才能保证依法依规、不触碰虚假宣传的红线。

（五）药品质量有风险

中药标准模糊一直是中医药行业发展过程中面临的一大障碍，很多消费者由于没有明确的标准而无法顺利维权。之前的规定也由于没有明确网上药店越规后的处罚措施和责任的落实，导致相关规定对网上药店的经营行为没有约束力。

2015年6月，原农业部与相关行业通过评议，一致通过我国首个"中药材电商标准"，该标准填补了该行业的空白。该标准的通过为我国中药行业的发展提供了有效保障，有效防止了不法商家利用标准模糊损害消费者利益。

我国《电子商务法》的出台更是进一步从法律上保障了消费者的利益。根据该法第74条的规定，电子商务经营者销售商品或者提供服务，不履行合同义务或者履行合同义务不符合约定，或者造成他人损害的，依法承担民事责任。这就要求重要销售企业在网络平台上销售中药必须严格保证药品质量和其他相关要求，否则，消费者就可以依法要求商家承担相应的责任。

同时，在我国《电子商务法》的框架之内，网络平台销售产品的质量也受到严格的监管和把控，原来存在的监管缺位的问题也被补上了。国务院取消了互联网药品交易行政审批的同时，也指出要加强事后监管，要求属地药监部门将平台网站纳入监督检查范围，明确通过平台从事活动的必须是取得药品生产、经营许可的企业和医疗机构，加强互联网售药监管，严厉查处网上非法售药行为。因此对于售卖中药的企业来说，要时刻保证药品的质量，不能有侥幸心理。

（六）药品追溯风险

我国《电子商务法》第17条要求电子商务经营者应当全面、真实、准确、及时地披露商品或者服务信息，保障消费者的知情权和选择权。这要求商家在药品销售过程中要对中药的各种信息，包括产品质量、产业、加工单位等信息进行公布，保证消费者权益，并且建立完整的药品质量追溯体系，明确责任主体。但根据中药具有不同的特性，中药材分为可以直接选用、需要炮制成饮片直接销售和需要追溯全过程等多种类型，中药材质量追溯也综合了鲜活产品、农产品、食品行业等多个行业，追溯广度与难度可见一斑。而在发散性的网络中，还极有可能进一步加剧追溯困难，难以厘清各个责任主体。

从实际运行来看，药材采收后，经过多级收购商采购、包装、贮藏、运输、混批、混包、混储等环节，导致药材的来源混杂，很难溯源。在运输过程中，由于包装、仓储条件不规范，亦有可能导致药材变质、污染，从而影响药材质量。在此背景下，中药在销售过程中往往无法实现各种信息准确公布，无法有效保护消费者权益。同时，中药材的生产、加工、包装、存储、运输等环节的质量标准规范不健全，造成进入溯源体系的中药材有假药、劣药现象。因此，为了规避风险、明确责任划分，药企在整个药品的生产和流通过程中要建立完整的药品质量追溯体系，明确各个过程中的主体责任，这样才能保证在出现质量问题的时候明确责任主体，从而降低被追责的风险。

（七）税收环节有风险

电子商务领域的税收问题是市场高度关注的话题。2019年1月1日起我国《电子商务法》的正式实施，尤其是第11条第1款"电子商务经营者应当依法履行纳税义务，并依法享受税收优惠"的写入，使得税收问题成为相关电商产业在未来经营中需要注意的重要问题。

作为我国《电子商务法》立法建议案的最早提交代表，全国人大代表、步步高商业连锁股份有限公司董事长王填在他的提案中提到，对于网络零售税收政策上的宽松，将造成网络零售与实体零售的不公平竞争。

这些规范性条款一定程度上扩大了法律调整对象的范围，无论是电商平台、自然人设立的网店以及提供代购服务的个人与组织都需要进行工商登记并依法纳税，这有利于实现线上线下经营者的横向公平。

近年来，国内中药材电子商务平台逐渐增多，比如，2013年5月试运行的康美药业中药材大宗交易平台，交易的品种包括亳白芍、当归、黄芪，还有早在2010年上线的重庆农畜产品交易所的国内首个中药材期货金银花交易平台。除此之外，还有江西樟树的中药之都云电子商务平台、甘肃陇西药材盈中药材物联电子商务平台以及南京同仁堂绿金在线中药材交易中心等。

随着中药材交易迈入"电商时代"，中药材电商经营者需要规范经营行为，积极依法纳税。

五、药品网售平台风险防控对策

(一) 平台运营层面确保处方来源真实

原国家药品监督管理局药品监督管理司司长袁林在接受记者采访时表示："我们在工作当中也考虑到网络销售药品的特殊性，所以，我们对网络销售，特别是处方药销售规定了更严格、更具体的要求。比如说，我们将要求药品销售网络必须和医疗机构信息系统互联互通，必须要能够做到信息共享，要保证处方来源的真实、可靠。目的就是要保障购药患者的用药安全。"

亦有法律实务人士表示，应通过处方审核来确保处方的真实性，即药学专业技术人员运用专业知识与实践技能，根据相关法律法规、规章制度与技术规范等，对医师在诊疗活动中为患者开具的处方进行合法性、规范性和适宜性审核，并做出是否同意调配发药决定的药学技术服务。审核的处方包括纸质处方、电子处方和医疗机构病区用药医嘱单。从事处方审核的药学专业技术人员（药师）应当取得药师及以上药学专业技术职务任职资格，并且具有3年及以上门急诊或病区处方调剂工作经验、接受过处方审核相应岗位的专业知识培训并考核合格。处方审核的流程为药师在接收到待审核处方之后，对处方进行合法性、规范性以及适宜性审核，若经审核判定为合理处方，则在纸质处方上手写签名（或加盖专用印章）、在电子处方上进行电子签名，处方经药师签名后进入收费和调配环节；若经审核判定为不合理处方，由药师负责联系处方医师，请其确认或重新开具处方，并再次进入处方审核流程。具体而言，处方的合法性审核包括对处方开具人是否具有执业资质以及是否取得相应的处方权进行审核。处方的规范性审核包括处方是否符合规定的标准和格式（如电子处方有无处方医师电子签名），处方文字是否正确、清晰、完整，以及条目是否规范（如药品剂量、规格、用法、用量是否准确清楚，是否符合《处方管理办法》规定，不得使用"遵医嘱""自用"等含糊不清的字句）。另外，药师还需进行处方的适宜性审核。针对西药及中成药处方，应当审核处方用药与诊断是否相符，处方剂量、用法是否正确，是否有重复给药和相互作用情况，等等。而针对中药饮片处方，除了审核中药饮片处方用药与中医诊断（病名和证型）是否相符外，还需要审核饮片的名称、炮制品选用是否正确，煎法、用法、脚注等是否完整、准确，特殊人群如儿童、老年人、孕妇及哺乳期妇女、脏器功能不全患者用药是否有禁忌使用的药物等项目。由此可见，现行法规对医疗机构的处方审核内容、要求及流程有明确的规定，但缺少医药电商关于审方的相关规定。实践中，医药电商通常要求患者拍照上传传统的纸质处方，或者探索采用电子处方的模式，但现行法下对于电子处方的具体要求尚不明确，如如何确保电子处方的来源、如何确认医师电子签名的真实性等问题仍待考量。

（二）平台运营层面确保药品配送模式正确且符合《药品经营质量管理规范》

药品的配送过程是确保患者用药安全的关键环节。在传统的药品销售模式下，药品零售企业线下进行实体药品销售，因此配送环节仅存在于药品批发企业中。现行《药品经营质量管理规范》也仅仅对药品批发企业的运输与配送做出了相应的规定。关于药品零售企业进行网售药品的配送，《互联网药品交易服务审批暂行规定》等均要求，药品零售连锁企业通过互联网销售药品时，应当提供与交易的药品相适应的配送服务，且符合《药品经营质量管理规范》的有关要求，保证在售药品的质量安全。相关政策文件也提出要加快医药电商发展，支持第三方配送，向患者提供"网订（药）店取""网订（药）店送"等服务。自此，我国已明确鼓励发展网售药品的第三方配送，此项政策亦顺应了我国目前的网售药品配送模式。

目前的实践中，患者通过网上平台下单购药后，零售药店的配送方式包括自行配送、委托第三方物流公司进行配送或者通过外卖平台的跑腿代购骑士进行配送。我国现行的《药品管理法》第35条规定了药品经营企业委托运输药品，应当对受托方的质量保证能力和风险管理能力进行评估，与其签订委托协议，约定药品质量责任、操作规程等内容，并对受托方进行监督。如果此项规定适用于药品零售企业的网络销售，那么该类药品零售企业应当对委托的第三方进行评估并与其签订相关协议，明确保障药品质量安全的责任，并对其进行监督，以确保患者的用药安全。

（三）平台运营层面确保个人信息安全

不论是B2C模式，还是O2O模式，医药电子商务经营者都掌握着海量的个人信息。除我国《电子商务法》规定了经营者的网络安全和个人信息保护义务外，其他法律法规、国家标准等也有着同样的规定。例如，在个人信息的界定方面，2020年版《信息安全技术 个人信息安全规范》将用药记录、药物过敏信息、诊治情况以及与个人身体健康状况产生的个人健康生理信息等规定为个人敏感信息，且对于个人敏感信息的收集、存储、使用等环节都有着更高的合规要求。《最高人民法院、最高人民检察院关于办理侵犯公民个人信息刑事案件适用法律若干问题的解释》第 5 条第 1 款中规定，非法获取、出售或者提供个人健康生理信息等达 500 条的，即可能构成侵犯公民个人信息罪。由此可见，医药电子商务经营者在享受互联网电子商务便利的同时，也必须履行网络安全和个人信息保护等合规义务，减少因信息泄露而导致的社会负面事件的发生。

（四）平台运营层面确保合法展示处方药

药品的广告应当符合我国《广告法》第15、16 条的相关规定，其陈列与展示亦应当遵守《药品经营质量管理规范》的有关规定。2019 年我国新药品管理法出台前的规定均禁止面向个人消费者的网站展示处方药或发布处方药信息。新药品管理法出台之后，网络销售处方药限制得到一定的放开，有关部门对于处方药的展示也会进行相应的修改或出台相应的具体配套规定。

（五）平台运营层面确保药品质量安全

基于目前的网络实名制等基础设施，网售药品可以实现全程留痕及可追溯，基于这些数据，监管部门至少在打击制售假药及过期药品、保证用药安全上是可以有所作为的。因药品追溯系统的建立可由第三方社会组织协助，而在电子监管码时代，一些企业就已有提供药品追溯服务的经验和技术积累，这些企业依据新药品管理法及相关文件对其服务平台进行改进，如由阿里健康运营的第三方追溯服务平台"码上放心"等，成为追溯服务供应商中的有力竞争者。

总而言之，网售处方药在降低了企业销售成本和患者购药成本、节约了医疗资源的同时，也带来了用药安全和隐私保护问题。对此，不论是简单的禁止还是依靠商家的自律都难以从根本上解决问题。因此，合理的做法应当是设立管制规范而不是禁止特定商业模式，即确保网售处方药是基于真实的处方，并设立仓储物流标准、保护个人医疗隐私数据等。同时也要对消费者进行必要的教育，让购药者认识到其中的利弊，理解有关政策的制定目的和初衷，主动减少违规购药的行为。

第三节　互联网+中药药店

一、药店经营管理法律风险浅析

近年来，我国的药店数量日益增加，其中零售药店门店数量从 2017 年 45.4 万家上升至 48.9 万家，同比增长 7.7%，因此行业竞争也在加剧。为了生存，药店的经营管理者都采取了各种措施，但随之而来的是出现了很多法律问题。

笔者调研发现，这些法律问题以及法律风险，在整个药品经营行业较为普遍，值得关注和思考。

（一）现状：各种纠纷案件频发

统计 2015 年到 2018 年中国裁判文书网上药店为当事人的相关案例发现，专利纠纷占 4%，合同纠纷占 12%，侵权责任纠纷占 2.5%，商标侵权纠纷占 43.5%，医疗损害责任纠纷占 13%，租赁合同纠纷占 3.5%，生命权、健康权、身体权纠纷占 12%，生产、销售假药占 1.5%，劳动争议占 4.5%，不正当竞争占 0.5%，产品责任纠纷占 3%。

从这些数据可以看出，商标侵权纠纷案件出现的频率最高，所占的比重最大，其次是医疗损害责任纠纷案件，再就是合同纠纷案件和侵害公民生命权、健康权、身体权案件。此外，药店生产、销售假药的情况同样需要重点关注。

（二）原因：法律意识有待加强

首先，商标侵权纠纷。分析发现，发生商标侵权纠纷的主要原因有两个方面：一是药店在初步经营时，为开拓新市场，冒用他人商标进行销售，进而引发商标纠纷；二是药店为减少成本，销售了侵犯注册商标专用权的商品，且没有合法来源，从而引起商标纠纷。认定侵犯商标专用权主要从侵权者的主观过错、合理注意义务等方面进行认定，并参考其主要经营范围、对供货方经营资格的审查、进货价格及对假冒商品的辨识能力等因素。

其次，医疗损害责任纠纷。医疗损害的发生主要原因是药店有出售假药或者违规、不正当推荐患者用药的情况。如患者在药店购买药品后，出现了侵害或者损害其人身权益的结果，可追究药店的违约责任（买卖合同）或是侵权责任。

再次，生产、销售假药纠纷。该类纠纷主要是由于药店过于追求自身利益而忽略药品安全造成的。实践中，大部分情况都是药店通过网络或者其他途径购进低成本、低质量的药品，再在药店内进行销售，不仅侵犯了顾客的消费权益，须承担违约责任，还会给患者带来附加伤害，如人身损害，属于侵犯公民的生命健康权。

复次，公民生命权、健康权、身体权纠纷一般与生产、销售假药等行为有着密切的联系。归根结底还是由于利益的驱动和社会责任的缺失，进而导致药店违反药品管理法，出售假冒伪劣药品，最终侵犯公民的人身权益。

最后，劳动争议纠纷主要是药店自身内部问题所致。

（三）建议：合法合规经营管理

药店的经营管理中之所以会出现上述这些问题，究其原因，还是对法律风险认识不到位造成的。

第一，要避免商标侵权纠纷。结合上文分析，可以从两个方面着手：首先，监管部门对药店冒用他人商标销售的行为要依法严惩，以达到威慑防治的效果；其次，药店要健全相关制度，有序记录并标记正规渠道来源的药品，杜绝来源不明的侵犯注册商标专用权的商品，加强员工的学法、懂法、守法意识，自觉遵守药品管理法及相关法律法规和内部规章规程。

第二，要避免医疗损害责任纠纷。销售人员要熟知各种药品的功能、禁忌等重要信息，不能为了私利向顾客推荐不合适的药品。此外，销售人员在向顾客推荐药物时，要清楚地告知功能、禁忌、不良反应、有效期等需要说明的问题。最重要的是，药店要销售合格药品。

第三，要杜绝生产、销售假药。药店不能因为追求利益而购进低成本、低质量的药品，要保证从正规渠道购进药品；要对药品是否合法合规等内容进行严格审查，不能为了节省人力、物力、财力和时间而省去任一环节。

第四，要避免侵犯公民生命权、健康权、身体权。该类纠纷一般与其他纠纷有因果关系，为了防止这类纠纷的发生，药店需要与防止其他纠纷结合起来。如确保尽到提醒的责任、对销售的药品负责、对患者的健康负责、工作人员要有责任心等。

第五，要避免劳动争议纠纷。这是不太常见的一种纠纷类型，为避免这类问题，药店要与劳动者签订合法合规的劳务合同，明确双方之间的权利、义务关系和责任承担方面的约定；要制定明确的规章制度，要求工作人员严格遵守；等等。

同时，对于药店的整个法律风险防控工作，还有以下几点需要注意：一是要合法合规。法律风险多数是由违法、违规、违约引发的，所以要避免不当措施引发新的风险。二是要以预防为主。潜在的法律风险可能导致严重后果和无法挽回的损失，必须从源头上进行预防。三是要全面覆盖。防控措施应当贯穿药店经营管理的所有环节、所有领域、所有员工。四是要动态调整。要根据药店经营的具体情况，及时调整工作方案，实现动态管理。五是要综合治理。不同风险之间存在重叠与转化，而法律风险与其他风险关系最密切，防控法律风险必须与药店的经营管理相结合，多管齐下，标本兼治。

二、智慧共享中药房加速医共体建设

提升基层医疗水平是医疗改革中的重要一环，医联体、互联网诊疗等关键字在国家卫健委和国家中医药管理局下发的文件中频繁出现，成为基层医疗改革的热门方向。在此背景下，智慧共享中药房应运而生。2018 年浙江省人民政府鼓励建立县域中医药一体化互联服务，建设共享中药房，实现县、乡两级中医药服务同质化、规范化、高效化，永康市、海盐县为建设共享中药房而先行先试。为此，浙江省中医药管理局印发全省中医药工作要点，内容涵盖中医药改革、中医药现代化、人才培养、服务水平与可及性提升等多个维度，对浙江省 2019 年中医药工作提出了全面而具体的发展要求。其中，中医药智能化发展是浙江省 2019 年中医药工作的重要目标之一。

（一）打通配送"最后一公里"

县域"智慧共享中药房"的试行打破了基层医疗机构饮片配备不齐、医生开方不便的瓶颈，做到了让县域内市民足不出户，在家坐等中医药配送上门。智慧共享中药房的功能主要表现在以下几个方面：

第一，严格监管服务质量。乡镇卫生院的中医药门诊数量有限，缺乏中药专业人才，导致中药房和药库缺少规范。智慧共享中药房统一负责全县中药饮片的采购，组织实施遴选饮片专用的物流配送链，规范饮片采购、使用、储存，保障饮片采购质量及用药安全。多所县域医疗机构使用的都是同一个饮片库，拓宽了饮片使用目录，做到饮片质量得以统一把关，改变了原先基层卫生院饮片品种不足、中药质量难以保证、无饮片可开具、中药服务落后于中医医疗需求的现状。

第二，严格规范处方流程。智慧共享中药房通过专业技术建设具有现代化、信息化、标准化特点的煎药室，规范煎药流程，完善煎药室工作制度，同时实行了三级审方流程。第一级：由智慧共享中药房高年资中药师严格把关，对所有医疗机构开具上传的饮片处方逐一进行审核，发现不合理、超剂量等处方会及时提醒警示、及时予以纠正。第二级：处方调配前由专职中药师进行调配审方。第三级：物流发药前由中药师对移交物流配送饮片进行审核。如为物流代煎处方，按代煎流程进行全过程监督。智慧共享中药房的三级审方规范配药的方法有助于减少大处方、超味数和分拆处方等不良现象。

第三，医生患者双方共赢。智慧共享中药房让医生和患者双方都得以受益。通过物流配送到点，确保全区域中药饮片安全、快速周转与同质化管理，患者普遍反映药物价格便宜了，配药、吃药更方便，药物效果也更好。基层卫生院也提升了卫生院的中医药服务能力，使得卫生院的中医门诊人次和饮片收入增长。同时卫生院节约了中药房、煎药室的人工成本，减少了药材贮藏、运输成本和霉变、损坏等损失。卫生院原先的中药房、中药库用房还能改做他用，利于拓宽业务。

第四，凸显卫生经济效应。一方面，按业务量全成本核算的方法，以业务量比例计算成本让基层医疗机构中医药运行支出更合理、更精简，充分发挥中药人员的经济效率。另一方面，各医疗机构扩大业务用房，各单位精简的中药房、中药库均能合理使用拓宽业务。

第五，基层服务得以保障。永康市和海盐县的智慧共享中药房围绕县域中医药服务一体化，探索迅速提升了基层中医药服务能力，增强了百姓的获得感。智慧共享中药房运行后，一些名老中医和中医技术骨干有机会下沉基层扶持、义诊或多点执业，解除了基层中药房缺乏饮片开不好处方的困惑，充分发挥专家专长，使基层服务得到了保障。

（二）建设"五智型"中医药医共体

智慧共享中药房模式助推了医共体建设。例如，浙江省海盐县凭借这个模式，在中国县域医共体建设上取得了很大成就。2015年，海盐县在全国部署了首个覆盖全县的中医智能云系统，系统全面覆盖区域内县/市、镇、村三级医疗机构，使当地村卫生室百分之百能够提供中医药服务，超额完成了《基层中医药服务能力提升工程"十三五"行动计划》中的指标。2018年，海盐县中医院建设区域共享智慧中药房，为全县提供统一的中药饮片供应，实现了中医药服务一体化，确保了全县中药饮片安全、快速周转与同质化管理，推动了医共体的建设，创新了中医智能医共体新模式。2019 年，海盐县成为中国县域医共体建设资源共享平台联合发起单位。不过，海盐"基层中医化，应用智能化，服务一体化"区域中医智能医共体并不是成功的个例，浙江省永康市等多个地区都打造中医智能医共体、医联体，在借鉴"海盐模式"的基础上进行创新，并取得了显著成果。实现智慧共享中药房推进建设医共体，主要是通过应用智能化，提高县域中医药医共体新能力，建设区域中医智能医共体，打造成"五智型"中医药医共体。其方式主要表现在以下几个方面：

第一，主推县域中医医共体建设。加速深度融合中医药服务与临床服务、公共卫生服务，加快"基层中医化"进程。支持和鼓励县级中医医院牵头医共体建设，进一步凸显中医药服务特色优势，指导和推进县域中医药事业发展。

第二，全面推进中医药大数据应用。凭借海盐县中医药医共体智能云系统，对全县 26 个基层医疗机构、140 名中医医师的全部诊疗数据进行采集和专业分析，以完善中医智能医共体的建设。

第三，建立中医药医共体智慧中医药服务共享中心。通过中医药医共体创新实行"中心大药房"机制所打造的共享中药房和中医智慧病房，严格规范中药饮片采购、使用、储存，提高中医药服务水平，保障建设中医智能医共体。

第四，保障基层中医药综合服务能力。坚持基层中医药服务能力提升工程"十三五"的行动计划。积极树立"共享+中医药"理念，鼓励推进建立县域中医药一体化互联服务，通过共享中药房融合中医智能诊疗系统、远程会诊服务，实现县乡两级中医药服务同质化、规范化、高效化。

第五，推进县域中医药诊疗服务一体化。将县域中医药医共体与家庭医生签约服务相结合，令家庭医生根据中医体质辨识，对糖尿病、高血压等慢性病患者实施健康随访，中医药养生保健服务成为签约服务中的个性化服务包，凸显县域中医药医共体新效率。

三、便利店解锁购药新方式

2018 年 10 月，北京市商务委员会联合市发改委、财政局等六部门印发《关于进一步促进便利店发展的若干措施》第 13 条规定：连锁便利店可按有关标准申请零售经营乙类非处方药，申请二类医疗器械经营备案的可由企业总部统一配备质量管理人员。此措施也意味着北京便利店售药进入新的发展时代，在政策的坚实推动下将迎来崭新的高速发展。2019 年 9 月 17 日《北京青年报》称，经过明确政策支持、简化行政审批，2019 年北京已有 58 家便利店取得销售乙类非处方药和二类医疗器械相关资质。

此前常规的观念通常认为几乎所有的药品都必须从药房和医院中购买，交通堵塞和人多排队等情况制约着市民的日常用药便利，便利店售药顺应了社会市场的需求，如风寒感冒之类的小病，家门口的便利店就能买到所需的药品。新的便利店售药政策体现了"始终与人民心心相印""把群众的安危冷暖时刻放在心上"，这一项民生政策出世就与新时代改革发展建立了密不可分的联系。

（一）便利店售药的三个推动因素

1. 政策支持、要求放宽和简化审批程序

北京市放宽的限制有三方面：一是放宽执业药师配备要求，连锁便利店总部至少配备 1 名执业药师，零售门店不做单独要求。二是售药便利店豁免相邻药店间距要求。三是不再要求药品经营面积不低于 20 平方米，只要求具有与经营范围、规模相适应的场所、设施和设备，满足药品陈列、摆放和储存要求，适当放宽药品、医疗器械分类摆放要求。

审批程序方面，北京市市场监督管理部门提前服务、简化流程、严格审批，向辖区内符合条件、有申请意愿的便利店发出"邀请函"，从筹建到拿证全过程指导，随时解答疑问。简化审批程序不是降低准入门槛，而是在保证高门槛的基础上提高审批效率，简化环节、加速流程。

2. 药品目录的出台和资金支持

为配合便利店售药政策落地，北京市食药监部门出台了可供便利店出售的药品目录，对药品准入施行规范化处理，减少管放矛盾，增进政策落地施行速率。另外，北京市商务委员会相关负责人透露，北京市政府将按总投资的 50%，最高不超过 500 万元金额的标准，对便利店商业流通发展给予资金支持，减少参与商家的经济顾虑。

3. 药品自身的高利率

《2019 中国便利店发展报告》显示，2018 年中国便利店 Top100 企业中，毛利率在 20% 以上的占七成。智研咨询的研究数据指出，2018 年上半年，267 家医药上市公司整体毛利率达 39.87%。便利店需要新的利润点，售药便是可以运行的项目之一。对于众多便利店而言，只需要备案就可以销售相关药品及器械，并且利润率比一般日常用品高，因而有意愿去销售药品；对于 OTC 药品生产企业来说，便利店的加入拓宽了销售渠道，合法高利益驱使着企业和商家积极加入这一政策，推动便利店售药政策落地。

(二) 便利店售药的三大限制因素

虽然允许便利店经营常见的非处方药方便消费者就近购药，但是药品不是普通的商品，它既要受商品流通市场规则的影响，同时也要受药品流通政策的限制。

1. 便利店营销范围的天然劣势

便利店售药受到药品安全的限制，只能经营准许的非处方药，品种有限，相较于传统的医院、药店来说无法满足更多的医药需求。自身的营销范围缺陷导致其竞争力远低于医院与药店。

2. 便利店售药管理风险较大，体系不完善

目前看来，便利店售药管理层面相关规章、条例尚不健全，管理层面存在较大漏洞，相关风险较大，如居民在便利店购药时使用医保卡的风险较高，且会引发一系列问题，如医保基金套用等，这在增加买售矛盾的同时，提升了监管部门对于售药市场的监管难度。

3. 政策要求严格

便利店售药对店铺本身有一定的资质要求，因行业安全性与定位的要求，相关政策对便利店售药设置的门槛较高。《药品零售规定》中规定经营乙类非处方药的药品零售企业应当配备至少 1 名具备相当于药师或以上职称的药学技术人员，而目前我国执业药师的缺口较大，国家药监局执业药师资格认证中心的数据显示，截至 2018 年 12 月底，全国执业药师注册人数为 46.8 万人，其中注册于社会药房的执业药师 41.8 万人，而同期零售药店的数量仅为 44.9 万家左右，配比严重失调，无法实现一对一的分配。

2018 年 1 月 1 日开始实施的《北京市开办药品零售企业暂行规定》第 7

条第 3 款要求，大型购物中心开办经营类别为乙类非处方药的药品零售企业，营业场所药品经营使用面积不得少于 20 平方米。药品需总部统一配送，申请二类医疗器械经营备案的可由企业总部统一配备质量管理人员。该要求大幅度增加了便利店的运营成本，试点的推进展开工作受到了一定的影响。

（三）便利店售药的三项优化对策

便利店售药是新生事物，市民的接受和认可自然需要一个过程，期间要打消市民的一些疑虑，比如与医院和药店里相比，便利店销售的药品和医疗器械是否来源于正规厂家、是不是过期药、药效如何、质量保证等，这需要政府相关部门、便利店经营者、广大消费者群体联合起来协力完成，助力便利店售药政策度过落地阵痛期。

1. 调整政策，结合实际运营情况完善便利店售药市场准入、监管政策

政府部门要坚持从群众中来到群众中去的工作方法，扎根社会民生，做好实地考察调研工作，对政策及时做出调整。为让消费者拥有更加充分的购药便利，建议政策完善改进的下一步选择是进一步开放药品的流通、销售，可以采用鼓励药品企业、商家开展配送服务，如药品进社区、药品进校园、药品进家庭等；积极运用互联网销售、线上线下相结合的销售方式，把握网络购物的热潮，在合理的程度内积极宣传。此外，医疗卫生服务机构也要多面向市民做相关宣传，以使便利店售药获得广泛认可。

2. 加强试点监管、严把市场准入关，确保质量安全

需要指出，即使药品已进入零售领域，其仍不同于普通的日常用品，质量与药效关系到人们的生命健康这一根本问题。虽然便利店出售的是安全性较高的非处方药，但是药品的质量安全和应有的医疗指导不可有打折，因而对监管提出了更高的要求。因此，对便利店销售非处方药的准入门槛要高、把关要严，日常监管不可少，要确保便利店通过正规渠道购入药品，保证药品安全有效，落实专业医师的用药指导，确保用药安全。

3. 强化管理指导、引导诚信经营，营造和谐市场环境

监管部门对试点和消费者进行指导性宣传，以公益广告、联合活动等形式，一方面引导经营商诚信经营，这也是从事商业者安身立命的根本，确保在本家店里只销售符合准入规定和质量标准的非处方药品和医疗器械，绝不销售违禁的处方药和质量不合格的非处方药与医疗器械；在药品的价格设定上要严格按照物价部门核定的价格标准明码标价，不乱定价格破坏市场环

境。另一方面鼓励广大消费者积极参与社区附近的或是经常光临的便利店药品销售的监督工作，维护自己的切身利益，发现某家便利店销售违禁药品，或价格过高、药品过期失效、虚假宣传等问题，及时拨打举报电话向监管部门举报，确保便利店里在售药品质量的安全。

便利店售药问题的核心便是放与管的矛盾，如何平衡互相矛盾的双方不仅是今后便利店售药工作的重点难点，也是更多便民利民新政策落地的一块绊脚石。为了趋利避害，我们应将此次便利店售药浪潮视为新时代改革发展的"敲门砖"，总结经验教训，发挥此次政策改革的领头羊作用，为今后更深更广的领域的改革打好基础。

连锁便利店销售药品是一项"民心工程"。北京便利店售药进入新的发展时代，在政策的坚实推动下将迎来崭新的高速发展，广大消费者放心地在连锁便利店里购买到相应的药品和医疗器械，真正解决了购买的"最后一公里"问题，实现了为人民造福。

四、我国网上药店医保支付存在的困难及对策

自 2005 年 12 月北京京卫大药房获得国内首张互联网药品交易服务资格证书起，互联网药品交易市场正逐渐形成一定规模。据中国电子商会提供的数据显示，2013 年我国互联网药品交易金额达 42.6 亿元，但仍仅占整个互联网交易市场总份额的 0.7%，占我国药品整体市场的 0.4%[1]。虽然相关数据分析显示，我国互联网药品交易市场发展空间巨大，但是药品交易本身受国家政策严格管制。在笔者看来，"网上购药无法使用医保支付"这一政策已经成为该行业一直以来不能大力推进的最大壁垒。互联网药品交易市场巨大的增长空间和井喷式的发展速度预示着我国的互联网药品交易领域将迎来一场重大变革，而这场变革的起点就在于对这一壁垒政策的反思。截至 2019 年年底，我国医保覆盖率已提升到 95% 以上，实现网上药店与医保支付系统的对接对于整个互联网药品销售市场而言都将是巨大的突破。基于此，笔者主要就我国网上药店医保支付存在的困难进行分析并提出解决方案。

（一）我国网上药店医保支付存在的困难

实现网上药店医保支付的政策突破有赖于法制建设的完善和具体制度建

---

〔1〕　王蔚佳："医疗行业迎'大数据时代'爆发"，载《第一财经日报》2015 年 2 月 17 日，第 A9 版。

设的跟进，就现状而言，这二者都是我们目前所欠缺的。

1. 行政层面

网上药店医保支付一直受到政策的严格限制，其中一个主要原因就在于医保支付本身存在区域间的差异。目前，我国医疗保险制度设计较为复杂，劳保医疗制度、公费医疗制度、合作医疗制度并存，各地医保中心都有针对各自地区的政策，造成各地区医保病种、报销比例均存在差异，全国各地区各险种也缺乏统筹规定和有效的相互衔接。这些问题造成了医保账户的局部有效性和医保支付的地域局限性，医保支付与网上药店对接难度因此大大增加。

根据以往的经验来看，政府在市场经济建设中承担了部分引导和协调的职能，但更善于控制和监督，习惯在行业已经形成规模后才强调规范化发展，欠缺前瞻性。因而导致无论是开放网上药店医保支付政策本身还是影响网上药店医保支付政策出台的其他政策性相关问题，都未得到积极有效的解决。

2. 立法层面

无论是政府行政、企业运行还是行业监管最终都离不开法律法规的支撑。行业发展状况与立法的发达程度通常互为表里，落后的行业状况背后必然欠缺发达、完善的法律规范，同样，低层次的法律设计亦不可能引领出一个成熟的行业。

首先，我国关于医保资金使用的法律规范在《中华人民共和国社会保险法》里有所涉及，其中第28条指出，参保人员在协议医疗机构发生的医疗费用，符合基本医疗保险药品目录、诊疗项目、医疗服务设施标准的，按照国家规定从基本医疗保险基金中支付。而这一原则性的条款对实际操作过程中的指导意义并不大。实际上，目前我国关于医保资金使用的具体规定散见于国务院部门规章和各地方政府法规中，体系散乱、层级不高。究其根源，还是由于医疗保险制度设计本身的复杂性加大了医疗保险制度改革的难度。其次，由于法律法规具有滞后性，关于规范医保资金被转化成电子货币在网络上流通的法律条文几乎缺失，为网上药店医保支付的发展埋下了隐患。可以肯定的是，即使这方面的法律法规建设不能一蹴而就，也绝不能消极放任。最后，医保支付要想与网上药店顺利对接，还需仰仗网上药店本身成熟的规制体系。关于规范互联网药品销售主体的法规，目前我国只有《互联网药品信息服务管理办法》和《互联网药品交易服务审批暂行规定》，其中对互联网药品销售主体资格的准入和运营规范大量运用到"健全"和"完整"等字眼，看似高标准，实则太笼统。对于互联网药品交易的引导作用依旧欠缺，行业健康发展的监管无序问题并没有得到解决，长此以往，医保与网上药店的对接将会更加困难。

3. 监管层面

网上药店监管的难点有两点：一是监管模式本身尚未成熟；二是医保的特殊性赋予了"网上药店医保支付"更多的监管难题，最主要的就是网上药店的医保用途监管困难。

第一，网上药店销售大量非药品类产品，开禁可能导致医保资金流失。目前网上药店销售的产品不仅包括药品，还包括保健食品、医疗器械、个人健康护理用品、母婴用品等，且仅就药品而言也种类繁多，进入和未进入当地医保目录的药品均有销售。

第二，处方药违规销售状况在实体药店尚未得到解决。我国凭医保卡在药店购买处方药一般可由两种方式实现：一是持医师开具的处方购买；二是在部分地区，一般处方药可在驻店执业药师帮助下凭医保卡直接登记购买，精神类、激素类、抗菌药物类药品除外。虽规定如此，但实际中常常会有实体药店为了营业额而违规将处方药销售给医保用户。若开通网上药店实行医保支付，一旦处方远程审核监管不善，无异于为违规销售处方药提供了又一条捷径，这也是需要考虑的风险。

第三，医保身份真实性不明。医保用途监督的另一困难就是无法确定医保福利实际享有者是否真正具有医保资格。具体而言，一方面套用他人身份证、医保卡购买医保药品的情形屡见不鲜；另一方面，更有投机者向医保卡持有人套现医保卡回收药品，进而向私人诊所、药店转卖药品。医保的设定规则决定了其公益性和严格的身份从属性的特征，不允许混淆身份、滥用他人医保资金，更不允许投机者借此牟利。网络环境的虚拟性导致需要一套成熟的身份识别系统来削弱这种虚拟性为不法者撑起的屏障，否则就很难保障医保设定的初衷。

第四，监管系统完善程度有地区差异。实现网络购药医保支付的有效监管不仅有赖于网络技术的层层把关，也考验着地方政府医保监管系统设置的完善与否。我国医保无论普及程度还是保险体系都具有地区差异性，医保的监管水平也参差不齐，因而推行一套统一的、权威的、高效的监管措施就显得困难重重。监管对于规范在网上使用医保卡活动的意义毋庸置疑，其不完善必将影响我国医药电子商务的健康发展。

4. 技术层面

网络技术问题也是探讨"网上药店医保支付"行业发展困难时不可忽视的一环，主要包括平台构建技术和网络安全技术。想要实现医保系统与网上药店系统的对接，离不开政策、立法、监管等方面的配合，但最直观的问题还是网络平台的搭建。传统的网上药店交易以"商对客"（即 B2C）直接面向消费者销售产品和服务商业零售模式模板为基础，涉及药店和消费者双方主体，如何将政府及其所拥有的医保账户信息顺利地纳入整个互联网交易模式中来，就需要技术方面的继续探索。同时，互联网时代对于医药电商来说，是个机遇与挑战并存的时代。真假难辨的钓鱼网站、形形色色的网购骗术、层出不穷的网络病毒等非法行为屡禁不止，一旦涉及国计民生的医保资金转化成电子货币，医保账户的安全性就会面临更大的考验。目前看来，我国现在通行的网络安全技术还没有达到一定的标准，对于相关安全性技术的研发仍有待进一步突破。

（二）国内样板企业技术经验考察

即便网上药店医保支付的发展一直遭到政策限制，但近年来随着该产业的逐步壮大，部分改革意识较强的地方政府均进行了大胆尝试，与本地拥有成熟网络交易平台的药店合作，推出了网上药店医保报销试点，这些试点的成功运行值得借鉴。如在浙江省海宁市医保部门的大力支持下，浙江省海宁市老百姓大药房于 2015 年 1 月 15 日首次在全国推出了网上药店医保支付试点。此次试点最值得关注的是在技术上实现了医保系统与网上药店系统的挂钩以及开通了网上药店医保直联支付通道。

1. 实现医保系统与网上药店系统挂钩

此次为海宁市老百姓大药房提供技术支持，使其实现医保系统与网上药店系统挂钩的是珍诚医药旗下的子公司杭州珍诚网络科技有限公司。该技术的实现主要得益于杭州珍诚网络科技有限公司提出的现实样本：将网上药店会员信息与个人医保账户共享，账户通过 OAuth（一个关于授权的开放网络标准）授权登录。这样一来，用户在网上药店平台进行常规注册之后，再携带医保卡、身份证到海宁市老百姓大药房实体店进行医保卡信息核对、支付密码设置以及人脸图像采集，录入药店电脑系统即可，之后这些数据会和医保系统对接，医保部门通过系统就可确认买药者的身份[1]。登记录入之后，用户将获得唯一的身份标识码，通过该标识码可进入系统购药，以及实现订单传输、在线结算、账号余额查询、医保产品支付比例确认等功能。这样的技术性突破对于我国网上药店系统的构建具有重大意义，但要完全实现医保系统与网上药店系统互联还需后续进一步打通统筹账户。

2. 解决网上购药医保支付的安全性问题

不能实现医保在线支付原来被认为是医药电商发展的最大障碍之一，但这一问题在此次试点中得到了解决。一直以来，医保在线支付无法落实的最主要原因是网络环境存在安全隐患，尚未有针对安全保障问题的有效对策。此次珍诚医药采用了基于生物学特征的图像识别技术，通过用户的指纹、声纹、面部等生物特征进行识别，使医保在线支付更加安全、可靠和准确。同时，在反复论证的基础上，还结合了数字证书、手机验证码、面部识别等多种手段，确保网上药店交易安全。从而不仅为医保支付模式提供了现实样板，还进而推动了智能化在线监管，真正有助于营造一个更加安全、便捷的网络购药环境。

（三）网上药店医保支付困难的对策

1. 加大政策支持

网上药店医保支付的完全实现虽存在种种困难，但不可否认这是一种顺应市场发展趋势、利国利民的商业模式。在我国，从医保制度设计到医保运行监管均由政府把控，加之医保系统顶层设计不甚合理、区域间医保运行模式不统一、医保监管力度参差不齐、尚没有实现医保定点全面覆盖，这些非技术性因素导致的医保支付区域对接困难始终难以突破。笔者认为，其解决的关键在于政府的态度和决心，若政府能够真正重视起这项改革，充分运用国家政策的力量，发挥对市场的宏观规划与指导作用，将毫无疑问地推动我国互联网药品销售产业的发展。具体而言：①从规范工程入手，落实医改重点任务，加大医改力度，努力消除医保的地域差异性；②积极调研，结合社会力量推进网上药店医保支付具体模式的设计；③抓好重点地区、企业的网上药店医保支付试点建设，给予更多政策鼓励和引导；④政府各部门之间以

---

[1] "医药电商在海宁实现新突破——网上买药能刷医保卡了"，载《浙江日报》2015年1月19日，第9版。

及区域之间要协调配合，形成自上而下、有机统一的工作整体。

2. 多角度完善法律规范

美国法学家埃尔曼曾说："法律乃是改革的主要力量，是解决冲突的首要渠道。"诚然，由公权力机构制定、具有普遍约束效力的法律规范对于调整行业的发展往往有着更为直接的效果，但现实经济发展出现的种种问题也正提示着现有的法律规范框架有待调整。1883 年德国《疾病保险法》通过后，其成为世界上第一个建立医疗保险制度的国家。同其他许多国家一样，德国现行的医保体制并不是一蹴而就的，也伴随着一路的改革，但重要的是德国每一阶段的改革都立足于立法，都提倡强化法律的规范和保障作用，从 1988 年 12 月 20 日颁布的《医疗保健体系结构性改革法》到 1992 年通过的《卫生保健改革法》，再到 2004 年开始实施的《法定医疗保险现代化法》，每次改革都依法而行。因而德国在医保结构统一性与科学性、医保资金使用的合理性方面都有很好的制度保障[1]。而我国网上药店与医保支付不能完全对接的最主要原因就在于医保系统的相关立法本身有欠缺。

首先，医保资金区域间共济统筹性差是实现网上药店医保支付的一大障碍。我国医保体制发展至今，不乏多种政策性试水，行政命令和部门文件已积攒下许多，但是效果仍显得有限。借鉴德国的成功经验，我国应当考虑以立法方式大刀阔斧推动改革，从全国统一立法的角度制定一部规范医保资金筹集、使用、协调等方面的法律。其次，应着手医保资金虚拟化流通层面的法律设计。虽然医保资金虚拟化流通这一概念仍有待界定，但是无论从方便民众社会生活角度还是从促进经济建设角度来看，医保资金都有其虚拟化流通的现实需求，且伴随着互联网交易日新月异的潮流，医保资金虚拟化流通的实现将只是时间的问题。最后，补充网上药店运营规制方面的立法。现存的《互联网药品信息服务管理办法》和《互联网药品交易服务审批暂行规定》对于网上药店经营的规范过于笼统，虽然对于行业发展的起步可以起到一定的指导和预警作用，但从长远来看，还需进一步细化规则，从药店准入、药品流通、物流配送、自我监管、信息披露、广告发布等方面进行具体补充。

3. 构建新型监管体系

网上药店医保支付之所以迟迟不能跟进，与相应的监管制度不健全有很

---

〔1〕 郑庆华、李淑春："德国医疗保险跨境就医管理"，载《中国社会保障》2009 年第 11 期。

大关系。在监管能力未得到保障的情况下，医保部门就很难下定实施线上支付的决心。当下要想推进医保在线支付政策的出台，就必须完善网上售药监管体系，其中最为重要的当属以下几个方面：

第一，重视对网上药店的准入资格监管。美国在经营主体资格认证方面独创了一套严格的"网上药店开业站点认证"计划（VIPPS）认证标准。经认证的网上药店须遵从关于发放许可证、处方药、患者资料、患者与药师之间的交流、存储与运输、非处方药、质量保证体系等几个方面的要求[1]。美国食品药品监督管理局（FDA）则对网上药店售药种类进行监管。

英国在其"法团主义"的监管模式下，政府与行业协会长期良性互动。不光有药品与健康产品管理局（MHRA）这样的行政部门对网上药店进行监管，还有以英国皇家药学协会（RPSGB）为代表的大量行业协会，这些行业协会涉及药品广告监管、药品控制、公平贸易等众多方面。其中，MHRA对药品供应、信息与建议、邮寄和运送药品等环节进行监督，其主要职责是保障英国境内的药品、医疗器械以及卫生保健产品的质量安全、有效。[2] RPSGB负责审核网上药店注册资质，查处没有注册的网上药店，规范网上药师的执业行为。同时，RPSGB推行了"网上药店标识（IPL）"计划，帮助消费者根据该标识快速、准确地识别合法的网上药店。

无论是美国独创的VIPPS认证标准，还是英国RPSGB机构对于网上药店注册资质的高门槛审核，都代表了发达的互联网药品交易行业背后对于网上药店经营主体资质的内在要求。尤其是当网上药店面临与医保的对接时，美、英国家这种从源头严格把控的监管思路就更加值得肯定。从这个角度出发，建议我国监管部门细化市场准入规则，从技术标准和行政审批双重角度对网上药店的资质进行要求，其中将安全技术和医保支付平台搭建技术标准作为必要条件，可对包括药品品种、信息发布、药事服务、物流配送、投诉举报、质量回溯和数据管理等实行行政资格审批[3]。

第二，完善对网上药店日常运营的监管。目前，我国对网上药店的日常运营监管主要采取行政手段，然而各行政部门的具体监管处置流程及各部门

---

〔1〕 陈锋、洪晓顺："美国药品电子商务管理的一种模式"，载《药学进展》2000年第6期。

〔2〕 张建平："欧美网上药店管制比较与借鉴"，载《中国药房》2007年第34期。

〔3〕 孟令全、武志昂、周莹："国外网上药店的规制体系和运营体系的发展概况"，载《中国药房》2013年第33期。

的详细职责和权限都未有明确规定，协作机制尚不健全。对此，建议各省监管部门建立和规范互联网药品经营案例处置流程和监管部门协作工作机制[1]。此外，面对虚拟性强、变动性大、信息繁杂的互联网交易市场，应急性欠缺的行政监管远远不够，还有必要开展技术监管，这对于医保支付的有效对接尤其具有重要意义。如建立互联网定向搜索跟踪系统，直接进入网上药店进行监测，对于网上药店销售药品种类和医保资金流向的管控效果将会更加直接，屡禁不止的处方药网络违规销售状况也会得到改善。

第三，加强行业协会自律。英国在"法团主义"监管模式下，行业协会在监管和引导网上药店发展方面起到了巨大作用，如RPSGB虽然只是一个药学行业协会，却主管着整个英国实体药店、药师以及网上药店的注册，并负责制定相应的伦理准则、标准指南以及推出一系列计划用以指导和规范药店及药师的服务[2]。在网上药店医保支付这种新型发展模式的要求下，陈旧的行政监管由于自身体制的局限性将会逐渐丧失监管活力，此时行业协会的专业性和能动性优势就能得到体现。同时，由于对医保资金监管政事分开、执行与监督分立，行业协会更有其建立的必要。但我国现有的医药行业协会无论是监管水平还是行业指导功能都有待提高，当务之急应重新加强行业协会的建设，大胆放权给行业协会，在发挥好现有行业协会作用的基础上，尝试建立起一套由中央到地方各省完整的行业协会体系，鼓励设置专业性好、监管能力强的行业协会。这样的措施无疑可以分担政府的监管重担、促进监管专业化和产业精细化。

第四，保证配套监管措施的跟进。要想建立针对网上药店及其医保支付环节的完整监管体系，不仅要着眼于以上各方面，还需要加大对网络非法售药的查处力度、严格监管网上药店的物流运作流程、规范网上药店的药品信息发布标准、明确要求网上药店经营者对自身信息的披露等，这些环节也是整个监管体系中不可缺少的部分。此外，应加强消费者用药安全教育和网络购药安全教育，鼓励消费者对网上药店不法运营行为进行监督和举报。只有形成一个全面而严厉的监管环境，才能真正有利于网上药店医保支付工作的

---

〔1〕 刘少冉、陈玉文："我国网上药店监管存在的问题与对策"，载《中国药业》2009年第12期。

〔2〕 孟令全等："英国网上药店法律规制的研究及对我国的启示"，载《中国药事》2013年第3期。

推进。

4. 保证互联网安全技术的支持

网上药店医保支付面临的互联网安全技术挑战显然需要强大的技术作为支撑。网上药店医保支付经营模式的形成不仅需要高水平的医保账户安全、支付安全、数据传输安全技术，还需要强大的个人身份认证技术。前文中浙江省海宁市老百姓大药房将人体生物学特征如指纹、声纹、面部图像运用到身份认证技术之中，结合数字证书、手机验证码、面部识别等多种手段，成功解决了个人身份认证安全保障的难题，减少了网络购药医保支付风险。此外，如今英国互联网药店普遍采用的"安全套接层（SSL）"的 Encrytion 技术对银行卡信息进行加密，几乎断绝了除买卖双方外的任何第三方获取银行卡信息的可能，互联网信用诈骗行为因此大大减少。因而，虽然互联网安全技术开发艰难、网络安全隐患一直存在，但是政府却有必要组织、支持互联网安全技术的研发，鼓励有实力的企业自主研发，政府应积极提供研发便利，从而逐渐优化方案、减少网络系统漏洞、严防黑客攻击为医保在线支付解决方案的推广探路，推动智能化在线监管，必将为民众网上购药提供更多便利。

五、"互联网+中药"案例一：康美药业"互联网+智慧中药房"

随着互联网技术的不断发展，"互联网+"概念被引入各行各业，中医领域也不例外，目前"互联网+中医医疗""互联网+中医药"等改革正在全国各地如火如荼地进行。而"互联网+智慧中药房"的探索与实践同样是我国中医领域"互联网+"改革中重要的一环，对此项改革的重视在我国相关政策性文件中均有所体现。智慧药房服务模式正是康美药业有关"互联网+智慧中药房"的探索与实践，其以全产业链资源优势，积极探索中医药工业智能制造4.0试点形成，在广东、北京、上海、成都等地全面推进落地。在康美药业"互联网+智慧中药房"项目模式的探索与实践中，国家有关"互联网+"政策的出台不仅给予了康美药业探索与实践的启示，同时也成为其改革探索的依据。

2014 年 5 月，原国家食品药品监督管理总局起草的《互联网食品药品经营监督管理办法（征求意见稿）》为康美药业经营互联网药品服务、建设智慧药房提供了启示。2015 年原国家卫计委、国家中医药管理局出台的《进一步改善医疗服务行动计划（2018—2020 年）的通知》以及国务院办公厅发布的《中医药健康服务发展规划（2015—2020年）》中发挥信息技术优势、改善患者就医体验等有关中医药信息化的规定同样为康美药业通过信息化技术改善患者就医用药体验提供了政策指引与启示。而2015年7月出台的《国务院关于积极推进"互联网+"行动的指导意见》中的"互联网+益民服务"倡导规定更是推动了康美药业智慧药房的改革建设。此后，不论是《中医药发展战略规划纲要（2016—2030年）》还是《广东省贯彻〈中医药发展战略规划纲要（2016—2030年）〉实施方案》等均对"互联网+中医药"做出了重点的倡导性规定。国家对"互联网+中医药"领域的重视以及近两年出台的有关"互联网+中医药"的政策性文件都推动着康美药业将"互联网+技术"引入中药房当中，创建智慧中药房以解决传统中药房行业存在的痛点与问题。此外，2018年4月25日发布的《意见》更是直接规定要推广"智慧中药房"，提高中药饮片、成方制剂等药事服务水平。对该政策性文件的解读文章明确表明要通过"智慧"化解"看病烦"与"就医繁"，借助移动互联网等"互联网+"应用提高医疗服务供给与需求的匹配度。[1] 不难发现，最新的政策性文件规定的内容正与康美药业目前智慧药房实践相匹配，互相推进。由此可见，这些政策性文件虽具有抽象性、宣示性和倡导性特征，但它们不仅是康美药业"互联网+智慧中药房"探索与实践的指引与助推剂，而且其中有关"互联网+中医药"的抽象规定构成了康美药业"互联网+智慧中药房"探索实践的参考依据。康美药业"互联网+智慧中药房"的服务模式反过来促进了国家对智慧中药房建设的重视，在政策性文件中都直接有所体现。

康美智慧药房服务模式在国家有关政策文件的支持下发展迅速，已然成为"互联网+智慧中药房"典型的探索与实践案例，值得深入研究。因而本部分拟探讨康美智慧药房服务模式产生的原因及其服务的具体模式内容，通过此分析康美智慧药房如何具体解决传统中药房存在的问题。最后拟以最新国家政策性文件为基础，对康美药业模式未来可能面临的法律风险予以预测与提示，并提供对应的防范措施。

---

〔1〕 "《关于促进'互联网+医疗健康'发展的意见》政策解读"，载 http://www.gov.cn/zhengce/2018-04/28/content_5286786.htm，最后访问日期：2018年6月23日。

（一）康美智慧药房服务模式推出的动因及模式简介

1. 康美药业推出智慧药房服务模式的动因

智慧药房服务模式作为康美药业"互联网+智慧中药房"的探索与实践，其推出主要由于传统中药房存在以下行业及消费者痛点：

第一，医疗机构的药房。通过医疗机构的药房线下购买中药并煎药、拿药存在环境拥挤、占用较多人力与场地、成本过高的缺陷。此外，由于不少医疗机构目前都存在人满为患的情况，患者通过传统线下医疗机构购买中药将耗费不必要的排队等候时间，进而具有较高在医院交叉感染的风险。并且，医疗机构的传统药房一方面仍普遍存在设施陈旧、工作环境差、智能化低等问题，进一步降低了其为患者提供中药服务的效率和服务质量，另一方面，医院药房药师处方调剂量大、工作强度高，其难以发挥有效的用药指导与咨询作用。[1]

第二，零售药店。零售药店除同样具有占用场地、人力及库存的问题外，相较于医疗机构，其药品质量无法得到有效的保障。

第三，移动医疗平台。移动医疗平台虽解决了传统药店或医疗机构存在的占用实体场地和人力等缺陷，却由于其就诊用药未能形成闭环、患者体验不佳、缺乏专业的药事服务等问题，依旧成为行业痛点。

第四，消费者。在智慧药房产生前，看病难、医院环境差的问题常常困扰众多患者，且患者看病获得处方后又要面临由于中药煎煮导致排队取药时间过长的问题，此外消费者往往得不到迅速且有效的药事咨询。因此，消费者的痛点亟待解决。

综上所述，康美智慧药房服务模式的推出主要是为了解决传统中药房目前所具有的占用过多场地或人力、低效率且费时间、成本较高、患者服务体验较差等问题，是针对上述传统中药房行业及消费者痛点提出的一种解决方案。

2. 康美智慧药房服务模式简介

第一，概述。康美智慧药房是由互联网及物联网技术打造的全新服务模式，为患者提供送药上门、中药代煎、药事咨询一站式综合药事服务，让患

---

〔1〕 卢智等："医院门诊智慧药房的建设及运营效果分析"，载《中国医疗设备》2016年第11期。

者看病省去了排队拿药、煎药两个环节的麻烦。当用户就医后，可通过智慧药房微信服务号自主上传处方，系统智能识方，对中西处方完成抓药、中药代煎、配送上门的全部剩余环节，无需患者亲自在医院排队购药，让患者看病取药如同收快递一样简单便捷。[1]

第二，智慧药房——一站式药事服务平台。智慧药房作为一站式药事服务平台，由线上端与线下端组成。线上端为"智慧药房"移动端，其直接连接 HIS 以实现患者处方的实时流转和采集，同时能为患者提供预约挂号、智能导诊、在线缴费等全流程的快速便捷就医体验。线下端为"城市中央药房"，其主要负责为患者提供中药饮片、中西成药调配、中药煎煮、膏方制作、送药上门等服务。因此，通过康美智慧药房，患者可以在医院看中医后，开了方子直接回家，医院会通过与智慧药房对接的 HIS 把处方推送到智慧药房运营中心，运营中心当天就能把中药饮片或代煎好的中药送到患者家里。[2] 由此可见，智慧药房服务模式贯穿患者就医和用药的全流程，以患者为中心构筑的移动医疗商业模式。

第三，智慧药房五大功能专区及三大核心服务。智慧药房具有五大标准操作的功能专区，分别为审方区、调剂区、煎煮打包区、物流配送区及个性化工艺区，与其提供的三大核心服务——中药代煎、送药上门、药事咨询相对应。患者在医院就医获处方，上传至智慧药房移动端后，依次经过审方区、调剂区、煎煮打包区，由智慧药房的专业药学团队/生产团队依托自动煎药包装一体机等先进设备为患者提供中药代煎服务。之后依托智慧药房专业的配送团队（包括专业的自配团队与专属的合作团队）提供送药上门服务。此外，智慧药房还配有专业的 24 小时客服团队来为患者提供药事咨询服务。

总结来看，智慧药房服务模式依托医疗机构、诊所等开具的处方为用户提供了审方—调剂—复核—煎煮—打包—配送—咨询的一站式服务。

3. 智慧药房服务模式对传统中药房问题的解决

传统中药房服务一般由传统门诊诊疗服务开始，先从人工导诊、患者排队挂号、在院候诊开始，通过后续就诊、缴费、排队取药来获取中药，患者

---

〔1〕 陈晓玲："康美智慧药房，创新互联网时代就医取药方式"，载 http://www.sznews.com/zhuanti/content/2016-11/23/content_ 14335444. htm，最后访问日期：2018 年 6 月 20 日。

〔2〕 陈晓玲："央视深度揭秘：康美智慧药房，互联网医药的全新升级体验"，载 http://www.sznews.com/zhuanti/content/2016-11/23/content_ 14335441. htm，最后访问日期：2018 年 6 月 21 日。

需回家自行煎煮或委托医院进行煎煮，后者情形下，患者还需要再行返院领取煎煮后的中药。由此可见，传统中药房服务以及传统门诊诊疗服务全部需要线下完成，其中不少步骤须排队进行，排队的不便影响了患者的体验，浪费了患者的时间与精力，且中药煎煮问题也对患者造成了较大的困扰。此外，如上所述传统中药房还存在着设备陈旧、专业药事咨询服务作用较低等问题。

不同于传统中药房服务模式，智慧药房模式采取了线上与线下相结合的模式，由患者通过智慧药房线上导诊并进行挂号后，再前往线下医院就诊，就诊后患者只需进行线上缴费，即可返回家中候药。由康美智慧药房进行接方审方、药品调剂、饮片煎煮并送药上门。由此可见，智慧药房模式弥补了传统中药房排队或中药煎煮等待等带来的费时费力的缺陷，极有效地便利了患者，使得患者的大部分诊疗步骤只需在线上操作，无需前往医院线下排队进行，提升了患者服务体验，解决了患者看病难、购药难等传统中药房存在的问题，且中药煎煮、送药上门服务也解决了患者自行煎煮或委托医院煎煮所带来的不便问题。智慧中药房同样弥补了传统中药房占用过多场地、人力以及成本过高的问题。此外，智慧药房的先进药房设备以及专业的药师团队、客服团队与运输团队有效解决了传统中药房存在的耗时长、效率低、等待时间长、设备陈旧及药事专业咨询指导作用低等问题。

可见，康美智慧中药房在国家相关政策的引导下，顺应"互联网+"改革，将新型线上技术引入中药房行业，有效解决了传统中药房存在的缺陷，是较为成功的"互联网+智慧中药房"探索与实践。

（二）康美智慧药房服务模式的发展状况及借鉴意义

1. 康美智慧药房服务模式的发展状况

第一，实践历程。康美智慧药房构想首先是在2015年年初提出的，并于2015年年中至年末陆续在广州付诸实践。2016年智慧药房于深圳落地，并开启智慧药房微信服务号线上下单服务，此外，2016年年底北京、成都智慧药房也启动试运营。2017年康美智慧药房陆续在重庆、上海、厦门多地启动，逐步形成城市群中央药房效应。不久前，康美药业又与昆明市政府、贵州省政府签订了战略合作协议，其中智慧药房体系建设是合作重要内容。[1] 2017

---

〔1〕"国内首创 康美药业智慧药房模式上升为行业标准"，载 http://www.xinhuanet.com/health/2017-12/28/c_ 1122181083.htm，最后访问日期：2018年6月21日。

年 11 月 28 日，昆明市康美智慧药房正式启动。[1]

第二，运营状况。目前康美智慧药房在广州、深圳、北京、成都投资建设了大型的现代化运营中心。数据显示，2017 年康美智慧药房的合作机构已经超过 250 家，日最高处方量达到 2.5 万张，累计处方量 360 万张，服务门诊医生超过 2.5 万名，服务患者约 130 万人。[2] 康美智慧药房的合作机构主要是等级医院，也包括一定数目的移动医疗平台以及社区门诊。可见康美智慧药房不仅致力于改善医院门诊体验，还致力于促进医联体发展、促进分级诊疗。

具体来看，广东省中医院与康美智慧药房合作后，服务用户翻 3 倍，转化率为 20% 以上，服务满意度高达 99.5%。其不仅有效减少了门诊取药排队状况，使患者就医取药不超过半小时，而且节约了空间与开支，并推进了医药分家的落实。深圳市中医院通过康美智慧药房使得转化率超过 40%，服务满意度高达 99.5%，并同样节约了空间与开支，推进了医药分家的落实。

由此可见，康美智慧药房自 2015 年逐步在各省市落地以来，运营状况良好，成效显著，其合作机构、处方量、服务患者等均逐渐增多，是康美药业较为成功的"互联网+中药房"探索与实践，值得学习与借鉴。

第三，未来发展方向。康美智慧药房作为"互联网+智慧中药房"的探索与实践，现已经在中药房改革方面具有一定成就，其未来发展方向主要围绕处方流转、药事服务、健康管理与医患沟通进行。一方面开发互通的电子处方流转系统，促进电子处方便利流转；另一方面提供成熟的药事服务和健康咨询，包括优化公众号服务平台，提供终端服务能力以及启动药师审方服务平台，发挥药师专业性，还有探索社区家庭医生服务计划、为社区居民提供优质中医药服务等。此外，康美智慧药房期望分析数据，精细挖掘、精准服务，以建立完善的健康档案管理体系。同时构建顺畅的医患沟通平台也是其发展规划之一。

2. 康美智慧药房服务模式的具体借鉴意义

首先，符合医改方向，助力医改推进。其一，促进医药分家。智慧药房一站式解决医院药品问题，包括审方、调剂、煎煮、配送、咨询，积极探索

---

〔1〕 唐丽："昆明首家'智慧药房'落地——看完病就回家 专人配药送上门"，载《昆明日报》2017 年 11 月 29 日，第 1 版。

〔2〕 "国内首创 康美药业智慧药房模式上升为行业标准"，载 http://www.xinhuanet.com/health/2017-12/28/c_1122181083.htm，最后访问日期：2018 年 6 月 21 日。

在线智能审方平台，提供专业药事服务，能有效促进医疗与医药的分离。其二，促进分级诊疗。依托康美智慧药房解决药品问题能有效弥补基层药物不足的问题，同时利于积极探索家庭医生服务计划，促进分级诊疗。其三，增强中医药服务能力。一方面，康美智慧药房的个性化工艺区能够提供打造膏丹丸散传统剂型服务，另一方面，其能助力全国综合医院中医推进工程。康美智慧药房增强了中医药服务能力。其四，提高医院服务管理能力。智慧药房减轻了医院服务的负担，缓解了患者过多给医院服务带来的压力，同时智慧药房采取的线上线下结合/分流的模式均有助于提高医院服务管理能力。其五，为患者提供安全、便捷的药事服务。智慧药房一方面与正规医疗机构等合作，确保药品的安全与质量，另一方面，其拥有专业的药事人员，能够提供可靠、专业又便捷的药事服务。

其次，切中痛点，赢得机构、患者的认可。其一，医院方面。智慧药房有助于减少门诊人流量，改善就医环境，且可以节约大量人力成本、资金与场地。同时可以提升患者对医院服务的整体满意度，提升医院服务与管理能力，得到医院的认可与支持。其二，药店方面。智慧药房有助于解决药店煎药质量问题，并同样可以节约人力、场地或设备，此外还可以提供专业的药事服务。其三，移动医疗方面。智慧药房帮助搭建线上平台就医取药的闭环模式，即构建"在线问诊—预约挂号—选择就医—推送处方—线上购药—送药上门—诊后回访—健康管理"为一体的医疗服务闭环。[1] 同时可以提升患者的在线就医体验，并提供专业的药事服务。其四，患者方面。智慧药房使得患者就医取药时间大为缩短，并可以解决患者煎药问题，改善就诊体验，进而改善医患关系。

综上所述，康美智慧药房模式作为典型的"互联网+智慧中药房"探索与实践，一方面促进了医疗改革，另一方面满足了医疗机构、药店及患者的需求，极大提升了医疗机构或药店等传统中药房行业提供服务的质量，提高了患者满意度，发展情况较佳，具有典型的借鉴意义。

（三）康美智慧药房服务模式中的法律风险及其防范措施

康美智慧药房服务模式作为康美药业"互联网+智慧中药房"的探索与实

---

〔1〕 祁豆豆："康美药业：'一网打通'医疗服务闭环"，载《上海证券报》2015 年 4 月 2 日，第 F8 版。

践取得了极为不错的成绩，有效运用了"互联网+"各类先进技术，解决了传统中药房存在的问题。但是，智慧药房服务模式存在着不少法律风险，且法律风险在未来会不断暴露出来，因此对法律风险的防范是康美智慧药房探索与实践未来发展重要的一环。此部分拟根据国务院办公厅2018年4月25日发布的《意见》中的最新内容，预测与提示康美智慧药房服务模式需要高度重视的法律风险，并提供相应的防范措施。

1. 智慧药房行业准入方面的风险

《意见》中明确指出要健全开展"互联网+医疗健康"相关机构准入标准，最大限度地减少准入限制，加强事中事后监管，确保健康医疗服务质量和安全。可见国家对于"互联网+医疗健康"相关机构的准入给予较大的重视，期望健全相关的准入标准。虽然该文件表明要最大限度地减少准入限制以鼓励相关行业的改革发展，但康美智慧药房作为该行业典型机构之一依旧需要关注未来行业准入标准，并根据相关标准规范智慧药房的运营与管理，以确保服务质量和安全，避免由于准入标准限制产生的风险。

此外，康美智慧药房作为通过互联网提供药品、药品信息及交易服务的机构，根据2017年《互联网药品信息服务管理办法》、2005年《互联网药品交易服务审批暂行规定》等相关法律法规，在提供相关服务前，应当按照上述文件中的规定事先审批。[1] 康美智慧药房在不断扩大行业规模、增加智慧药房数量与营业地区的同时，应遵循相关法律法规，依法履行事先审批的步骤，防范因未依规履行审批义务产生的风险。

2. 智慧药房相关人员资质方面的风险

对《意见》的政策解读文件特别强调了第三方平台的责任，强调互联网健康医疗服务平台等第三方机构应确保提供服务人员的资质符合有关规定要求，并对所提供的服务承担责任。[2] 由此可见，康美智慧药房作为互联网第三方平台，对其责任要求在该文件中有所加强，主要是要求其谨慎履行对相关人员资质进行审核的义务。若审核不到位，康美智慧药房就要承担相应的风险，承担医疗责任。

---

〔1〕 沈涛、徐梦雅："互联网+医疗的风险控制探究"，载 https://mp.weixin.qq.com/s/V5p_qRZejeCQ66bpuPYj7Q，最后访问日期：2018年6月23日。

〔2〕 "《关于促进'互联网+医疗健康'发展的意见》政策解读"，载 http://www.gov.cn/zhengce/2018-04/28/content_5286786.htm，最后访问日期：2018年6月23日。

对此，康美智慧药房主要应审核其药师团队的相关资质，因为药师团队在其中承担了审方、调剂、煎煮以及药事咨询等职责，前三个环节对药品质量与安全具有关键性的影响，最后一个环节对患者后续服药等产生指导性的作用，因此智慧药房服务模式对药师个人资质及专业水平要求极高。康美药业应妥善按照相关法律法规对其招募的药师进行资质审查，同时建议通过考试、实践操作等方式对其招聘的药师做进一步专业考核，确保药师专业水平，以此有效防范因药师资质或专业水平出问题而产生的有关风险。

3. 智慧药房药品配送方面的风险

《意见》同时规定："对线上开具的常见病、慢性病处方，经药师审核后，医疗机构、药品经营企业可委托符合条件的第三方机构配送。探索医疗卫生机构处方信息与药品零售消费信息互联互通、实时共享，促进药品网络销售和医疗物流配送等规范发展。"康美智慧药房作为药品经营企业，其药品配送服务除依靠自身专业配送团队外，部分委托专属的合作团队进行配送。这样的药品配送服务模式虽快捷方便，但是不乏诸多风险。其中最为突出的是其专属的第三方合作物流配送机构应符合何种条件，若委托的第三方配送机构不满足相关条件，则药品配送将产生巨大的风险，无法确保药品服务的质量和安全，康美智慧药房作为药品经营企业需要承担由于选任第三方配送机构不利致出现药品安全等问题产生的法律责任。因此，康美智慧药房须对此风险予以高度重视。

对此，虽然2016年2月19日国务院已经决定取消从事第三方药品物流业务批准等行政审批事项，但这并不意味着国家对药品物流配送质量要求的放弃，康美智慧药房在选择第三方配送企业时，仍应参照2016年《药品经营质量管理规范》的规定对运输条件和质量保障能力进行审核，审核内容包括温度控制措施、运输工具、工作人员资质等。[1] 康美智慧药房只有按照相关规定，仔细审核筛选第三方配送机构的资质，确保其完全符合条件，才能有效防范可能发生的因药品配送产生的风险。

4. 智慧药房服务数据存储及监管方面的风险

《意见》对"互联网+医疗健康"服务的数据储存等方面进行了规定，要

---

[1] 沈涛、徐梦雅："互联网+医疗的风险控制探究"，载 https://mp.weixin.qq.com/s/V5p_qRZejeCQ66bpuPYj7Q，最后访问日期：2018年6月23日。

求服务数据应全程留痕，可查询、可追溯，同时保证访问、处理数据的行为可管、可控，以便于卫生健康行政管理部门进行有效监管。[1] 对此，康美智慧药房应注重对服务全过程数据流程进行妥善保管，做到服务过程留痕，以便相关部门进行审查监管，避免因为服务数据有缺失导致无法供部门进行监管而承担相应行政处罚的风险。

5. 智慧药房患者隐私权保护方面的风险

《意见》也对保障数据信息安全及保护患者隐私权进行了强调。[2] 而康美智慧药房需要经手患者的处方其中必然包含患者姓名、性别、用药、病症等个人信息，且药品配送服务还需要患者提供联系电话、住址等个人信息。因此，康美智慧药房可以视为关键信息基础设施的运营者，被赋予个人信息安全更高的责任和义务。[3] 为了避免出现患者信息泄露产生法律纠纷的风险，康美智慧药房应做到加强数据安全建设，防止患者的电子数据遭到窃取和滥用，同时其自身也要严格遵守互联网信息保护和隐私保护方面的法律法规，并通过合同方式明确界定能够使用这些电子数据的范围和程度，合理合法使用数据，防止侵犯患者合法权益。

六、"互联网+中药"案例二：药匣子

(一) 药匣子平台运营模式

药匣子平台由北京明思维科科技有限公司开发。[4] 北京明思维科科技有

---

〔1〕 "《关于促进'互联网+医疗健康'发展的意见》政策解读"，载 http://www.gov.cn/zhengce/2018-04/28/content_ 5286786. htm，最后访问日期：2018 年 6 月 23 日。

〔2〕《意见》规定：保障数据信息安全。①研究制定健康医疗大数据确权、开放、流通、交易和产权保护的法规。严格执行信息安全和健康医疗数据保密规定，建立完善个人隐私信息保护制度，严格管理患者信息、用户资料、基因数据等，对非法买卖、泄露信息行为依法依规予以惩处。（国家卫健委、国家网信办、工信部、公安部负责。）

〔3〕 沈涛、徐梦雅："互联网+医疗的风险控制探究"，载 https://mp. weixin. qq. com/s/V5p_qRZejeCQ66bpuPYj7Q，最后访问日期：2018 年 6 月 23 日。

〔4〕 从企业信用信息平台查询到，该公司设立于 2011 年 11 月 27 日，现股东为北京丰盛圆通医学研究有限公司、贾瑞明、大厂回族自治县药匣子中医药事业发展合伙企业（有限合伙）、应婉琳、北京联科亿成管理咨询有限公司，所属行业是科技推广和应用服务业，经营范围：技术推广服务；经济贸易咨询；组织文化艺术交流活动（不含演出）；销售机械设备、五金交电（不从事实体店铺经营、不含电动自行车）、日用品、建筑材料（不从事实体店铺经营）、服装、鞋帽；健康咨询（须经审批的诊疗活动除外）；健康管理（须经审批的诊疗活动除外）。（依法须经批准的项目，经相关部门批准后依批准的内容开展经营活动。）

限公司现为三个公司的股东，分别是药匣子（大厂回族自治县）药品销售有限公司[1]、北京首康康复医学技术有限公司、内蒙古年月健康管理服务有限公司。

药匣子平台功能：作为一个中医药移动互联网服务平台，以"互联网+中医"的形式，提供线上问诊、线下面诊、名医预约、复诊抓药、中药到家等中医在线服务。用户可通过线上图文电话进行诊疗，足不出户看名老中医；中医医师可随时随地开电子或图片处方，图文语音实时进行随访咨询，便捷管理患者、收录病历档案，在线完成"问诊治疗、药品调配、健康管理"三大主要功能。售卖该种自营品牌药品和衔接其他合作药房药品获益是药匣子中医医疗服务平台唯一明示的收益来源。

医师方具体操作：首先，注册并登录"药匣子医生端"，完成平台医生认证审核，使用"在线开方"或"拍方上传"进入处方操作，可选择"手机号开方需填写患者手机号""微信开方直接发送到患者微信"，以及直接选择通讯录患者进入编辑操作。其次，编辑处方内容信息，完成编辑后确认签名并发送给患者。处方生成后患者将收到"短信支付链接"进行付款，或提醒患者绑定"药匣子在线"微信公众号可以直接购买，医生还可以为患者代付，或者通过微信将付款二维码发送给患者。最后，医生通过"已开处方"检索查看所有开具的处方订单，查询订单支付状态、煎药状态、配送状态等信息。医师收费名称有两种：一种是咨询费，包括线上咨询费、后续咨询费，分别按次计算，标准均为 0 元至 2000 元，由医师自行确定；另一种是在线处方服务费，按次计算，标准为所开中药费的 0 至 100%，由医师自行确定。在患者成功付款 24 小时后，平台将自动结算处方收益，并以钱包余额形式发放至 APP。账户中，可以关注"药匣子"公众号提现或直接绑定微信提现。

患者方具体操作：首先，注册并登录药匣子账号，选择医师或复诊，成功支付咨询费用后与医师交流，发送己方病情图文、填写问诊单。其次，在咨询过程中，医师开出处方，并由药房划价，患者成功支付药费后查看处方。

---

〔1〕 从企业信用信息平台查询到，药匣子（大厂回族自治县）药品销售有限公司所属行业是批发业，经营范围：处方药及非处方药销售；中成药、中药饮片、化学制剂、抗生素制剂、生化药品、生物制品（除疫苗）、医疗器械、消杀用品、食品、保健食品、预包装食品、散装食品、保健用品、包装材料、日用百货、日化用品销售；健康咨询、健康管理；医疗服务；互联网医疗服务与咨询。（经营场所有效期至 2020 年 2 月 29 日，依法须经批准的项目，经相关部门批准后方可开展经营活动。）

最后，等待收取顺丰快递配送的药品。

药品提供者调配渠道：药匣子平台连接其专属药房，工作流程分为审方抓药（包括划价、划价复核、药师调剂、调剂复核）、科学煎煮（包括浸泡、智能煎煮、留样）、顺丰快递包装配送到家。

药匣子平台医生端显示可供医师选择的处方剂型种类有：饮片、颗粒剂、粉剂、膏方、胶囊、水丸、水蜜丸、大蜜丸等；可供选择的药房有：药匣子优选、药匣子严选、药匣子京选、盛实精标、康仁堂、华润三九等，其中"药匣子优选、药匣子严选、药匣子京选"药品是药匣子自营品牌，由中医药老专家严格把控选取，采用古法用药标准，远高于《药典》要求。

（二）药匣子平台的法律属性分析

药匣子平台作为伴随互联网医疗概念的兴起、实现互联网医疗的平台之一，开展"就医咨询、问诊、开方、购药、配送、就诊记录、健康管理"等业务，在优化医疗资源配置、提升患者就医体验、满足患者健康需求、推进医疗行业发展等方面确实起到了一定作用。关于药匣子平台的法律属性，通过对《药匣子用户服务协议》来看，主要存在药匣子平台及接受健康服务者（患者）、医生、健康商品提供者（药房）四方当事人，充分分析他们之间存在什么法律关系，可以正确理解把握其权利义务，从而规避法律风险。

1. 药匣子平台和医生——劳务关系

互联网医院所提供的医疗服务和实体医院相比是有差异的。首先，两类医院中医生承担的义务程度不同。我国《执业医师法》第 24 条明文规定："对急危患者，医师应当采取紧急措施进行诊治；不得拒绝急救处置。"这说明实体医院医生有法定义务为病人提供医疗服务，不得拒诊。这是因为患者对医疗服务需求具有时间上和空间上的约束，缔约过程中患者处于弱势的一方，通过赋予医疗机构强制缔约义务可以在某种程度上弥补患者缔约能力不足的缺陷，从而实现医疗资源的合理配置。但是互联网医院在诊疗服务中，在平台注册的医生收到患者的咨询请求后可以选择接受也可以选择忽视，可以自由地选择工作时间、工作地点和工作量，意思自治和缔约自由充分体现在网络医疗的过程中，这显然与实体医院所承担的义务不同。其次，两类医院对医生的控制程度不同。实体医院与医生之间的控制性、依附性强，二者大多签订劳动合同，也有公立医院受编制所限走劳务派遣关系的个别情况。从《互联网医院管理办法（试行）》来看，目前互联网医院设置有三种情况，即实体医院自行申办、第三方机构依托实体医院申办或独立设置互联网医院。互联网医院医生往往享有极大的自由性和灵活性，医生手机上可以安装多个互联网医疗平台，可以自由选择在任一平台上开展诊疗。平台对医生的约束主要体现在对医师资格证、执业资格证的审核，及监督医疗质量、病例管理等，但此监督的目的是保证诊疗安全性和维护平台声誉，而不是制约医生。从义务程度和控制程度上充分说明，注册执业医师在实体医院和在互联网医院中的法律地位可能不一样，互联网医院医生在网络"接单"并在患者成功交费后，从平台上获得报酬，医生与平台之间始终处于平等的关系，与传统的劳动关系中劳动者处于弱势的情况完全不同，所以，医生与平台之间不是劳动关系，更符合劳务关系特征。因此，医生基于该劳务关系应提供问诊、开具处方等劳务服务，平台应当及时支付医生线上（后续）咨询费、处方服务费等。

2. 药匣子平台和患者——医疗服务关系

根据《药匣子用户服务协议》中第 2 条主体定义条款、第 8 条责任条款的规定，平台不承担对医生资质的审核义务[1]，且平台对于医患法律关系不承担法律后果[2]。该协议内容看似符合居间合同关系的定义，即居间人根据委托人的要求为委托人与第三人订立合同提供机会或进行介绍，而委托人须向居间人给付约定报酬。进一步讲，德国法学理上也认为，居间商对于其所从事的商事促成活动以及这种活动所导致的结果并不负有法律后果。但根据我国《合同法》第 26 条第 1 款中规定[3]，该格式条款免除药匣子平台主要责任极可能被认定为无效。所以，不能仅凭药匣子平台的格式合同条款认定平台的法律地位，而是需要根据平台定位、功能与实际行为等因素详细分析

---

〔1〕《药匣子用户服务协议》规定，名词定义：甲方：正式成功注册的药匣子网站用户会员——接受健康服务者；乙方：药匣子网站——中医药服务平台的提供者及平台使用管理者；丙方：经过甲方审核的有资质的医生；丁方：正式注册并经过药匣子审核的健康商店和健康药铺——健康商品的提供者。

〔2〕《药匣子用户服务协议》规定，关于责任：①不对本公司网站提及的任何商品或第三方的服务质量或功能承担任何保证责任；②乙方作为互联网技术公司，整合传播信息不提供诊疗服务。同时，丙方对自己提供的保健咨询和就医指南服务承担责任，对于因丙方服务不当而对接受服务的患者用户造成的任何直接或间接的损害，由丙方自己承担，乙方不承担任何责任。

〔3〕我国《合同法》第 26 条第 1 款中规定，用人单位免除自己的法定责任、排除劳动者权利的，劳动合同无效或者部分无效。

平台本质，一旦医生、药商损害到患者的利益，后续负有审查义务的药匣子平台绝不会仅是"居间商"的角色，还面临要承担的法律责任的问题。因此，居间商的角色、格式条款的约定不足以使药匣子平台免除义务与责任，其仍然面临着许多法律问题和风险。

药匣子平台和患者之间实则是医疗服务关系。理由有：平台行为远超过居间合同关系行为起"媒介作用"。平台与医生之间不存在委托代理关系，而是劳务关系。平台更不是代理患者行为、为患者提供机会，患者通过接受平台有劳务关系的医生的服务，实际接受了医疗行为。易言之，平台对医生、患者均不仅仅有促成交易的义务，而是类似于实体医院的角色，有更多的权利义务内容。因此，患者基于医疗服务关系，应当履行如实告知病情、及时支付咨询费和药费等义务。药匣子平台要履行服务信息公开义务、提供诊疗服务的义务以及及时传递处方、药品和管理病历档案的义务。

3. 药匣子平台和药房——代理关系

药匣子平台代理药房销售药品，与药房是委托代理关系。药房的经营业务是销售药品，现由平台代理，增加了通过与平台订立劳务关系的医生开方的销售方式，扩大了销售渠道，实现了盈利的增加。至于为何不认定为药房与患者单独另行成立药品买卖合同关系的原因在于患者并不能看到并通过药匣子平台选择来自哪家药房的药品，处方中的药品来源只能由医生通过药匣子平台选择并决定，患者在下单付款前没有知情权、选择权，更毋论订立合同所必需的协商后意思表示一致。进而论及，为何不是医生与药房之间成立委托代理关系？因为医生虽然实际行使处方权，但真正与患者形成医疗服务法律关系的是互联网医疗平台，医生行使处方权选择哪家药房的行为是履行该医疗服务合同的内容，并非医疗服务合同的当事人。因此，平台作为销售代理合同中的代理人，需要承担忠实地、勤勉地履行代理职责的义务，负责传递处方、通知患者交费等报告事项、将代理行为收取的药费及时划转给药房等资金结转。药房要承担及时对处方划价、审方核方、发送药品、保证药品质量等义务。

（三）药匣子平台可能涉及的法律问题

1. 侵犯公民个人信息权、隐私权

《药匣子用户服务协议》中要求"甲方有义务在接受中医问诊服务前认真填写患者的个人真实资料，包括真实姓名、性别、相关病史等，以免专业医务人员在参考此资料时出现不必要的失误"。药匣子平台客户要求提供的信息中，涉及个人重要信息。但是，《药匣子用户服务协议》中又要求"甲方（以下指患者）可随时改变您账号的密码，也可以申请新的账号，但不可以要求删除旧的账号"，药匣子平台通过格式条款限制客户删除自己信息的权利。根据我国有关信息删除权的理论，个人信息权的内涵包括信息删除权，在法定或约定的事由出现时，本人得以请求信息处理主体删除其个人信息，该格式条款显然违反了对公民个人信息权的保护。同时，在信息的储存及限制方面，《药匣子用户服务协议》中还要求"乙方（以下指药匣子平台）对所有服务将尽力维护其安全性及方便性，但不对甲方会员所发布信息的删除或储存失败等负责"。这些条款更是直接违反了我国《电子商务法》中第24条的规定："电子商务经营者应当明示用户信息查询、更正、删除以及用户注销的方式、程序，不得对用户信息查询、更正、删除以及用户注销设置不合理条件。电子商务经营者收到用户信息查询或者更正、删除的申请的，应当在核实身份后及时提供查询或者更正、删除用户信息。用户注销的，电子商务经营者应当立即删除该用户的信息；依照法律、行政法规的规定或者双方约定保存的，依照其规定。"药匣子平台关于限制用户删除自己的信息，并对储存失败不负责的格式条款违反法律规定，侵犯公民隐私权和个人信息权。

2. 数人侵权责任

药匣子平台作为服务提供者的网络交易平台可能承担侵权责任。我国《消费者权益保护法》[1] 第44条规定："消费者通过网络交易平台购买商品或者接受服务，其合法权益受到损害的，可以向销售者或者服务者要求赔偿。网络交易平台提供者不能提供销售者或者服务者的真实名称、地址和有效联系方式的，消费者也可以向网络交易平台提供者要求赔偿；网络交易平台提供者做出更有利于消费者的承诺的，应当履行承诺。网络交易平台提供者赔偿后，有权向销售者或者服务者追偿。网络交易平台提供者明知或者应知销售者或者服务者利用其平台侵害消费者合法权益，未采取必要措施的，依法与该销售者或者服务者承担连带责任。"所以药匣子平台在用户向侵权的医

---

[1] 我国《消费者权益保护法》是否可以适用于医疗损害责任纠纷案件在学理上有较大争议，有学者认为医疗损害责任纠纷案件只能适用《医疗事故处理条例》。故笔者在无讼智能检索网页中以"消费者权益保障法""案由：医疗损害责任纠纷"为关键词，共检索到154篇判决文书。由此可知，实践中我国《消费者权益保护法》可以适用于医疗损害责任纠纷案件。

生、药房索赔时，有如实提供真实名称、地址和有效联系方式的义务，如不能履行义务时可能承担赔偿责任；在明知或者应知医生、药房利用其平台侵害消费者合法权益，未采取必要措施时，也要与医生、药房承担连带责任。

或可根据我国《侵权责任法》第36条关于网络侵权责任的规定："网络用户、网络服务提供者利用网络侵害他人民事权益的，应当承担侵权责任。网络用户利用网络服务实施侵权行为的，被侵权人有权通知网络服务提供者采取删除、屏蔽、断开链接等必要措施。网络服务提供者接到通知后未及时采取必要措施的，对损害的扩大部分与该网络用户承担连带责任。网络服务提供者知道网络用户利用其网络服务侵害他人民事权益，未采取必要措施的，与该网络用户承担连带责任。"我国《电子商务法》第38条第1款也有同样的规定："电子商务平台经营者知道或者应当知道平台内经营者销售的商品或者提供的服务不符合保障人身、财产安全的要求，或者有其他侵害消费者合法权益行为，未采取必要措施的，依法与该平台内经营者承担连带责任。"药匣子平台也要承担上述连带责任。

我国《电子商务法》第38条第2款还规定："对关系消费者生命健康的商品或者服务，电子商务平台经营者对平台内经营者的资质资格未尽到审核义务，或者对消费者未尽到安全保障义务，造成消费者损害的，依法承担相应的责任。"其中，理解"相应的责任"是理解法条规定的电商平台责任的关键，有以下两点值得讨论：其一，如何确定责任形式？"相应"责任并非是法律概念，应当根据已经生效和施行的我国《民法总则》《侵权责任法》《消费者权益保护法》《网络交易管理办法》等法律法规中可以适用于电子商务民商事法律关系的法律规则，以及我国《电子商务法》本身的其他条文来确定具体个案中的责任承担问题，因此既有可能是补充责任、按份责任，也有可能是连带责任或者其他类型的责任形式。如药匣子平台未能尽到安全保障义务的过失和平台内医生、药房的故意或过失直接结合发生同一损害后果的，将作为共同侵权责任人承担连带责任。其二，如何确定审核义务和安全保障义务的注意义务程度？根据我国《电子商务法》第27条第1款，药匣子平台的审核义务包括审核医生、药房的身份、地址、联系方式、行政许可等信息的真实有效性并定期核验更新。该等审核义务应当限制在"合理注意义务"的范围内，特别是针对一些普通电商平台无法通过正常渠道以及正常成本完成的相关信息核查应当审慎要求，否则既不具有可操作性，也违背了公平原则。

同样，对于药匣子平台的安全保障义务也应当符合平台定位，以可以控制和管理风险的主体承担主要义务为原则，除非电商平台根据侵权责任认定规则被置于特定的注意义务之下，例如，患者已经明确通知和要求平台予以协助，否则不宜过度扩大电商平台在线下的安全保障义务。总而言之，药匣子平台的注意义务应当被合理认定并符合公平原则。[1]

3. 资质审核责任

医疗领域涉及公民基本权利保障，受国家重视，相应的法律、行政法规也对网络平台的审慎审核义务规定得比较具体，如在《中华人民共和国中医药法》《中华人民共和国药品管理法》中对此都有涉及。

首先，药品网络交易问题。《药匣子用户服务协议》中规定："乙方（以下指药匣子平台）有义务提醒甲方（以下指患者）在接受医疗服务时就丙方（以下指医生）提出的咨询意见或初步诊断仅作为到实际医院中进行诊断和治疗的参考资料而非诊断及治疗的依据"，即药匣子平台上医生开药等行为仅构成参考，并非严格的诊疗行为，当然如此说辞未必成立。"乙方购买饮片、中成药等商品时，需要遵守药典规定，不能购买毒麻类药物。不能购买处方药"。该格式条款对于平台上交易药品的种类进行了限制性规定。根据最新修订的《中华人民共和国药品管理法》第62条的规定："药品网络交易第三方平台提供者应当按照国务院药品监督管理部门的规定，向所在地省、自治区、直辖市人民政府药品监督管理部门备案。第三方平台提供者应当依法对申请进入平台经营的药品上市许可持有人、药品经营企业的资质等进行审核，保证其符合法定要求，并对发生在平台的药品经营行为进行管理。第三方平台提供者发现进入平台经营的药品上市许可持有人、药品经营企业有违反本法规定行为的，应当及时制止并立即报告所在地县级人民政府药品监督管理部门；发现严重违法行为的，应当立即停止提供网络交易平台服务。"该法认可网络销售药品，但需要履行备案手续，并且特殊管理的药品不能在网上销售。故《药匣子用户服务协议》上述条款符合法律规定，但是不能仅靠协议条款对患者来警示，而要履行向行政主管部门药品报备和对医生处方、药房供应药品的具体审核义务。否则，平台经营者将因未尽资质审查义务承担法律

---

〔1〕 "十个方面解读，《电子商务法》带来了哪些新的合规挑战？"，载 https://baijiahao.baidu.com/s？id＝1610718205717897383&wfr＝sipder&for＝pc，最后访问日期：2018 年 9 月 5 日。

责任。

其次，药品资质审核问题。根据我国《药品管理法》第 131 条的规定："违反本法规定，药品网络交易第三方平台提供者未履行资质审核、报告、停止提供网络交易平台服务等义务的，责令改正，没收违法所得，并处 20 万元以上 200 万元以下的罚款；情节严重的，责令停业整顿，并处 200 万元以上 500 万元以下的罚款。"

而《药匣子用户服务协议》中规定的不对本公司网站提及的任何商品或第三方的服务质量或功能承担任何保证责任显然违背法律法规，药匣子平台作为药品网络交易第三方平台不能据此逃避需要承担的责任，必须依法履行资质审核、报告并停止提供网络交易平台服务等义务。

最后，中医医师资质审核问题。药匣子平台需要审核在平台上登记注册的医师资质。我国《中医药法》第 15 条第 1 款中规定："从事中医医疗活动的人员应当依照《中华人民共和国执业医师法》的规定，通过中医医师资格考试取得中医医师资格，并进行执业注册。"所以，药匣子平台应加强对医师事前、事中的审核，进入平台前应当严格查验中医医师资格证、医师执业证书，防止出现假证问题；进入平台后，要注意查验是否是注册医师本人在线问诊，防止出现借证、挂证行医问题。

4. 平台机构和医师违规执业问题

《互联网诊疗管理办法（试行）》第 5 条规定："互联网诊疗活动应当由取得《医疗机构执业许可证》的医疗机构提供"；我国《中医药法》第 14 条中规定："举办中医医疗机构应当按照国家有关医疗机构管理的规定办理审批手续，并遵守医疗机构管理的有关规定。举办中医诊所的，将诊所的名称、地址、诊疗范围、人员配备情况等报所在地县级人民政府中医药主管部门备案后即可开展执业活动。中医诊所应当将本诊所的诊疗范围、中医医师的姓名及其执业范围在诊所的明显位置公示，不得超出备案范围开展医疗活动。"药匣子平台对外公开宣传是全球中医的移动药房，实际上该机构还提供线上问诊、开具处方等中医诊疗服务活动，其是否已经报审并取得相关互联网医疗机构执业许可资质有待进一步查证，至少从目前企业信用平台查到的与药匣子平台开发或合作相关的有的公司经营范围中有健康咨询、健康管理等内容，但明示了"需经审批的诊疗活动除外"。同时，按照我国《执业医师法》的规定，医师应在医疗机构内开展诊疗活动，如果药匣子平台未取得互联网医疗机构许可擅自开展诊疗活动，作为开发药匣子平台机构以及在平台上开处方的未经多点执业备案的医师、机构和个人都可能面临行政处罚的风险。

5. 投放医药广告合法性问题

我国《广告法》第46条规定："发布医疗、药品、医疗器械、农药、兽药和保健食品广告，以及法律、行政法规规定应当进行审查的其他广告，应当在发布前由有关部门（以下称广告审查机关）对广告内容进行审查；未经审查，不得发布。"我国《中医药法》第19条规定："医疗机构发布中医医疗广告，应当经所在地省、自治区、直辖市人民政府中医药主管部门审查批准；未经审查批准，不得发布。发布的中医医疗广告内容应当与经审查批准的内容相符合，并符合《中华人民共和国广告法》的有关规定。"药匣子平台推广过程中，广告需要经审批后才可以发布，并且广告用语应规范。药匣子平台广告是否获得批准不得而知，但其广告宣传中所使用"最优质的道地药材""药材质量最优""超上乘饮片，达到特贡级"，明显违反我国《广告法》第9条对广告用语规范的要求。

6. 侵犯患者知情同意权

药匣子平台的设置侵犯患者的对医师处方以及自己所付费用明细的知情权。患者在使用微信"药匣子在线"就诊时会发现，无论医师方在开处方时是否操作选择患者可见，患者在支付药费之前都不能对药方中医药材成分知情。医生在药匣子平台医生端口中可以选择设置服务费不单独显示，隐藏在药费中的选项。以上程序设置违反了我国《电子商务法》第17条关于知情权的规定："电子商务经营者应当全面、真实、准确、及时地披露商品或者服务信息，保障消费者的知情权和选择权。电子商务经营者不得以虚构交易、编造用户评价等方式进行虚假或者引人误解的商业宣传，欺骗、误导消费者。"以及违反了《医疗纠纷预防和处理条例》第13条中的"医务人员在诊疗活动中应当向患者说明病情和医疗措施。"

7. 平台缺乏医疗服务、药品质量担保机制

我国《电子商务法》第32条规定："电子商务平台经营者应当遵循公开、公平、公正的原则，制定平台服务协议和交易规则，明确进入和退出平台、商品和服务质量保障、消费者权益保护、个人信息保护等方面的权利和义务。"对有些侵害患者利益的赔偿纠纷，由于平台未建立对医生服务质量、药房药品质量的担保机制，依据我国《消费者权益保护法》规定，北京明思维

科科技有限公司作为药匣子电子商务平台经营者可能要承担先行赔偿责任。

8. 平台自营药品时的标记、备案等义务问题

根据我国《电子商务法》第 37 条："电子商务平台经营者在其平台上开展自营业务的，应当以显著方式区分标记自营业务和平台内经营者开展的业务，不得误导消费者。电子商务平台经营者对其标记为自营的业务依法承担商品销售者或者服务提供者的民事责任。"药匣子平台调配的药品既有自营药品也有合作药房的药品，对自营药品应显著标注，这一点医生可以在界面上清楚看到并选择，但患者看不到药匣子自营药品界面，并且对是否购买没有选择权。

又根据我国《中医药法》第 28 条第 1 款："对市场上没有供应的中药饮片，医疗机构可以根据本医疗机构医师处方的需要，在本医疗机构内炮制、使用。医疗机构应当遵守中药饮片炮制的有关规定，对其炮制的中药饮片的质量负责，保证药品安全。医疗机构炮制中药饮片，应当向所在地设区的市级人民政府药品监督管理部门备案。"第 31 条第 2、3 款："医疗机构配制中药制剂，应当依照《中华人民共和国药品管理法》的规定取得医疗机构制剂许可证，或者委托取得药品生产许可证的药品生产企业、取得医疗机构制剂许可证的其他医疗机构配制中药制剂。委托配制中药制剂，应当向委托方所在地省、自治区、直辖市人民政府药品监督管理部门备案。医疗机构对其配制的中药制剂的质量负责；委托配制中药制剂的，委托方和受托方对所配制的中药制剂的质量分别承担相应责任。"药匣子平台作为委托方医疗机构，专属药房作为受托方，如果炮制中药饮片、委托配制中药制剂应当备案而未备案，或者备案时提供虚假材料，或者配置的中药制剂质量出现问题的，都应承担相应的责任。

9. 缺乏信用评价制度

药匣子平台中，患者与医师、药房相互之间都缺乏能够进行信用评价的程序，而该程序依照法律应当存在。根据我国《电子商务法》第 39 条的规定："电子商务平台经营者应当建立健全信用评价制度，公示信用评价规则，为消费者提供对平台内销售的商品或者提供的服务进行评价的途径。电子商务平台经营者不得删除消费者对其平台内销售的商品或者提供的服务的评价。"

10. 未建立投诉渠道机制

我国《电子商务法》第 59 条规定："电子商务经营者应当建立便捷、有

效的投诉、举报机制，公开投诉、举报方式等信息，及时受理并处理投诉、举报。"《医疗纠纷预防和处理条例》第 18 条规定："医疗机构应当建立健全投诉接待制度，设置统一的投诉管理部门或者配备专（兼）职人员，在医疗机构显著位置公布医疗纠纷解决途径、程序和联系方式等，方便患者投诉或者咨询。"《互联网医院管理办法（试行）》第 33 条也明确要求医疗机构和医务人员在开展互联网医疗服务过程中，有违反我国《执业医师法》《医疗机构管理条例》等法律法规的行为，按照法律法规处理。药匣子平台缺乏患者对医生、药房的投诉渠道，这种未建立投诉接待机制的问题可能导致其承担行政责任。

（四）药匣子平台后续可完善措施

1. 完善医疗执业相关许可资质

《互联网诊疗管理办法（试行）》第 5 条规定："互联网诊疗活动应当由取得《医疗机构执业许可证》的医疗机构提供。"目前，药匣子平台提供线上问诊、复诊抓药等中医在线诊疗服务，应严格依照法规取得医疗机构执业许可证后方可执业。其可以依托于实体医院申办互联网中医医院，使诊疗活动合法化。根据《处方管理办法》第 8 条第 1 款："经注册的执业医师在执业地点取得相应的处方权。"药匣子平台应当督促在其平台审核通过的医生及时进行多点执业备案，获得处方权。根据我国《广告法》《中医药法》对医疗广告宣传的相关规定，药匣子平台进行广告宣传要事先经过广告主管部门审查通过后方可进行，并且规范其广告用语，不得夸大其词。药匣子平台对以上资质还应在平台显著位置予以公示，自觉接受社会监督。

2. 严格履行审查审慎义务

第一，审查医生资质。《互联网诊疗管理办法（试行）》第 25 条规定："医师开展互联网诊疗活动应当依法取得相应执业资质，具有 3 年以上独立临床工作经验，并经其执业注册的医疗机构同意。"药匣子平台审查医生上传的医师资格证书时，应当着重审查其发证日期距今是否超过 3 年，并要求医生提交其独立临床工作 3 年、执业注册的医疗机构同意的相关证明材料。

《互联网医院管理办法（试行）》第 16 条规定："在互联网医院提供医疗服务的医师、护士应当能够在国家医师、护士电子注册系统中进行查询。互联网医院应当对医务人员进行电子实名认证。鼓励有条件的互联网医院通过人脸识别等人体特征识别技术加强医务人员管理。"药匣子平台依照该办法应当对在平台上注册的医生全部进行电子实名认证，有条件的则可以通过要求医生人脸验证登录等方式，确保对医务人员的有效管理，严格防范非卫生技术人员冒名顶替采取借证、挂证注册方式，待药匣子平台审核通过后非法网上执业的行为。

第二，患者资格审查。《互联网诊疗管理办法（试行）》第16条规定："医疗机构在线开展部分常见病、慢性病复诊时，医师应当掌握患者病历资料，确定患者在实体医疗机构明确诊断为某种或某几种常见病、慢性病后，可以针对相同诊断进行复诊。当患者出现病情变化需要医务人员亲自诊查时，医疗机构及其医务人员应当立即终止互联网诊疗活动，引导患者到实体医疗机构就诊。不得对首诊患者开展互联网诊疗活动。"目前，微信"药匣子在线"只要求患者提交病情信息即可通过平台问诊，而按照上述条款，药匣子平台应当对使用平台问诊的患者进行资格审查，要求患者提供自己在实体医院的既往病例资料，以查验是否属于复诊，如果是首诊患者，不得为其提供服务。

第三，平台售药范围审查。《国家食品药品监督管理总局关于加强互联网药品管理销售的通知》规定："药品生产企业、药品经营企业在自设网站进行药品互联网交易，或第三方企业为药品生产企业、药品经营企业提供药品互联网交易服务，必须按照原国家食品药品监督管理局印发的《互联网药品交易服务审批暂行规定》（国食药监市〔2005〕480号，以下简称《暂行规定》），申请取得《互联网药品交易服务资格证书》后方可开展业务。"药匣子平台为药厂提供药品互联网交易代理服务，应该依照规定申请取得互联网药品交易服务资格证书后售药。目前，北京明思维科科技服务有限公司已经取得资格证书，但其需要注意不能超过许可销售的药品范围。[1]

第四，药品配送条件审查。《意见》中明确：完善"互联网+"药品供应保障服务，对线上开具的常见病、慢性病处方，经药师审核后，医疗机构、药品经营企业可委托符合条件的第三方机构配送。根据规定要求，药匣子平台要委托符合规定要求的配送方式，如有的药品还需要冷链运输等特殊运输条件，以确保在售药品的质量安全。

---

[1] 北京明思维科科技服务有限公司互联网药品信息服务资格证书编号：（京）-非经营性-2018-0249。

3. 规范处方、病历医疗文书的书写

《病历书写基本规范》第 14 条规定："门（急）诊病历记录应当由接诊医师在患者就诊时及时完成。"《互联网诊疗管理办法（试行）》第 18 条规定："医疗机构开展互联网诊疗活动应当严格遵守《处方管理办法》等处方管理规定。医师掌握患者病历资料后，可以为部分常见病、慢性病患者在线开具处方。在线开具的处方必须有医师电子签名，经药师审核后，医疗机构、药品经营企业可委托符合条件的第三方机构配送。"据此，药匣子平台依规定，不仅应当要求患者上传病情照片，还应当要求患者上传病历资料，确保诊疗安全，还应当要求医生对诊断、处方附上电子签名，落实医疗责任。在药匣子平台所设置的医生问诊界面，医生应当履行填写病历的义务，严格按照《处方管理办法》《医疗机构病历管理规定》和《电子病历应用管理规范（试行）》等相关文件，所开具的处方、病历符合对人员、格式、内容和管理的要求。

4. 规范病历档案管理

我国《侵权责任法》第 58 条规定："患者有损害，因下列情形之一的，推定医疗机构有过错：①违反法律、行政法规、规章以及其他有关诊疗规范的规定；②隐匿或者拒绝提供与纠纷有关的病历资料；③伪造、篡改或者销毁病历资料。"《互联网医院管理办法（试行）》第 21 条规定："互联网医院开展互联网诊疗活动应当按照《医疗机构病历管理规定》和《电子病历基本规范（试行）》等相关文件要求，为患者建立电子病历，并按照规定进行管理。患者可以在线查询检查检验结果和资料、诊断治疗方案、处方和医嘱等病历资料。"由此可见，病历资料是发生医患纠纷后重要的证据材料，药匣子平台如不能及时提供真实、全面的病历资料将承担举证不能的不利后果。因此，药匣子平台对于平台存储的患者信息、处方信息、病历信息，应当规范管理、妥善保管。

5. 加强信息安全管理，保护医生、患者隐私权

药匣子平台在诊疗过程中掌握着医生和患者的个人信息、病例资料等，涉及个人隐私权，所以要严格执行信息安全和健康医疗数据保密规定，建立完善患者隐私信息保护制度，妥善保管患者信息，安排专人管理患者信息、用户资料等，不得非法买卖、泄露信息；要加强信息防护，定期开展信息安全隐患排查、监测和预警；患者信息等敏感数据应当存储备份。发生患者信

息和医疗数据泄露后，药匣子平台应当及时向当地卫生健康行政部门报告，并立即采取有效应对措施。

6. 推进医疗责任保险办理

《互联网医院管理办法（试行）》第 24 条规定："实体医疗机构或者与实体医疗机构共同申请互联网医院的第三方，应当为医师购买医疗责任保险。"药匣子平台已经声明："为充分保障注册中医医师合法权益，一经通过本平台审核，本平台将为注册中医医师的线下诊疗活动提供最高保额为 500 万元的医疗责任事故保险。凡符合保险人承保条件的医疗机构及其执业医师，可分别作为本保险合同的被保险机构和被保险医师。在保险期间或保险合同载明的追溯期内，被保险医师代表被保险医疗机构从事与其资格相符的医疗活动过程时，因职业过失行为导致意外事故，造成患者人身伤亡，由患者或其代理人在保险期间内首次向被保险人提出损害赔偿请求，依照中华人民共和国法律（不包括港澳台地区法律）应由被保险人承担的经济赔偿责任，保险人按照本保险合同约定负责赔偿"，但是在实践操作中，已经注册并审核通过的中医医师并未被提供此保险。药匣子平台应加快推进办理医生责任保险，同时应该进一步明确医生与医疗服务平台的责任承担方式。因目前医生责任保险投保主体是医疗机构，如药匣子平台不具备互联网医疗机构执业许可资质，也可以考虑以设立保障资金的方式，把医生的一部分收入拿出来做兜底保险放在平台，当发生医疗纠纷时，由保障资金代为偿还。

7. 建立平台信用评价机制

根据我国《电子商务法》第 39 条规定："电子商务平台经营者应当建立健全信用评价制度，公示信用评价规则，为消费者提供对平台内销售的商品或者提供的服务进行评价的途径。电子商务平台经营者不得删除消费者对其平台内销售的商品或者提供的服务的评价。"《中华人民共和国基本医疗卫生与健康促进法》第 93 条规定："县级以上人民政府卫生健康主管部门、医疗保障主管部门应当建立医疗卫生机构、人员等信用记录制度，纳入全国信用信息共享平台，按照国家规定实施联合惩戒。"药匣子平台应建立对医生、患者、药房的服务质量和药品质量相互点评且公开的评价机制，如引导患者选择信誉度高的医生问诊、选择质量优的药房购买药材；对评价等级低的可以一定期限内限制执业（或经营、消费）；对评价恶劣的或被行政处罚的，建立无条件退出平台机制。

8. 履行告知义务，保障患者知情同意权

依据我国《消费者权益保护法》第 9 条第 2、3 款："消费者有权自主选择提供商品或者服务的经营者，自主选择商品品种或者服务方式，自主决定购买或者不购买任何一种商品、接受或者不接受任何一项服务。消费者在自主选择商品或者服务时，有权进行比较、鉴别和挑选。"《医疗机构管理条例实施细则》第 62 条中规定："医疗机构应当尊重患者对自己的病情、诊断、治疗的知情权利。"《医疗事故处理条例》第 11 条规定："在医疗活动中，医疗机构及其医务人员应当将患者的病情、医疗措施、医疗风险等如实告知患者，及时解答其咨询"，药匣子平台应开放处方明细，让患者在付费前对处方中的中药材成分知悉，同时对患者所付服务费单独显示，不得隐藏在药材费中。医生应履行告知义务，让患者对自营药房药品和合作药房药品自行做出选择。

9. 建立商品、服务质量担保机制

我国《电子商务法》第 58 条规定："国家鼓励电子商务平台经营者建立有利于电子商务发展和消费者权益保护的商品、服务质量担保机制。电子商务平台经营者与平台内经营者协议设立消费者权益保证金的，双方应当就消费者权益保证金的提取数额、管理、使用和退还办法等做出明确约定。消费者要求电子商务平台经营者承担先行赔偿责任以及电子商务平台经营者赔偿后向平台内经营者的追偿，适用《中华人民共和国消费者权益保护法》的有关规定。"药匣子平台可以在医生、药房入驻平台时，与医生和药企协商其提前缴纳一定数额保证金，作为消费者权益保证金，以促使医生、药企依法执业、经营。后期，一旦出现药品质量不合格、诊疗纠纷等需要赔偿消费者的情形，消费者可以依靠消费者权益保证金及时得到赔偿，消费者的合法权益得到保障。

10. 加强质量安全管理，建立良好的医患沟通机制

根据我国《电子商务法》第 59 条："电子商务经营者应当建立便捷、有效的投诉、举报机制，公开投诉、举报方式等信息，及时受理并处理投诉、举报。"药匣子平台应建立医疗质量管理制度、举报投诉制度，在平台显著位置公布受理投诉的电话、电子邮箱，安排专门在线客服负责举报投诉受理、调查、处理和回复工作，举报投诉核查结果纳入药匣子平台信用评价体系；对问诊患者开展电话回访、客服工作满意度评价活动，推动建立良好的医患沟通渠道，及时消除医疗纠纷隐患。

第四章

互联网+中医养生保健

第一节　互联网+保健按摩

"互联网+"时代的悄然来临使得民众生活方式发生质变，再加上智能手机便捷式 APP 助推，懒人经济成新一轮投资热点[1]。此大背景下，O2O 上门服务应运而生，其中上门保健按摩因其健康、便捷化特质备受青睐。但风生水起，亦是水深火热。保健按摩 O2O 产业野蛮生长的背后隐藏着诸多法律风险，如何填补该产业发展中现存法律监管制度的空白及如何对该新型商业模式进行有效法律监管亟需理论与实务界进一步思考、改进。

一、中医养生保健互联网服务现状

中医养生保健主要强调预防疾病、保健长寿。现阶段，因为大部分人有保健养生的需求、注重未病先预防的方式，促使中医养生保健产业迅速发展，也为中医养生保健互联网服务提供了很大的发展前景。目前，中医养生保健互联网服务主要是两种形式：一种是公众通过互联网向中医医师咨询养生保健、食疗药膳、节气养生等养生保健方式，另一种是借助移动互联网及新技术预约购买养生保健服务。由于我国具有老龄化的趋势，中医医疗互联网机构正加大"互联网+中医医养"结合模式的引入力度，重点发展智能医疗技术，提供医养结合的新型保健模式，打造以老年人为重点的保健预防、诊疗、康复、护理、心理和养老一体化健康服务体系。

---

〔1〕 陈怡帆等："合肥市居民互联网健康信息的利用、健康理念与行为调查"，载《中国社会医学杂志》2015 年第 3 期。

上海市在中医养生保健互联网服务领域发展得较为迅速，其借助移动互联网的力量将中医医养健康服务与相关互联网企业共同开发了中医养生保健服务平台——杏林智医，通过大数据智能辨证系统，给用户提供个性化中医养生保健的综合方案，同时该平台以视频、音频、文字等多种方式提供包括健康饮食、穴位按摩等多种中医特色养生保健方式。

有关几个省市的中医养生保健互联网服务具体发展政策如下表：

省份	上海	海南	贵州
发展政策	重视中医医养结合工作，拓展"互联网+"的中医医养结合服务内容，鼓励开发适宜于互联网的中医养老技术和产品，目前，在探索养老护理员协同广泛参与的中医医养结合服务模式	加快推进和著名中医药科研机构、医疗保健机构合作，创新中医医疗机构服务模式，加快推进高端中医康复保健医院项目，开发中医药特色旅游产品，开发中医养生保健旅游路线	加快实现"医疗健康云"与"旅游云""食品安全云"互联互通，培育一批中医药健康旅游示范基地，建设一批中医药康养项目

二、"互联网+保健按摩"行业现状

（一）概述

谈及保健按摩O2O产业概念，绕不开"大健康"与"O2O"。我国近80%的白领处于亚健康状态，近70%属于过劳死危险人群，按摩推拿可借助手法作用于人体体表特定部位，从而调节机体生理病理状况。该绿色疗法因其符合大健康时代背景需要正持续升温。同时，O2O通过互联网将在线消费者与线下商家连接，因其便捷、优惠等特点成为流行商业模式。当然，保健按摩O2O产业不是将二者概念简单相加，当传统按摩成功牵手互联网后，服务商家可通过APP等平台进行宣传、扩大利润空间，用户可通过APP预约等方式健康消费，享受专业服务。更深层面上，我国传统精粹——中医针灸推拿或可在该新型发展模式中得以传承、创造[1]。

也正因此，一夜之间，O2O火遍大江南北，各大投资商也纷纷投来重金。投融界平台数据显示，截至2015年，上门推拿创业项目共128个，累计最低

---

〔1〕　洪勇："2014年我国O2O回顾及2015年展望"，载《中国商论》2015年第11期。

融资额 1007 余万元。其中 2015 年新增项目有 104 个，累计最低融资额 1006 余万元，2015 年新增项目高达 81.3%[1]。

(二) 上门服务符合市场期待

导流到店的运营平台在早期受到很多线下商家的欢迎。通过这类互联网平台，客户可以与技师在线聊天，增加了客人和技师之间的黏性。但是，在一些大平台上，吃喝玩乐、推拿按摩都能找到，用户很少愿意再关注一个只提供推拿按摩的平台，因此，这种模式表现出竞争乏力的态势。另一种商业模式提倡"上门与到店结合"，但某种意义上来说会"左右为难"——如果上门服务的价格比到店还便宜，那么就有很大一部分用户会选择上门服务，导致店面的订单量会大幅减少。同时，这种模式也很难形成一个服务闭环，难以对服务形成强有力的监督，用户体验得不到保障，客户留存率不高。

当前"互联网+推拿按摩"的一种较为成熟且发展前景较好的商业模式是"纯上门模式"，这种模式不是单纯地把实体店服务搬到线上，而是有完整的线上线下服务体系、服务品控和用户评价体系。推拿按摩的需求往往发生在客户身心疲惫的时候，而"上门服务"刚好可以满足客户此时潜在的心理需求。对于一些出行不方便的老年人，上门服务更加体现出便捷的优势。

(三) 法律风险

1. 涉黄风险

虽说网上保健按摩方兴未艾，但现已出现打着保健的旗号、私做色情服务的不法现象。自"平安行动"开展以来，北京警方已捕获上百个以"养生""按摩"名义从事网络招嫖的涉黄团伙。除店家"挂羊头卖狗肉"外，一些平台竟卖力吆喝、对这种不法现象推波助澜。某网便以不能鉴定网站发布信息为由放任旗下部分商家通过文字影射提供色情服务。根据我国《治安管理处罚法》第66条，卖淫嫖娼人员将承担拘留、罚款的行政责任，其中嫖宿幼女，明知自己有性病卖淫嫖娼，介绍、容留、强迫卖淫构成刑事犯罪。

2. 人身、财产风险

上门，意味着进入用户家中，而家是封闭、私密的空间，若一方心怀不轨，则会酿成恶果。所以无论技师、用户，都会担心各自的人身和财产安全。

---

〔1〕 "投融界：解决市场痛点 抢占千亿上门推拿市场"，载 http://finance.eastmoney.com/news/ 1682，20151231581143646.html，最后访问日期：2016 年 9 月 28 日。

首先，因存有安全隐患，用户忧心不法分子冒充技师上门，串通他人进行抢劫、诈骗等伤害行为。而技师，特别是女技师，更会因上门服务风险较高，担心遭遇不测而心有顾忌。其次，除抢劫、诈骗会出现人身、财产损害外，因推拿属医疗行为，也有可能出现侵权损害。

3. 信息不对称问题

保健按摩 O2O 行业中有两组信息不对称对象：一是投资者与平台、店家。上门推拿 O2O 平台的店家热衷于公布自己的用户数、日单量等鲜亮数据，可数据的真实度只有自己知道。类似于上门推拿这种新兴市场爆出造假数据的现象已见怪不怪，泡沫数据的结果往往便是投资者资本成为泡影。二是消费者与平台、店家。一方面，许多平台入驻按摩店家并未将工商营业执照、技师资质证书等证明店家自身资质的信息悉数公布出来，消费者不能以直接方式知晓。另一方面，店家往往为了扩大客户群体，在顾客反馈中雇水军刷评论，侵犯了消费者的消费知情权。而第三方平台却大多"睁一只眼闭一只眼"。

三、"互联网+保健按摩"行业现存监管问题

（一）相应法律不完善

一方面，"点到""华佗驾到"等网上按摩店家的本质是新兴互联网企业，可我国现有立法体系缺乏互联网法顶层设计与整体规划。有关互联网安全立法和公民个人信息保护立法欠健全，使得平台方增殖推销、泄露甚至是倒卖消费者信息进而致使一系列欺骗、诈骗事件陆续出现。

另一方面，现有相关法规不具备可操作性[1]。一是部分立法不对应。我国《侵权责任法》第 36 条规定的避风港原则便与我国《消费者权益保护法》第 44 条第 2 款规定的"网络交易平台提供者明知或者应知销售者或者服务者利用其平台侵害消费者合法权益，未采取必要措施的，依法与该销售者或者服务者承担连带责任"有较大出入。我国《广告法》的修订、最高人民法院出台的司法政策也反复出现立法矛盾。二是法律法规亟待细化。就保健按摩 O2O 产业利用补贴不正当竞争问题上，我国《反垄断法》仅在第 17 条第 1 款中规定了"没有正当理由，以低于成本的价格销售商品"为垄断行为，未说

---

[1] 黄小琼等："'微信'智能手机软件在医院诊疗中的应用设计"，载《中国医院》2015 年第 3 期。

明该新兴补贴方式，且我国《反不正当竞争法》第11条规定的"经营者不得以排挤竞争对手为目的，以低于成本的价格销售商品"并不包括补贴行为，故相关部门很难适用这两部法律对其进行规制。此外，商务部《电子商务模式规范》《网络购物服务规范》、工信部电信与信息服务业务经营许可证规定及中国人民银行、原银监会关于网上支付的《支付清算组织管理办法》等现有法律法规也都不够细化[1]。

（二）监管主体不清

立法缺陷使得政府监管存有先天不足——不知"谁来管"。一是由于缺乏法律依据不知谁应监管。如上文提及的按摩软件大打"补贴"战，损害其余市场主体合法权益的情形，依照现有两部法律很难将补贴行为定性为垄断行为或不正当竞争行为，故监管部门是否应为县级以上人民政府工商行政管理部门不具有确定性。二是应监管主体未依法监管。保健按摩O2O产业的服务纳税、中医养生报告、不法经营等行为依法应由工商行政、国家中医药管理局、公安部门等行政单位分别加以监管，但九龙治水的乱象或会导致相关行政部门的忽视致使部分不法经营者有可乘之机。三是不应监管主体越权监管。同为O2O软件，保健按摩APP因或涉黄亦遭遇滴滴打车软件被深圳市交委叫停的尴尬。而这种以干预、损害市场主体合法权益的监管方式，不仅监管未达到合法、有效的目的，且不利于保健按摩O2O行业的长远发展。

（三）监管内容不明

因网上保健按摩涉及按摩店家、网络平台、技师、投资商等多个监管对象，监管部门往往不知着重"该管谁"。除对按摩技师资质问题进行审核、设定店家O2O资质准入标准、不正当竞争行为判定、消费者事后维权等多项法定职责外，引导投资商资本的持续、正确注入，培养保健按摩O2O行业的良性发展氛围等诸项内容也应为监管重点。监管内容的复杂加上监管力量的不足，使得政府监管必须有所侧重。

但在现行监管中，针对保健按摩O2O等新兴行业存在重审批、轻管理，重按摩店家、轻平台，重追责、轻维权等问题。且从监管体制上看，我国O2O行业基本全为政府监管。因保健按摩O2O行业内部缺乏统一组织规范，平台、店家方信息披露制度不健全，行业协会自律监管和平台、店家方自我

---

〔1〕 周汉华："论互联网法"，载《中国法学》2015年第3期。

监管的作用往往甚微，立体化行业监管体制尚未成形[1]。

（四）监管手段单一

针对网络保健按摩 O2O 产业，我国现有监管手段单一。首先表现为新技术、公众参与等手段的运用较少。一方面，保健按摩 O2O 产业既有线上，又有线下，如若不对传统监管方法做出改变、不采纳网络等新技术手段，很难顺应市场发展趋势、对违规行为进行有效惩处。另一方面，公众参与手段多元，在有效反馈行业违规问题会成为法律、行政监管有力补充的同时，亦可加强维权赔偿机制与监管工作二者的衔接。其次，监管手段虽主要集中于法律、行政层面，但由于我国监管法制建设滞后，处罚措施威慑力不足，进而致使监管中往往出现执法不严、约束力弱、操作随意、效率低下等问题，很难建立、实施起针对保健按摩 O2O 行业的深度监管。

四、"互联网+保健按摩"行业监管的完善建议

（一）完善相应法律法规

一方面，新构互联网立法体系。可根据互联网架构、技术特点进行分层设计，将新构互联网法调整对象主要分成关键信息基础设施、互联网服务提供商、互联网信息、互联网管理四个层面。并在分层设计立法结构下，根据 O2O 行业发展需要加快网络安全法、网络个人信息保护法等互联网重点立法项目的出台。此外，宜结合新出台立法细化原有相关法律，对原适用法条内涵进行扩大、缩小等解释，避免法律适用冲突。

另一方面，地方试点规范对立法进行补充。因互联网法调整对象的多层次性，诸多要素在随着技术不断革新，各式各样新型法律问题层出不穷，且结合我国立法进程缓慢的现状，针对按摩推拿 O2O 等类似新型产业，立法层级上，法律监管制度可先以部门规章形式承现，遇特殊需要时，再由地方具体的主管部门对其进行补充。立法内容上宜考虑地方性差异，由国家部委授权地方制定暂行条例等利好政策，并在此基础上配套法律规范作为监管人员执法依据，进而落实地方试点，若成效喜人则上升为规章，联合其他区域共享经验。

（二）重构"政府—协会—店家"监管体制

针对保健按摩 O2O 等新兴行业，"一纸禁令"式监管和"放任不管"式

---

[1]　张伟君："网络销售平台提供商的信息披露义务"，载《电子知识产权》2013 年第 6 期。

监管都存有弊端，因而政府于监管体系上应更多起宏观引导作用，并由行业协会自律监管、店家自我管理加以补充。

1. 政府监管

首先，明确监管主体架构。可参考现有法律，由地方政府试点，进行监管部门统一联合执法，甚至可以进行监管责任综合试行，并在此基础上加强部门间信息共享。可借鉴珠海安全市场监督管理局统一监督管理市场交易行为和网络商品交易及有关服务行为，其中，针对涉黄卖淫、人身财产侵权等须在主管部门开展跨部门合作的情形下，由地方政府主导，以杜绝"踢皮球"和"瞎管事"等现象。

其次，不同阶段监管重心有所不同。事先阶段，构建网上行业资质审核，提高准入门槛。对申请入驻的店家，由政府主管、平台辅助进行资质审查，硬性规定提供相关资质证明等店家真实信息和行业服务资格等技师从业证书，将劣质从业者筛除在外。事中阶段，不定期抽查店家、技师，记录数据，年终总结反馈，可将所记录数据与企业扶持资金申请资格挂钩。事后阶段，重心偏移至用户体验，要求平台披露行业真实数据，对店家评论灌水现象进行严惩，且定向组织部门针对O2O消费者进行维权援助。

最后，在深化行政监管手段的同时，加大新技术、公众参与等手段的运用。行政手段上，加大对违法行为的处罚力度，注重行刑衔接，加大监管、公安部门间合作，并设立保健按摩店家黑名单，将政府不定期抽查中的未达标商家公开。新技术手段上，一方面，针对安全问题，可效仿"功夫熊"要求店家配备可"一键呼救"APP，通过基于位置服务（LBS）系统迅速定位推拿师，确保推拿师上门的安全，强制平台、店家于提供服务前向顾客发送安全提醒短信，确保顾客消费安全。另一方面，在日常监管中采用网络技术，过滤虚假商家、钓鱼APP、隐晦涉黄等不良信息。公众参与手段上，由政府建立保健按摩O2O产业的信用评价与投诉平台，鼓励受损害主体进行维权。

2. 行业协会自律监管

为避免市场与政府双向失灵，可在O2O行业协会基础上新建保健按摩O2O产业地区分会，并结合实践，对不同地区的O2O行业协会应承担的内部监管职责进行改变，但须把握几点：一是制定统一行业标准。可在目前《O2O行业基础规范和标准》意见征集稿基础上，以服务提供者、中间平台、用户三方体验为核心，建立监管标准。二是监管角色应定位为配合政府监管，将政府监管要求细化落实，如信息披露数据定期整理上报等。三是监管重心宜偏向于行业良性发展内容上，如投资商投资条件限制、按摩技师资质认证、平台及商家准入资格审核、定期技术培训等。

3. 平台、店家自我管理

针对信息不对称问题，信息披露义务的合理履行是平台方、店家解决问题的落脚点。一方面，平台方宜将真实的销售、贴补、接受风投资本额等数据自我披露，进而消除融资方与被融资方信息不对称现象，减小投资商、创业者的顾虑。另一方面，店家宜主动避免恶意刷好评等行为，平台方对雇水军等现象也应加强监管，保障消费者消费知情权的实现[1]。

针对涉黄、人身财产等安全风险，首先，平台方要贯彻好第三方平台审核义务。可在"三证合一"基础上引进人脸生物识别技术等手段，对经营者真实身份进行审查、登记，并建立登记档案，定期核实更新，确保经营者、技师身份的安全性。其次，店家宜建立双重优化风险处理机制。用户预订服务前，店家在交易平台上公开推拿师背景、服务年限、其他顾客评价。服务结束后，再由用户给技师打分、评论。对技师，制定、实施安全规定，可要求推拿师服务前以语音形式告知后台服务时限、地点和服务对象信息，以便后台随时记录。且可对女推拿师有特殊规定，其可拒绝男顾客不合理要求、于晚上8点后不接单。

此外，店家与平台宜采纳保险预赔方式。由店家给推拿师购买人身意外险，并在交易时赠送顾客财产险和人身险，保障技师、顾客双方权益。按摩推拿平台还可效仿天猫、淘宝等网购平台在日常资金外，单独设置风险基金，在遇上顾客维权却难以直接追索店家赔偿时先行赔偿[2]。

五、"互联网+推拿按摩"产业的未来展望

（一）发展前景

随着社会的进步和生活水平的提高，自身保健意识逐步增强。生活节奏加快，社会、家庭、工作压力也日趋加重，一些职业病、常见病、多发病及

〔1〕 倪宁："大数据时代下电子商务平台的探索和研究——以淘宝网为例"，载《江苏商论》2014年第5期。

〔2〕 王安其、顾梓玉、郑雪倩："浅析互联网医疗行为及支付行为"，载《中国社会医学杂志》2016年第5期。

亚健康疲劳综合征等时常影响人们的身心健康，甚至严重影响着人们的工作生活。在这种社会背景下，"互联网+推拿按摩"产业刚好迎合了城市白领阶层的需求，以其独特的优势迅速发展壮大起来，成为深受人们喜爱的行之有效及简便易行的自然疗法。对于从事专业预防保健技艺人员的需求也随之增加。[1]

（二）服务须向专业化、细分化、多元化、社交化发展

作为医疗健康细分领域的推拿按摩产业，还未养成用户定期预约的习惯，也没有将推拿按摩技师作为治病养生方面的专家看待。推拿按摩技师必须把专业技术和理论作为立身之本，整个服务可以将理疗按摩的各个细分项目打造成技师专业度高、用户认可度高的知名品牌。企业可将按摩服务平台打造成类似综合电商平台的多元化的综合上门服务平台，平台的社交化应用不可或缺，便于按摩师与用户进一步沟通，缩短按摩师与用户的距离，按摩师近距离接触用户，通过按、压等方式触碰用户身体痛点，可以在一定程度上完善目前以西医理论为主的医疗健康数据体系。

对比传统推拿按摩行业，"互联网+推拿按摩"产业作为推拿按摩发展的新方向有着许多巨大优势，如具有优质优价、服务项目多等优点。"互联网+推拿按摩"产业正展现出宏大昌盛的蓝图，吸引着许多投资者的注意，推动着传统中医药的发展。但新兴事物的产生通常面临着挑战，"互联网+推拿按摩"产业就是如此。如果产业上下能够努力克服遇到的困难，完成扬弃的过程，便能够发挥其自身优势，得以快速健康地发展，从而为中医药的发展做出更大贡献。

第二节　"互联网+中医药"智慧健康养老服务

"智慧健康养老"是由英国生命信托基金会提出的概念，也被称为全智能化老年系统，是指利用物联网、人工智能、大数据、云计算、智能硬件等新一代信息技术产品，实现个人、家庭、社区、机构与健康养老资源的有效对接和优化配置，推动健康养老服务智慧化升级，提升健康养老服务质量、效率水平的一种新型服务模式。与传统养老模式相比，智慧健康养老更加注重

---

〔1〕杨相民："按摩行业现状分析及前景展望"，载《小儿推拿联盟 2012 年年会暨第一届全国小儿推拿名家交流、展示大会论文集》2012 年版，第 134—136 页。

于大数据收集、客户需求预测、精准投放市场。养老和人工智能的结合使得老年人的健康医疗服务更便捷，节约了医疗资源，减少了养老成本。在工信部、中华人民共和国民政部（以下简称"民政部"）和原国家卫计委联合发布《智慧健康养老产业发展行动计划（2017—2020 年）》后，各省市纷纷开始制定发展方案和进行试点工作，秉持着全面贯彻落实创新、协调、绿色、开放、共享的发展理念，细化行政区域内部省级卫健委、民政部、工信部的具体行政职责。以北京、上海为代表的部分地区也已经开始进行智慧健康养老产品及服务推广目录的评选审核工作，为后期加快推动我国智慧健康养老产业的发展奠定了基础。

一、智慧健康养老政策与背景

2017 年 2 月 6 日，工信部、民政部、原国家卫计委联合发布《智慧健康养老产业发展行动计划（2017—2020 年）》（以下简称《计划》）表明随着工业化、城镇化的发展，我国人口老龄化进入快速发展阶段，并提出要推动健康养老的智慧化升级，提高健康养老服务质量水平，为加快智慧健康产业的发展而培育新的产业与模式，促进信息消费增长。在信息化大数据产业逐渐发展成熟的时代，将人工智能与养老服务相结合，满足人民群众对健康和养老服务与产品日益增长的需要成为广受关注的命题。《计划》提出要促进关键技术产品研发、智慧健康养老服务推广、公共服务平台建设、智慧健康养老标准体系建立、智慧健康养老服务网络建设与安全保障的发展，同时要求建立工信部、民政部、国家卫健委的部际协同工作机制，由三部门的省级机构举办联席会议，制定具体的实施方案并进行试点与实施。同时还要求完善智慧健康养老产业的多元化资金投入机制，培育和规范智慧健康养老产品和服务市场。

2017 年 11 月 7 日，上述三部门共同制定的《智慧健康养老产品及服务推广目录》（以下简称《目录》）确定了具体的产品及服务申报范围、入围要求和具体的组织实施方式与管理、激励措施。《目录》所规定的申报范围仅限于智能健康养老产品与服务，对申报主体的资质做出了存续时间、产品及服务使用权限等 6 项要求。具有资质的相关法人主体填写申请书并在省级相关部门组织下申报，省级相关部门进行审议后确定拟推荐名单与意见函交至工信部、民政部和国家卫健委进行评审，三部委在一定时限内将评选结果公示后才可将相关法人主体列入《目录》。除此之外，《目录》还确定了树立行业标杆等一系列管理和激励措施来促进健康养老产业的发展。

目前我国的养老服务模式主要依靠传统的家庭、机构、社区三大主体，家庭养老大多需要家人长时间的陪伴，养老成本较低，但子女时间不足与照顾水平不专业造成一部分老人无法享受完善的养老服务。社区养老则是指在社区就近建立养老护理服务中心，老人可以在中心内享受一些基础的养老和医疗服务，这种方式能使老人不用支付高额养老费用的同时享受社会各界、政府机关和部分企业带来的养老服务，并且养老护理服务中心一般离家距离较近，既能满足老人的物质需求，也能满足其精神需求，但此方式服务半径有限，无法将服务范围扩大。机构养老是三种方式中专业性最强的一种，专门的养老机构如福利院、养老院、老年公寓将老人集中起来，提供全面的养老服务，此种方式运营成本相对较高，有着资金不足、床位紧缺的风险。智慧健康养老通过利用互联网和大数据技术，基于可供穿戴智能设备的智慧健康管理信息系统，为老年人提供健康管理服务、家庭健康服务，在打造智慧健康养老大数据应用平台的基础上与线下服务中心结合，构建居家、社区和机构养老一体化服务体系，既发挥每一种养老模式的优势，又克服成本高、服务范围有限等缺点，实现成本收益最大化。

二、发展中医药智慧健康养老产业的条件与动因

（一）国家对养老问题的重视

自 20 世纪 70 年代我国实行计划生育政策以来，新生儿增长速度变慢，老年人口增多，人口模型开始向"倒三角"结构转变，出现了老年人口基数大、人口老龄化增长速度快等特点，人口老龄化问题日渐严重。截至 2018 年年底，我国 65 岁及以上人口达到 1.67 亿人，老年抚养比率达到 16.8%。而老年人与残疾人服务机构职工人数则仅为数十万人，提供养老服务的主体与接收养老服务的主体数量明显不对称，养老产品与服务市场呈现出明显的供需不平衡的现象。除此之外，部分城市的老年人离医疗机构、养老服务机构更近，容易享受到养老资源与服务，而偏远地区的老人则相反。偏远地区的养老服务相对不完善，设备、物资等资源与城市地区有一定差异，再加上部分乡村地区的老人为独居老人，这部分老人受到知识水平、地理位置等的限制，很难享受到完善的养老服务。因此，传统的以政府为主导的医疗机构与养老服务机构所提供的服务业难以全面满足老年人的养老需求。2011 年国务

院颁布《中国老龄事业发展"十二五"规划》,明确提出要加快居家养老信息系统建设。2016年国务院办公厅又发布《关于促进和规范健康医疗大数据应用发展的指导意见》,推动健康医疗大数据融合共享、开放应用,各部委也从资本引流、具体实施方案等方面发布了相关指导意见。这说明政府在试图通过丰富养老服务种类、完善养老产业、引入社会资本的方式,力求全面开放养老市场、发展养老产业,为老年人提供更全面的养老服务。

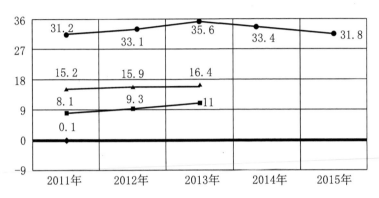

→老年人与残疾人服务机构职工人数（万人）
■城市养老服务机构职工人数（万人）
▲农村养老服务机构职工人数（万人）
◆社区养老服务机构职工人数（万人）

养老服务机构人数变化图

→65岁及以上人口（亿人）

65 岁及以上人口数量变化

注：以上两表均来自国家统计局网站。

（二）互联网产业的发展

近年来，我国智慧城市的发展为智慧健康养老提供了发展中介，自 2012 年我国发展城市智能管理网络技术开始，城市服务功能的技术化和信息化成为主流，部分城市已经基本实现了网络化全覆盖。随着国家对于电子商务鼓励政策的推行，互联网大数据与人工智能也发展到一个新的阶段。智能产品技术的不断革新使得适用于智能健康养老终端的低耗能的微型化智能传感技术、室内外高精度定位技术更加完善，同时在适用于健康管理终端的健康生理检测、监测技术上有了新的突破，推进了健康状态实时分析、健康大数据趋势分析等智能分析技术的发展。5G 技术的发展在推动着智慧健康养老服务的转型，在 5G 网络下，健康管理和初步诊断可以家居化，个人、家庭、机构养老有望实现高效分配与对接，从而提高智慧健康养老服务质量。互联网行业发展带来的智能终端设备在运行的同时产生数据，并对这些数据进行储存、计算与分析，这些终端设备与海量的数据为发展智慧健康养老产业提供了基础。老人们在医疗机构或养老服务机构接受相关服务以后，其身体体能数据即可直接记录到数据库中，通过"云数据"传输给其他机构。之后在其他机构接受服务时，老年人们则不需要为了调取自己的病历资料而往返不同的机构，大大增加了老年人接受养老服务的便利性。互联网产业的发展还带动了一大批互联网医生的产生，网络问诊这一方式开始逐渐推广，人们通过电子设备即可与医生即时地沟通，减少了就医的地域限制。就智慧健康养老而言，老年人们可以通过互联网平台将自己的健康数据传递给在另一终端的医生，实现异地咨询、就诊。

（三）社会资本的多元化

改革开放以后，我国社会主义市场经济体制不断完善和发展，各行各业均迎来了发展契机，发展的规模与速度均呈现良好的上升趋势。在这种经济新常态下，许多企业与个人通过各种方式获得了资本积累，为了适应日益激烈的市场竞争态势以及出于商事主体的逐利性本质，社会资本开始涌向不同的行业。养老产业作为我国重要的新兴产业之一，其发展潜力吸引了来自不同行业的投资，其中最为典型的是国有企业、保险机构、房地产公司，以万科、保利、泰康人寿等为代表的房地产企业与保险企业以其强劲的资本与资源的优势最先进入养老健康产业。房地产企业如万科、绿地主要将资本集中于机构养老和社区养老两种方式，通过依托已有基础设施与服务的老年公寓、老年社区、养老服务中心、生活馆等方式发展智慧健康养老产业，其他一部分房地产企业也在试图建立不以其他基础设施为依托而自主构建的公寓与养老中心，这些尝试都大大完善了养老产业的模式。虽然部分企业的健康养老产业实践已进入规模化扩张的阶段，但由于长期以来政府管控较严，社会资本的参与度仍明显不足。为了推动社会资本参与养老服务业，《国务院办公厅关于政府向社会力量购买服务的指导意见》《财务部、国家发展和改革委员会、民政部、全国老龄工作委员会办公室关于做好政府购买养老服务工作的通知》《国务院关于加快发展养老服务业的若干意见》等多项政策文件出台[1]，力求将社会资本引入养老产业。因此，智慧健康养老产业的发展资本已经不再仅仅来源于政府的财政拨款与专项资金，还可以向社会资本进行融资。近年来兴起的政府与民间资本合作的 PPP 模式也为智慧健康养老产业提供了一条新的发展路径。

（四）智慧健康养老产业布局多元化

在以国有企业、保险机构、房地产公司为主导的智慧健康养老产业资本市场下，不同的企业有其经营范围与资本积累源头的特色，在投资中注重的细分行业也不一样，使得产业布局逐渐完善。国有企业以中信、首开、北控等为代表，出于承担社会责任、解决退休职工养老问题、盘活闲置资产、获取收益的目的，借助企业的良好信誉，通过低成本收购与自建的方式扩张养老产业布局，如中信国安集团建立的"天下第一城养老小镇"就是典型的体现。以泰康人寿、合众人寿、新华人寿、中国人寿等为代表的部分保险公司主要将资本注入了保险养老社区，通过运用股权投资、战略合作等方式参与智慧健康养老的产业化，并有 11 家保险公司在 2016 年联手签约加入了"中国保险养老社区联盟"，联手打造产业链[2]。房地产企业的养老产业布局则主要以机构养老和社区养老为主，并对具体模式和产品概念进行创新来满足老年人的需求，比如万科旗下的"怡园光熙长者公寓"为老人提供日常生活中的一切服务，成为一种新型养老机构。除了参与行业多元化以外，智慧健康养老项目的地域布局也呈现多元化的发展趋势，从国家卫健委等部门已经

---

〔1〕　参见严勇："引导社会资本积极参与养老服务业"，载《人民论坛》2019 年第 24 期。

〔2〕　参见崔丹丹、应含笑："保险养老社区在中国的发展研究"，载《现代营销（经营版）》2019 年第 5 期。

公布的智慧健康养老示范名单上看，国家大力推广的智慧健康养老项目在四川、浙江、上海、山东、辽宁、河南等省市均有分布，智慧健康养老示范企业也在多个地区均有设立。

（五）中医药行业的发展与参与

近年来，"医养结合"逐渐被越来越多的人接受，成为一种新兴的养老模式，该模式将医疗服务技术与养老服务结合，成为社会关注的热点。2016年发布的《中华人民共和国中医药法》强调要大力发展中医药健康养老产业[1]。中医药行业与养老行业的高度关联性、市场需求的增多、科学技术的进步以及我国政策的积极引导使得中医药行业在智慧健康养老行业中的参与度越来越高。一批中医药企业如同仁堂最先通过与其他行业的企业合作的方式，整合各类资源，设立产业发展基金，建立智慧健康养老服务社区。发展中的中医药智慧健康养老服务产业在内容上包括中医药医疗产业、中医药保健康复产业、中医药餐饮业、中医药设备产业等。这些产业在发展的过程中既能提高中医药行业的竞争力，也能促进智慧健康养老行业的发展，同时还为养老养生人群提供了产品、基础设施、养老服务。与西方医药学相比，中医药有着"重预防，治未病"的特点，可以改变我国老年人"重医不重康、长寿不健康"的现状[2]，也符合大多数老年人对于养老服务的期待。与此同时，中医药行业与互联网行业相结合，利用云计算、物联网、云数据等信息技术，可以为更多老年人提供中医健康检测、咨询评估、诊断治疗、养生调理等服务。

三、海恩达智慧健康养老发展模式分析

（一）"海恩达"的商业模式

智慧健康养老产业包括智慧健康养老产品、智慧健康养老服务两个方面，其中智慧健康养老产品包括健康管理类可穿戴设备、便携式健康检测设备、自助式健康检测设备、智能养老监护设备、家庭服务机器人等，而智慧健康养老服务则包括慢性病管理、居家健康养老、个性化健康管理、互联网健康

---

〔1〕 参见李文静、黎东生："粤港澳大湾区中医药健康养老产业融合发展探讨"，载《卫生经济研究》2020年第1期。

〔2〕 参见蒋梦惟、王寅浩、孙颖妮："政策引路 医养结合加速升级"，载《中外企业文化》2018年第6期。

咨询等内容。国内智慧健康养老产业现行运作方式有三种：第一种是 DMP（Demander-Mediate-Provider）模式，在此种模式下需求者将需求反映给服务中介平台，服务中介平台再联系医院、公司、志愿者、其他服务机构等为需求者提供养老服务，这种运行模式类似于各类服务热线平台，可以作为中介方快速、有效、系统地为需求者提供信息。第二种是 DTP（Demander-Provider）模式，需求者通过直接享受供给者提供的服务或使用其产品而满足自己的需求，该模式可以及时地为需求者提供服务，免去中介平台这一流程，使得服务过程透明化，受到的地域限制较小。第三种为 PTD（Provider-Demander）模式，此模式下，产品或服务的提供者主动收集需求者可能需要的医疗信息、养老服务信息等，通过对需求者生理状况的检测来提前预测需求者的需求。在以上三种运作方式中，海恩达高科技股份有限公司（以下简称"海恩达"）作为医疗器械生产销售企业选用的主要是第二种 DTP 模式直接向消费者提供服务和产品。

（二）海恩达产品及业务简介

"通化海恩达"的主营业务集研发、生产、销售高科技医疗器械设备于一体，其产品包括专业化生产数字化医疗诊断仪器、光机电一体化治疗设备、智能化中医特色诊断仪器、智能化理疗康复设备、生化试剂诊断仪器、基因测序设备等先进医疗装备，这些设备均属于《目录》中明确列示的健康管理类可穿戴设备、便携式健康检测设备、自助式健康监测设备等名录。海恩达中医诊断类产品是该公司的特色产品之一，该类产品包括基本的测量仪器如舌脉象、经穴、体质辨识分析仪、中医经络检测仪、中医新四诊仪等，通过使用这些设备，可以检测出使用者某项或全部的生理状况。机器检测特定经络气脉波动的波形情况与舌象等信息，诊知人体肺腑的气血、阴阳、生理与病理状况，从而了解心脏的搏动、心气的盛衰、脉管的通利和气血的盈亏及各脏腑的协调作用。这一系列产品依据传统中医经络理论，替代中医脉诊，对人体健康状况存在的倾向性或潜在性的不正常状况、问题、障碍做出初步判断，实施人体健康状态普查、筛查。这些机器的优点在于体检范围广、灵敏准确、检测迅速，除了帮助适用对象界定亚健康状态与诊断早期疾病外，还可以为中医提供量化数据，作为疗效评估与病情观察的依据。该公司另一类特色产品为中医综合诊断类产品，如中医体质辨识分析仪、智能中医机器人。中医体质辨识分析仪是依据中医药学会《中医体质分类与判定》标准开发的仪器，该仪器依据量表设计原理，以问询录入的方式，采集居民健康信息，通过9种体质分值的结果对儿童、成人、老年人、孕妇等分析判断体质类型，根据计算出的类型，该仪器可以自动生成中医调理保健建议，同时将检测到的信息储存起来便于以后查询。智能中医机器人则更加具有"互联网"特色，这是通过"互联网+大数据"技术架构与人工智能算法技术对某个特定使用者进行望、闻、问、切的数据采集，同时是运用智能医学云数据库系统对该任务做出综合分析及诊断的人工智能医学诊断设备。在具体的诊断过程中，不同于其他的互联网诊疗平台，中医机器人并不会仅依靠一位医生的经验，而是整合很多中医在诊断同类病症时的经验，弥补以往中医医生个人主观判断的不足。该机器人与5G技术兼容，具有视频、音频、患者病案数据等海量信息的远程、实时、同步交互传输功能，同时还可以像传统网络诊疗平台一样自动在线请求全国各大医院的专家提供远程诊断，从而减少患者的就医成本。对于疾病的康复阶段，海恩达推出了中医体质调整光电康复器。经络治疗一直是中医重要的治疗方法之一，针灸是祖国医学的重要组成部分，历史悠久，具有独特疗效。该康复器通过模拟超健康状态下的人体电波，刺激足部和人体经络的300多个穴位和反射区，将1级至50级的能量波输入人体。能量波输入人体后，通过对病症波的反复矫正作用，使人体电波逐步趋于健康状态，达到治疗疾病的目的。使用足疗仪的时候，很多患者反映能量波可以通过双脚直达膝部和膝部以上的部位，这种效果又远远胜过了一般的足部反射区治疗。

同时，海恩达还开发了中医智能远程诊疗平台、皇封御医馆这两个项目平台。中医智能远程诊疗平台是一个医共体协同体系，把远程教学、远程体检、远程会诊、双向转诊通过物联网进行整合，形成一个以各级医院的中医科室为实施基础，基于国家卫生信息标准体系和安全保障体系而构建的互联网中医大数据平台。该平台接入病历资料、中医四诊等数据，再将数据传递到各级医院与系统，实现远程会诊与服务，再接收由医院或系统提供相应的诊疗方案，将所有数据与诊疗方案储存进数据库中形成电子病历。这一平台能解决当下医共体优质资源无法下放、基层医师诊疗技能有限、各医院不能互认体检信息、双向转诊制不畅通的问题，通过构建统一的服务平台形成中医诊疗电子病历平台，帮助上下级医疗机构使用统一中医体检标准，共享数据，避免因使用不同仪器产生的标准不一的问题，从而实现中医诊疗设备普及化，帮助基层、县级、市级、省级医院实现一体化网络建设，最终为实现基层首诊、双向转诊、急慢分治、上下联动、专家异地诊疗的目标提供有效路径。具体操作流程如下图：

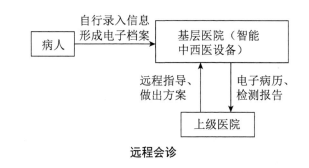

远程会诊

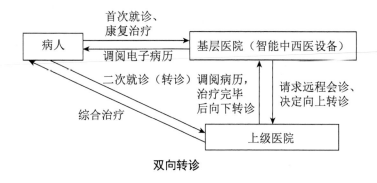

双向转诊

皇封御医馆则是一座通过航天遥控技术、医学专家远程会诊技术、云医学数据平台技术将众多大医院的专业监测设备和特效治疗设备结合，通过先进的智慧医疗管理平台科学整合成的一个智能化、专业化、权威化的微型医馆。该微型医馆的"智慧医疗+药店+诊疗所"商圈控制模式可以实现三甲医院的预防、诊断、治疗及自动定期寻访服务。此模式不但能为诊所、药店快速聚集人气，同时还能输送诊断和治疗技能，为患者提供全面的服务。在医馆中投入的中医互联网诊所远程会诊平台及远程会诊终端可以解决老年人看病难、就医难、就医贵的医疗问题。其是在中医"四诊"（望、闻、问、切）诊疗技术的基础上，辅以相关的网络和通信设备，实现本地与远程的视频、音频、患者病历数据等诊断信息的交互，能够让本地医生对异地患者提供远程诊断和指导，同时可以将会诊过程通过影音资料储存。该医馆主要由四个平台系统组成：微信互动平台系统为患者提供解除服务的窗口；医学专家互动平台为患者提供与医生交流沟通的渠道；云数据管理平台则是由海恩达接受国家相关卫生机构的委托，与中国联通公司联合打造的"云医学数据库"；中医综合问诊平台系统则可以通过体质特征数据分析为患者提供一份中医体质辨识评估报告。除了平台系统，医馆还设置了舌脉象经穴体质辨识采集分析仪、脉搏仪、干式血尿生化分析仪、人体成分分析仪、电脑骨伤愈合仪等医疗设备，为老年的常见疾病提供了预防、鉴别、康复治疗服务。

海恩达还提供在线体检的服务，消费者可以在其网站上进行远程中医智能问诊、远程智能经络脏腑诊断、远程智能脉诊诊断、远程智能舌象诊断。通过生产、销售这一系列产品，海恩达可以为老年人以及其他消费群体提供各种健康数据的记录、检测与分析。庞大的互联网数据库为这一系列设备提供了可供借鉴的诊断经验与临床案例，再与设备本身检测到的身高、体重、血压等基础生理数据相结合，这些健康服务设备即可为老年人提供安全、可靠的服务，直接满足老年人群体的养老与医疗需求，从而满足 DTP 模式的运作方式。

（三）海恩达的销售模式及售后服务网络

在销售方式上，海恩达将国内和国外的销售渠道区分开来，在国内主要通过区域分公司、省级营销中心、地级代理商来进行销售，同时也通过建立基于基层医疗体系的皇封御医馆（智慧基层诊疗中心）和家庭医生服务站为广大消费者提供医疗服务。在国外则重在推广其产品之一——智能中医机器人，满足海外消费者对中医医学的好奇心的同时也打开了自身的销售渠道。除了拥有完善的智慧健康养老产品与服务体系，海恩达还具有遍布全国的售后服务网络，在全国工商联医药商会医疗器械分会的支撑下，建成并运营由全国 333 个地级市和 30 个省会区级城市，共计 500 多家的优秀医疗器械公司及医疗器械门店组成的全国医疗器械 5S 服务联盟共同体，结合线上网络电商平台与线下区域实体店，打造了提供精准服务的医疗器械服务电商平台——奇蟹商城。海恩达通过这种方式将其提供的服务延长到售后阶段，并通过与其他医疗机械第三方企业联盟提供更加迅速、便捷的售后服务，在将自身的服务链延长的同时也利用联盟的优势减少了售后运营成本。

（四）海恩达的综合收益及荣誉

如今，海恩达总资产已超过 1 亿元，是国家级高新技术企业，并且多年获得国家 AAA 级守合同、重信用企业认证，凭借其在设备领域的优势与国内外各大高校、医院签约合作，成为多个医药业学会、商会的理事机构。2005年到 2015 年期间，该公司凭借其创新技术获得了"创新成果奖"、吉林省重点新产品、吉林省科技企业等奖项与认证，2016 年至今获得了中国医疗器械技术创新企业、中国智慧城市优秀解决方案、中国医疗器械技术创新企业等奖项，并成为全国医药商会理事单位。2020 年 1 月 3 日，工信部、民政部、国家卫健委出于对其较强的技术研发能力和创新服务能力，成熟的市场化应用产品、服务，系统、清晰的商业推广模式和盈利模式的认可，将海恩达列入第三批智慧健康养老示范企业的名录。

四、海恩达智慧健康养老模式推广策略

（一）借助政府政策加大宣传力度

从海恩达模式来看，一个产品或者服务首先由医疗器械制造企业或者养老服务提供企业推向大众，通过企业自身知名度和广大客户群体来打开市场，特定的受众如老年人及其家属则会主动购买企业的产品与服务，同时企业也会主动与各医院联系，通过与医院合作的方式推广自己的产品。当企业发展到一定程度，达到《目录》规定的资质后，可以向省级相关部门申报加入其中。只有在加入《目录》之后才会成为当地政府官方认证的示范企业。由此可见，这一模式下，是由企业主动推动智慧健康养老产品的发展，政府的任务主要在于审批和监督，这样做的优势是促进企业自身科研创新的动力，使企业直接与消费者沟通，也更有利于双方信息的交换。但"养老"在我国只近几年才开始被人广泛关注，人们对于"智慧健康养老"这一概念更加缺少认识，许多老人的思维还停留在传统的"养儿防老"和医疗机构提供的医疗服务上，所以借助政府的公信力进行宣传成为一个较为有效的推广方式。政府近几年的工作重点也局限在发展实体养老服务机构上，对于智慧健康养老的宣传工作仍然不够，以政府主导的智慧健康养老大型宣传活动较少，目前宣传的形式也主要依托网络服务公司在社区老人服务中心开展的一些公益性推介活动，宣传推广的形式较为单一、覆盖面不广，群众知晓度还不够[1]。

─────────────

〔1〕 参见陆云亮："智慧养老存在的问题及对策研究——以连云港市为例"，江苏师范大学 2018年硕士学位论文。

因此，在智慧健康养老产业的推广过程中，企业还需与政府积极合作加大宣传力度，提高企业的产品和服务的社会知名度。

（二）进行多元化融资

近年来，我国一直在经济上施行供给侧结构性改革，试图通过改变各产业国内市场供给关系的方式来推动经济发展。为了推广智慧健康养老产业，政府为相关企业提供一定的优惠政策如税收补贴、放宽市场准入等，在严格监管智慧健康养老产业的同时减少了不必要的限制和审查，以从供给端推动新兴产业发展。政府还在财政政策上加大了财政投入，建立、完善了智慧健康养老产业的财政预算制度，为智慧健康养老的推广提供了支持和保障，如杭州市拱墅区人民政府在 2017 年投入了 600 万元用于推进"智慧养老"服务[1]。为了解决中小微智慧健康养老企业的"融资难"问题，政府积极鼓励社会投入，完善多元化资金投入机制。企业可以利用政策优势，与国有资本投资公司合作，通过设立智慧健康产业投资基金等方式，引导社会资本参与智慧健康养老产业的发展[2]，也可以通过政府自身积极购买智慧健康产品及服务的方式，扩大智慧健康养老产业的服务范围与知名度，还可以通过与社会资本合作的模式，主动引导社会资本参与到智慧健康养老行业的推广过程中。中医药企业"同仁堂"在进入智慧健康养老行业初期即确定以产业基金的方式，绑定合作伙伴，同时，紧抓健康养老产业"机构运营"这一核心能力，以轻资产方式进军养老产业。其最先与中原高速、太阳纸业等企业达成合作意愿，成立养老产业投资基金，之后又与碧桂园、光大永民保险、招商银行、中诚信托等房地产、金融企业建立战略合作伙伴关系并于 2018 年建成集养老、生活、康复、疗养、护理于一体的线下养老机构——同仁堂粹和康养天坛生活馆。现阶段，同仁堂已形成以现代制药业、零售商业和医疗服务三大板块和以中医药为核心的健康养老领域业务群。

（三）加强智慧健康养老复合型人才队伍建设

智慧健康行业既有养老行业的服务性又兼具信息行业的技术性，其发展必须着眼于老年人的角度来看待产品和服务的价值，以顾客为中心，着重解

---

〔1〕 参见"杭州·拱墅"门户网站："加大财政投入 推进'智慧养老'服务"，载杭州市拱墅区人民政府网，http://www.gongshu.gov.cn/art/2017/5/31/art_1228920_7414213.html，最后访问日期：2020 年 2 月 16 日。

〔2〕 参见高源："智慧养老的发展现状与政策研究"，山东财经大学 2018 年硕士学位论文。

决老年人的核心诉求，同时也要在产品类型开发、服务质量提升、成本控制等方面下功夫[1]，因此推广和发展智慧健康服务行业需要具有专业知识背景的人才参与。目前我国智慧健康产业没有得到充分发展，大批养老服务人员对于信息化技术知识缺乏，而智慧养老服务与产品的研发人员也极少有养老服务背景，所以企业应当从三个方面加强智慧健康养老复合型人才的建设：一是对智慧健康养老服务及产品研发人员进行专业的养老服务培训，使他们真正了解老年人的养老需求所在，从而在研发时能更加注重产品和服务的消费者体验；二是提高复合型人才员工的待遇，通过良好的职业福利和物质激励具有信息化和养老服务专业背景的人才进入智慧健康养老行业；三是积极引进高新技术人才，与各高校、科研机构合作，从而提高产品竞争力，这种方式既可以通过提高人力资源水平来带动智慧健康产业的发展，又能促进行业科学技术研发能力的提高，可以完善产品和服务体系。海恩达为每一个产品提供免费的教学教程，以便使用者和员工能够更加熟练操作流程，同时还在官方网站上公布了每一个产品的具体操作视频，视频中包括产品的注意事项、组成部件、操作流程等内容，对于一些文化水平相对较低的老年人来说较为直观、简单易懂，减少了相关产品的危险系数。

（四）加强品牌形象建设

对于智慧健康产品而言，其检测与分析功能往往与医疗检测紧密相连，对老年人提供的养老服务离不开对血压、血糖等生理数据的检测，一旦某项检测功能出现缺失，则有可能危害到使用者的身体健康，对整个智慧健康养老行业甚至是全社会带来负面影响。因此企业自身要提高产品与服务的质量，对日常生产经营工作进行严格的监管，加强行业自律，制定适当的行业规范，严格按照流程进行日常管理和操作。建立良好的品牌形象从而带来口碑，也是智慧健康行业发展的重要方式。基于老年人群体的特殊性，提供优良的智慧健康养老产品和服务的企业更容易快速被更多人知晓，从而打开其知名度。通过企业优质的用户体验与产品质量带来更多的消费者，最终将智慧健康养老的概念推向更多的受众，进而增大智慧健康养老产品及服务的需求，反向推动智慧健康养老行业化。海恩达格外注重企业文化建设，以修德正心、开

---

〔1〕参见廖喜生、李扬萩、李彦章："基于产业链整合理论的智慧养老产业优化路径研究"，载《中国软科学》2019 年第 4 期。

创无限、创造财富、贡献社会为宗旨，致力于健康事业，努力创造优质的诊疗康复产品，同时秉承着"技术创新、人才为本、诚信经营、企业发展、员工致富"的经营理念，给大众带来了一个有信仰、懂感恩、善言善行、有诚信的企业形象。

（五）制定正确的营销战略

智慧健康养老虽然已经开始被广为关注，但在老年人群体中的普及程度仍有所局限。企业许多的项目都处于理论设想阶段，没有真正落实到市场，更没有被广大受众知晓。面对这样的情况，企业需要调整营销思路，制定正确的营销战略，并通过互联网思维来推广智慧健康养老概念。企业可以把重点聚焦在部分身心健康、有一定积蓄和购买能力、对养老服务有购买欲望的老年人身上，以广大老年人的需求为根本，设计出能够满足他们需求的产品。在满足这部分受众的需求之后，即可通过部分人把养老产品和服务快速推向市场。企业还应当充分利用流量思维，先让部分人免费试用，不断更新换代产品与服务，利用新媒体吸引更多的用户形成不断上升的流量，最后找机会在其他方面寻找赢利点，或主动创造收费渠道[1]。海恩达通过微博、微信公众号、人人网、官方网站等渠道，将自己的产品、企业概况等信息全部展示给广大受众，即便是对智慧健康养老没有过了解的人也可以通过这些渠道查询到海恩达的相关资料。该公司在官方网站和微信公众号还设立了人工客服，保证客户的需求能在最短的时间内得到回应。这些渠道与服务能为客户带来无微不至的关怀，也在一定程度上消除了一些顾客对于医疗行业的偏见与误解，在服务于已有客户群体的同时，带来了大批的潜在客户。

（六）加强自身技术水平

智慧健康养老是以人工智能技术为依托产生的新兴行业，及时更新技术、适应社会需求是实现智慧健康养老行业化的关键。企业作为产品的设计者、生产者和服务的提供者，更应该加强智慧健康养老产品的技术研发，提升产品及服务的技术含量。除了完善终端设备的功能性、减小设备使用的危险性，企业也应将重点放在优化智慧健康养老的平台设计上，与上下游以及同行业

---

〔1〕 参见邓大洪："'智慧养老'将形成企业如何搭乘顺风车"，载《中国商界》2018年第9期。

经营者构建全国性的智慧健康养老云平台，实现受众信息互联互通[1]，充分运用大数据技术的优势，提高信息的使用效率和信息本身的质量。基于我国目前的经济发展现状，许多地区出现了"空巢老人"，在检测老人生理数据的基础上，企业还应开发出关注老年人情感交流和精神健康的产品和服务。除此之外，《目录》明确规定同一品牌或服务只能有一家企业申请，所以在提高产品质量水平的同时，企业应当加强专利保护意识，防止山寨和不合格产品扰乱市场秩序。海恩达为了加强自身产品的科技含量，不断推陈出新，在已有的中医设备技术优势下，长期与韩国韩医科学院、中国中医科学院、中国科学院长春光机所、清华大学、长春理工大学、北京中医药大学、美国麻省理工学院、美国加州大学等院校与科研机构合作，同时与协和医院、广东省中医院、首都医院朝阳区中西医结合医院、吉林大学第一人民医院等单位签约合作，以中国科学院和中国中医科学院作为强大的技术依托和坚强后盾，汇集众多涵盖多学科的国内外知名专家、学者和专业技术人才，从而使公司能在行业内长期保持技术优势。

五、海恩达智慧健康养老模式的风险及规避

(一) 潜在融资风险及规避

如前文所述，智慧健康养老行业的多元化投资机制中可以包括政府与国有资本合作设立基金、政府购买、政府与社会资本合作等方式。通过设立基金的方式融资可以提高融资效率、分散风险，但由于基金中参与的主体过多，每一个主体对基金的控制能力有限，管理基金的效率便极容易降低。在募集基金的过程中，由于政府的特殊性，法律在设立程序、基金主体权利义务方面均有特殊规定，但在实践中极有可能违反这些特殊规定从而产生违规风险。在基金的资金运用方面，政府为了保证基金稳定运营，极为重视财政资金的安全，智慧健康养老行业发展时间较短，风险较大，出于保障收益的目的，政府资金可能无法及时足额投入，造成基金无法有效运营的后果。为了防止这些弊端的出现，政府应当构建基金设立透明化治理的参与机制，完善政府参与的审批和监督程序，强化此类基金的预算公开制度。除此之外，当政府

---

〔1〕　参见刘伟祎："国外智慧养老的发展现状及对我国的启示"，载《中国集体经济》2019 年第7 期。

主动参与智慧健康养老企业融资时，往往会出现一系列弊端。首先，由于部分企业不遵守相关法律法规与行业习惯、独立性不强、存在行政化倾向，企业与地方政府间形成了一种事实上的依赖关系[1]，可能会出现权力寻租的风险。其次，政府如果过度参与企业融资，有可能出现政府职能越位的现象，与政府在社会主义市场经济中充当的监督者与调整者的职能不相适应。为了减少这些风险，就要求规范政府参与企业融资的程序制度，建立中医药智慧健康养老产业多元化监督机制并进一步完善政府的责任追究制度。

（二）供求关系失衡风险及规避

我国正处于城镇化、人口老龄化的加速期，但目前养老行业资源的供给却仍然不足，智慧健康养老的供给更是有限。智慧健康养老供给的有限性限制了人们对这一行业的了解，许多人对养老的印象还停留在传统的实体养老机构或者家庭式的养儿防老模式，对智慧健康养老的不了解使得相关产品和服务的需求较少。随着人们生活水平的升高，养老这一话题开始被越来越多的人重视，养老服务机构与服务类型在飞速上升，智慧健康养老行业的需求量也在上升，不少医疗设备制造企业与养老服务机构在捕捉到这一市场信号之后开始转型。然而企业对市场信息的预测并不是准确的，短期内快速转型的缺点在于不同的制造商为消费者提供的服务构成了一个庞大的供给体系，行业准入标准的制定速度跟不上企业的发展速度，极容易出现假冒伪劣产品的市场乱象或者出现供过于求的不均衡市场。这一现象带来的风险可以参照我国保健食品行业，在行业发展初期，由于保健食品市场准入政策制定不及时、政府审查不到位，出现了一大批违法商家生产假冒伪劣产品，危害社会公众的生命健康，损害了民众的保健食品消费信心。所以在发展智慧健康养老行业时需要时刻注意供求关系的平衡，要引用消费者的满意程度作为衡量供给效率的标准，要引用多层次、多主体的产品和服务供给质量管理，施行全面持续的评价机制，评价主体应当包括消费者、政府、专家、学者。在评价时要将消费者体验和消费者满意度引入绩效评价机制。在具体衡量的过程中，既可以参照经济学效用的分析方法，也可以采用序数效用方法来反映消费者满意度。科学测量消费者满意度能综合反映智慧健康养老产品及服务的

---

[1] 参见周斌、肖北庚："政府购买公共服务的风险与制度建设"，载《湖湘论坛》2016 年第 4 期。

供给数量、供给结构和供给质量的总体情况[1]，以便于中医药智慧健康养老商家及时调整生产战略。

（三）产品使用过程中的风险及规避

大多智慧健康养老产品和服务是通过医疗终端设备和互联网大数据提供的，兼具检测与分析的功能。现今我国智慧健康养老复合型人才数量不足，部分服务人员以及产品的使用者对设备的使用方法不了解，错误的使用方法会带来错误的数据，由此导致错误的分析结果出现，某些设备的不当使用甚至会给使用者带来人身损害。再加之目前我国老年人教育水平和学习能力有限，对于信息化设备的认知度不够，不少老年人对智慧健康养老的产品及服务有着模糊或错误的认识，可能出现不会使用或者错误使用的现象。在使用大数据分析的过程中，数据收集是必不可少的，需要的数据包括使用者的生理状况、年龄等个人信息，这些信息属于个人隐私的范围，但目前并没有制度与保密技术来保证产品和服务提供者能遵守严格保密义务，一些不法商家甚至可能泄露客户的个人隐私以换得商业利益。若想要避开这些风险，企业应当为员工及其使用者、购买者提供相应的培训，保证终端设备的使用者能准确使用产品，同时也要注意培养员工的职业道德，完善数据分析与收集的具体规定，并在日常管理中严格监管，树立从业人员专业化的职业形象。政府则要进行对老年人网络知识的培训，通过社区教育、老年大学等途径普及中医药智慧健康养老知识，同时提高子女的参与度，鼓励子女向长辈们主动宣传智慧健康养老这一概念。

（四）养老市场垄断风险及规避

垄断风险是指智慧健康养老产品或服务的提供商对有利的生产经营条件的独占活动或者寡头性控制[2]。通常在一个市场下如果参与的主体过少，广大的市场与资源便仅被部分企业占有，极容易出现个别企业发展得过于强大以至于排挤新兴企业和小企业的市场，甚至在某些时候这些企业会达成行业垄断协议，树立行业进入壁垒，排挤新市场主体的涌入。

中医药智慧健康养老市场作为新兴市场之一，有着巨大的市场潜力，但

---

〔1〕　参见睢党臣、曹献雨："'互联网+'养老平台供给模式的选择与优化——基于动/静态博弈分析"，载《陕西师范大学学报（哲学社会科学版）》2018年第1期。

〔2〕　参见贾林青："中国保险市场垄断行为的认定和预防——从我国保险行业首例垄断案件谈起"，载《保险研究》2013年第4期。

目前我国除了医疗企业外，仅有国有企业、保险机构、房地产公司这三类企业参与了市场建设，这几类企业发展较为成熟，在资金、资源上有着明显优势，因此目前我国智慧健康养老企业仅由少数的市场主体占有，这些企业如果占有市场支配地位则可能带来市场垄断的风险，与我国鼓励发展智慧健康养老产业的宗旨明显不符。再加上我国智慧健康养老市场还处于发展的初始阶段，市场规则仍不成熟，无法通过市场的调节功能自发地规避这种风险。为了防止风险进一步扩大而危害智慧健康养老产业市场秩序，相关政府部门应当结合我国《反垄断法》，完善市场规则，参考其他产品的市场界定规则，采取政府指导价格和企业自主定价相结合的定价方式，对《目录》中的生产经营具有垄断性的产品及服务，由政府结合自身的规制作用、价格确定机制、鼓励产业创新、行业竞争状况等因素综合考量，制定最高零售价[1]。《目录》以外的产品和服务可以由企业自主定价，同时报相关部门备案。由此既能控制垄断市场的风险，又能使企业得到消费者的反馈以调整自身经营模式。

六、结语

养老问题是我国城市化进程发展至今一大重要问题。随着城市化的进一步加快，再加之过去"计划生育"政策的影响，我国人口老龄化问题日益严重，由此带来了养老模式的变化与发展。我国目前仍然面临着养老服务效率低下、基础设施不完善、养老方式传统单一、人们对养老不重视等问题，提高人们对养老问题的重视的同时，提供多样的、高水平的、高质量的养老服务是目前智慧健康养老行业的当务之急。5G 时代的到来，带来了一批发展成熟的互联网终端设备与技术，为智慧健康养老行业的发展提供了一种新的路径。

本节在分析了国内近年来关于"互联网+"行业和智慧健康养老行业的政策的基础上，结合海恩达、同仁堂等企业的成功经验，对"互联网+"时代中医药智慧健康养老服务产业发展进行了研究；从政策背景、发展条件、推广策略、发展风险及其规避等方面分析了目前智慧健康养老服务产业的可能发展路径，分析了当前国内积极鼓励行业发展的背景，也分析了企业自身良好

---

〔1〕 参见黄勇、刘肇："反垄断法中药品相关产品市场界定研究"，载《价格理论与实践》2014年第 2 期。

的产品范围、技术优势、营销战略、融资结构，还分析了潜在融资风险、供求关系失衡风险、产品使用风险、市场垄断风险等问题，力求全面准确；研究分析了一些中医药企业、房地产企业、保险企业在智慧健康养老业务上的发展特点、发展理念与运作情况，总结出智慧健康养老服务产业在与"互联网+"产业结合过程中的经验与不足，给社会公众、企业、政府提供参照；在明晰当前的发展政策、借鉴已有的成功经验的基础上，提前规避行业发展风险，提出了对"互联网+"时代中医药智慧健康养老服务产业的发展建议，希望对行业的发展及推广提供可供参考与可行的发展方式。

第五章

"互联网+中医药"与突发公共卫生事件

第一节 多主体利用"互联网+中医药"防控疫情面面观

2020 年初，我国暴发新型冠状病毒感染的肺炎疫情，居民问诊需求增加，医疗物资短缺，医务工作者超负荷工作。部分患者在发热门诊排队看病，导致人群聚集，增加了交叉感染的概率。有些人生病不敢去医院却又非常担心自己的症状加重。在这样紧急的情况下，政府、医疗机构、科研院所纷纷将视野投向"互联网+中医药"，开辟出了一条有中国特色的疫情防控之路。

一、政府有关部门出台利好政策助力中医抗疫

疫情发生后，国家卫健委印发多版《新型冠状病毒感染的肺炎诊疗方案》，其中都特别提到中医治疗，为中医药全面参与疫情防控提供了政策支持。

2020 年 2 月 28 日，国家医疗保障局、国家卫健委联合发布《关于推进新冠肺炎疫情防控期间开展"互联网+"医保服务的指导意见》，其中指出：其一，经卫生健康行政部门批准设置互联网医院或批准开展互联网诊疗活动的医疗保障定点医疗机构，按照自愿原则，与统筹地区医保经办机构签订补充协议后，其为参保人员提供的常见病、慢性病"互联网+"复诊服务可纳入医保基金支付范围。其二，鼓励定点医药机构提供"不见面"购药服务。探索推进定点零售药店配药直接结算，按照统筹地区规定的医保政策和标准，分别由个人和医保基金进行结算，助力疫情防控。鼓励定点医药机构在保障患者用药安全的前提下，创新配送方式，减少人群聚集和交叉感染风险。其三，

统筹地区医保经办机构与提供"互联网+"医疗服务的定点医疗机构签订补充协议时，应明确纳入医保支付的"互联网+"医疗服务范围、条件、收费和结算标准、支付方式、总额指标管理以及医疗行为监管、处方审核标准等，原则上对线上线下医疗服务实行统一管理。"互联网+医保"服务的配套完善为"互联网+中医药"顺利参与疫情防控提供了组织保障。

二、医疗机构借助中医药全程精准防治

疫情蔓延初期，浙江省立同德医院、省中医院、省新华医院、省中山医院等省级中医医疗龙头单位开通24小时疫情防护相关快速问诊的互联网医院通道，让居民能在第一时间在线免费咨询问诊平台的专业中医团队，并得到最快速度响应，让"互联网+中医"为居民健康树好屏障。

防控疫情期间，浙江全省各级中医医疗机构纷纷推出"互联网+中医药"平台，除为浙江的老百姓提供中医专家24小时在线问诊外，还提供健康科普、心理咨询、药品快递等服务。部分地市中医药抗疫专家组还通过远程会诊、线上培训等方式助力新冠肺炎救治。

随着复工企业、返乡务工人员数量的增加，为充分发挥中医治未病优势，浙江省正式推出中药预防疫病推荐方，各地市也为此纷纷更新了"新冠肺炎互联网医疗平台"服务内容，给复工员工准备了一套别样的"防护服"。以宁波、湖州为例，当地中医医院特推出线上"中医药防疫保健门诊"和免费体质辨识服务，让企业、居民通过互联网就能享受预防推荐方快递上门的服务。[1]

三、科研院所多措并举发挥中医奇效

疫情期间，中国中医科学院、北京中医药大学等科研院所和高校借助"互联网+中医"，相继推出中医在线服务平台，提供科普知识、居家医学观察指导、自测评估、心理辅导、线上咨询等免费服务，拓展中医药服务空间，发挥中医药在疫情防控、健康维护方面的优势和作用，及时帮助群众答疑解惑、引导群众有序就医。

---

〔1〕 王婷："'互联网+中医'，为抗'疫'插上智慧翅膀"，载 https://www.zast.org.cn/art/2020/2/25/art_ 1673858_ 41983448.html，最后访问日期：2020年2月25日。

（一）中国中医科学院

中国中医科学院中医临床基础医学研究所、科研管理处联合人民健康共同研发新冠肺炎疫情中医药防控服务平台，旨在科学传播中医药防护知识及方法、辅助评估健康状态、提供在线专家咨询等，目前已开通实时疫情、工作动态、知识普及、自测评估、线上咨询、确诊患者同行查询等功能板块。

在实时疫情板块，用户可以对疫情进行实时追踪。通过疫情地图概览全国各省市乃至海外的疫情暴发情况。除了数字，还有折线图，方便用户直观了解疫情新变化发展趋势。平台对各省市抗击疫情的最新进展进行推送，汇总央视新闻、新京报等各大媒体对疫情的报道。此外，该板块还设有辟谣信息栏目，对有关政策、医药防护等方面的谣言进行辟谣，引导用户理性面对疫情，科学采取防范措施。此外，该板块还设有医疗预防的栏目，发布预防指南和检查诊断的最新信息，充分发挥了平台的新闻报道功能和科普教育功能。

在工作动态板块，平台实时发布国家各部门的工作进展，包括国务院、国家卫健委等部门的工作部署，方便用户了解国家顶层的防范疫情的指挥情况。

在知识普及板块，平台整理了古代中医药的防护知识和国家最新版的诊疗方案，充分发挥中医药简便廉验、通俗易学的优势，加强对用户的科普和指导。同时注重西医知识的宣传和普及，及时发布抗击疫情院士的权威观点，为群众不信谣、不传谣提供知识支持。

在自测评估板块，用户可对自己的身体情况进行初步评估，如果用户有什么疑问，还可以在在线咨询板块随时咨询。该板块添加了确诊患者同行查询功能，以便早发现、早隔离、早治疗。

（二）北京中医药大学

疫情发生后，北京中医药大学国医堂中医门诊部迅速对北中医国医堂APP进行了功能优化。在原有功能的基础上，上线了"新肺炎咨询"板块，面向公众提供线上专家义务服务。针对无流行病学接触史的感冒初期症状较轻的患者提供精准咨询服务，充分发挥中医的问诊优势。

北京中医药大学将中医深厚底蕴与防治新冠肺炎积累的实际经验相结合，上线"健康全球"——北京中医药大学全球抗疫平台，在这里可以获悉科学的中医药防疫知识，还能获得权威专家的在线解答。全球抗疫平台功能包括：

①在线咨询。疫情期间，学校专家通过互联网在线义务解答新冠肺炎防护相关问题，为有与新冠肺炎相似症状的患者提供在线诊疗咨询，以期对普通感冒、流感及新冠肺炎轻症患者给予及时的治疗指导。咨询者可以点击北中医国医堂APP首页的"新冠肺炎咨询"进行免费咨询，共同提高疫情防控质量和诊疗效率。②中医防疫系列课程。面对疫情，北京中医药大学教师讲授防疫知识，指导疫情期间如何抵抗病毒侵袭、预防、保健、养生。③中医药公开课。北京中医药大学远程教育学院中医药公开课为广大中医爱好者提供了学习中医适宜技术、中医药抗击新冠肺炎系列在线课程。

举首白云天共远，四方上下与同愁。北京中医药大学与世界人民守望相助、同舟共济，为世界人民奉献中国智慧、中国经验、中国处方，共同维护和促进大众健康，共筑人类命运共同体。[1]

（三）成都中医药大学

成都中医药大学启动"中医药+互联网"抗击疫情行动，为来自全国各地的网民提供中医药防疫、居家调理咨询及心理健康咨询服务。社会公众只需要扫描二维码即可进入"名医在线"，根据提示进行相关操作，获取更多疫情中医预防知识，并就健康问题直接"对话"名中医。经前期准备，100多位中医药专家积极报名远程坐诊，同时学校研究生院招募到138名研究生志愿者，为百姓家庭提供线上免费挂号咨询服务。

成都中医药大学还是各基层中医医院的聚合平台，优化医教协同联盟，形成一种新型的医联体模式，共同抗击疫情。这一套远程咨询平台功能远不止专家一对一服务，更集合了实时沟通的远程会诊、专科联盟、疫情会诊讨论功能，在专家无法到达现场，甚至基层医院面临不能解决的棘手医学难题上，可以通过实时互动，实现权威指导，进行远程操控。成都中医药大学牵头医教协同70多家医院参与共同"抗疫"，其优质资源范围和可及性显然增强，彰显了"互联网+中医药"的独特魅力。

据介绍，这是首次由大学来牵头做的"远程医疗咨询"公益行为，与当前部分医院或互联网医疗公司已经开展的相关医疗服务不同，大学有独特的资源优势，更有人才培养和社会服务的初心使命，"抗击疫情，成中医在线"

---

〔1〕"'健康全球'——北京中医药大学抗疫平台守护您健康"，载 http://www.bucm.edu.cn/tb-gz/61680.htm，最后访问日期：2020年3月27日。

是全体成都中医药大学师生心系苍生的情怀。[1]

四、"互联网+中医"企业齐心抗疫

(一) 微医华佗云

2020 年 1 月 31 日，微医华佗云上线中医药抗击疫情平台，中国中医科学院原院长曹洪欣携中医药专家团，集结上千位中医医师，面向全国用户提供免费咨询服务、提供抗疫预防方，并开辟中医体质辨识、中医药防治处方两大服务板块。[2]

在温州市，抗"疫"最硬核的中医内科团队与微医华佗云合作上线中医药专家组抗"疫"平台。14 位温州中医药抗"疫"专家组成员运用互联网手段发出最权威的声音，以最便捷的形式为市民提供顶级中医专家科普教育与咨询服务，同时对新冠肺炎患者进行康复指导、生活调理、中医药防治等远程服务。此前，温州市中医院就与微医集团合作，于 2020 年 1 月 23 日在全市率先通过互联网医院平台推出在线咨询、问诊服务，医生 24 小时在线，免挂号费、免煎药费、免配送费，为温州市居民开出并配送预防汤剂 2500 多单。[3]

(二) 上医仁家

上医仁家依托自身线上线下一体化中医平台的优势，在疫情期间实现了跨越式的成长，为社会与中医做出了突出贡献。

第一，上医仁家及时响应，成为全网首家免费义诊中医互联网平台。为了解决全国人民疫情期间"看病难"的现实问题，上医仁家于 2020 年大年初一紧急筹备线上义诊，设立上医仁家抗冠专区，迅速集结包括了国家级名老中医、首都名医、全国各大公立医院中医医生以及武汉一线医生在内的万人义诊团，为全国患者用户提供免费问诊咨询服务。上医仁家首日义诊页面访

---

〔1〕 "学校启动'中医药+互联网'抗击疫情行动"，载 https://www.cdutcm.edu.cn/xwsd/content_49909，最后访问日期：2020 年 2 月 2 日。

〔2〕 "中医药抗疫平台上线，由著名中医药专家曹洪欣带队"，载《钱江晚报》，https://baijiahao.baidu.com/s? id = 1657402185899114612&wfr = spider&for = pc，最后访问日期：2020 年 2 月 2 日。

〔3〕 王婷："'互联网+中医'，为抗'疫'插上智慧翅膀"，载 https://www.zast.org.cn/art/2020/2/25/art_ 1673858_ 41983448.html，最后访问日期：2020 年 2 月 25 日。

问量增长近 10 倍，义诊期间累计访问量达到数百万次。这背后是上医仁家平台拥有的丰富的中医医生资源的支持。上医仁家的中医医生大部分为三甲副高以上资质，总量是疫情期间驰援一线中医医生数量的 10 倍以上，可充分保障每位咨询患者回复的及时性和准确性。

第二，贡献社会，面向全国免费配送定制方剂。疫情期间，我国面临 4 亿慢性病患者"取药难"的问题，上医仁家凭借覆盖诊前、诊中、诊后全场景的整体闭环能力，实现线上问诊开方、药品顺丰快递配送到家的互联网便捷方式，保障患者用药，让慢病患者足不出户即可安心买到药品。以此为依托，上医仁家还累计免费发放 5000 份免煎预防药，为防止疫情扩散做出贡献。

第三，助推复工，结合企业需求定制化义诊。目前国内疫情已被有效控制，面对复工人群，确保员工健康成为企业运转的核心诉求。上医仁家为此专门开通企业免费义诊专场。企业员工通过扫码就可享有免费线上中医问诊机会，线上中医根据每位员工不同情况，确定专属方剂，给予预防指导、持续跟踪问诊咨询，全方位守护员工复工安全。目前该专场已覆盖全国 60 多家企业，覆盖员工 4000 人左右，其中包括湖北 10 家企业、武汉 2 家企业。[1]

第二节 "互联网+中医药"在疫情防控中的作用剖析

一、中医药参与治疗的临床效果显著

（一）整体效率高

中医药在本次抗击新冠疫情中，能有效治愈轻症、缓解症状，能减少轻型、普通型向重型发展，能提高重症和危重症治愈率、降低病亡率，能促进恢复期人群机体康复。具体来看，轻症和恢复期中医药早期介入，重症、危重症实行中西医结合，在新冠肺炎治疗中起到重要作用。中医药能够有效缓解新冠肺炎症状，减少轻型、普通型向重型发展，提高治愈率，降低死亡率，促进机体康复。部分康复期新冠肺炎患者存在乏力、纳差、心慌、气短、失眠等症状，可进行中医干预。对于一些器质性病变的新冠肺炎患者，中医药治疗可以促进其炎症的消失。对于重症、危重症新冠肺炎患者出现的肺功能

---

〔1〕 "'互联网+中医'，抗疫新利器"，载 https://wap.eastmoney.com/news/info/detail/20200316 1419929222，最后访问日期：2020 年 3 月 16 日。

受损和肺纤维化，也应让中医药及早介入。[1] 中医药明显促进了轻症患者的痊愈，服用中药有效地降低了轻症患者转重症和危重症的概率，在针对重症和危重症患者的治疗中，中医药缩短了病程，也提高了治愈率。

（二）三药三方成效突出

通过总结中医药治疗病毒性传染病规律和经验，筛选出以"三药三方"为代表的一批有效治疗新冠肺炎的方药。"三药"是指金花清感颗粒、连花清瘟胶囊、血必净注射液，前两者对轻型和普通型有确切疗效，后者对抑制炎症风暴等有一定效果。"三方"是指清肺排毒汤、宣肺败毒方、化湿败毒方，均在新冠肺炎治疗中发挥了积极作用。数据显示，57 例重症患者采用中西医结合治疗、服用清肺排毒汤的临床观察中，其中 42 例治愈出院，占到了 73.68%，无一例转为危重症型；宣肺败毒方是由经典名方凝练而来，轻型和普通型患者有效率在 90%以上，武汉市中医院、湖北省中西医结合医院等单位开展的研究对照显示，与对照组相比，临床治愈率能够提高 22%，河南一医院使用该方治疗轻型、普通型患者 40 例，平均治愈时间为 9.66 天，无一例转为危重症型，湖北武汉使用该方治疗患者，轻型和普通型患者明显治愈，无一例转为危重型；化湿败毒方是由临床实践优化而成，已通过审批，金银潭医院临床对照试验，75 例重症患者使用后，症状改善非常明显，治愈时间缩短了 3 天以上，方舱医院的对照试验也证明了它的有效性。

二、"互联网+中医药"更显优势

首先，"互联网+中医药"对百姓有利。"互联网+中医药"的全新诊疗方式适应传染病的特点，这种"云"看病的方式不仅能有效减少线下聚集交叉感染的风险，更能舒缓群众紧张情绪，让广大居民足不出户就能获得专业、高效、便利的新冠肺炎防治服务。其次，"互联网+中医药"对医方有利。"互联网+中医药"有利于合理调配医疗资源，减轻一线医务工作者的压力、减轻医疗机构的门诊压力。最后，"互联网+中医药"对国家有利。"互联网+中医药"的诊疗方式可以节省医疗资源、降低医疗费用，对精准防疫做出了巨大贡献。

---

[1] "治疗新冠肺炎，如何发挥作用？"，载光明网，https://zhongyi.gmw.cn/2020-03/27/content_33691074.htm，最后访问日期：2020 年 3 月 27 日。

第三节 "互联网+中医药"助力破解突发公共卫生事件的总结与展望

一、多主体利用"互联网+中医药"防控疫情回顾总结

(一)政府有关部门

2020年2月6日，国家卫健委下发《关于在疫情防控中做好互联网诊疗咨询服务工作的通知》，指出要充分发挥互联网诊疗咨询服务在疫情防控中的作用。2020年2月28日，国家医疗保障局、国家卫健委联合发布《关于推进新冠肺炎疫情防控期间开展"互联网+"医保服务的指导意见》，其中指出：将符合条件的"互联网+"医疗服务费用纳入医保支付范围；鼓励定点医药机构提供"不见面"购药服务，参保人员凭定点医疗机构在线开具的处方，可以在本医疗机构或定点零售药店配药。这些政策不仅便于参保人员就医购药、减少人群聚集和交叉感染风险，更为"互联网+中医药"顺利参与疫情防控提供了配套保障。

为充分发挥"互联网+中医药"在疫情防控中的作用，四川省中医药管理局上线"互联网+中医药"电子地图，邀请中医医院和中医药产业基地入驻电子地图，应用电子地图的自动定位功能，为用户提供附近中医医院的位置，并有预约挂号服务。此项措施有利于引导居民主动选择中医药防治新冠肺炎。同时，线上挂号的功能还能降低感染的风险。

(二)中医医疗机构

各地中医医疗机构提供的"互联网+中医药"服务主要有如下几种形式：一是中医在线问诊。通过图文咨询、视频咨询两种问诊方式描述病症，在线辨证论治。二是网上处方配药。医生网上书写病例，开出电子处方，患者在线缴费并填写邮寄信息，药品将由快递送至患者家中。三是线上会诊培训。中医药抗疫专家组通过远程会诊、线上培训等方式助力基层医院救治新冠肺炎患者。四是其他健康相关服务，包括健康科普、心理咨询、体质辨识服务、中医药防疫保健、预防推荐方等。

各大中医医疗机构推出的"互联网+中医药"平台对于防控疫情具有重要意义。其一，便利了普通患者特别是慢病患者就诊用药，减轻了一线医务工

作者和医院门诊的压力，可以有效降低线下诊疗导致的疫情传播风险。其二，通过互联网，将优质医疗资源下沉到基层，放大了优质医疗资源的效应，增加了优质医疗服务的可及性，优化了医疗资源的配置。其三，有利于充分发挥中医治未病的优势，增加人们的健康知识，提升防护意识，做到未病先防。

（三）中医药院校

疫情期间，中医药院校借助"互联网+中医药"，相继推出中医在线服务平台，发挥中医药在疫情防控、健康维护方面的作用。一是上线新冠肺炎科普服务板块，科学传播中医药防护知识及方法，辅助评估健康状态。同时，面向全球推出中医防疫系列课程、中医药公开课等服务。二是面向公众提供专家义诊服务，充分发挥中医的问诊优势，提供在线专家咨询，为无流行病学接触史的感冒初期症状较轻的患者提供精准咨询服务。

中医药院校的科普服务有利于帮助百姓获取更加科学、权威的疫情防控信息，从而提升他们的辨别能力，理性对待各大媒体上的虚假信息，不信谣不传谣，维护社会秩序的稳定。此外，专家义诊服务可以减轻居民就诊的经济负担，减缓百姓的紧张和焦虑。义诊服务还能减轻国家医保资金的支出，缓解国家财政压力，对于有效防控疫情有所助益。

（四）中医药企业

疫情发生后，与"互联网+中医药"有关的企业相继投入疫情防控中。一是建立免费义诊中医互联网平台，与中医医师和中医专家合作开展线上义诊，面向用户提供线上咨询、体质辨识等服务；二是免费配送定制方剂，凭借覆盖诊前、诊中、诊后的全场景整体闭环能力，实现线上开具处方，并通过顺丰快递配送到家。中医企业充分发挥"互联网+中医药"的优势，积极参与疫情防控，是中医医疗机构和中医院校防控疫情的重要补充，扩大了"互联网+中医药"的覆盖范围。免费配送的公益行动让中医药惠及更多的百姓，对全力防疫做出了贡献。

二、"互联网+中医药" 助力疫情防控的未来展望

从中医药自身的特点来看，无论什么新型的传染疾病，注重把握其演变规律，观其脉证、知犯何逆、随证治之，就能达到及时有效防治的目的。在现代常规预防措施基础上，适当选用中医药内服或外用防疫方，有利于防控

疫情、维持健康。中医药与互联网的深度融合更是为有效应对突发公共卫生事件赢得了时间，因而具有广阔的发展空间。一方面，中医"望闻问切"的四诊除了切诊和部分闻诊外，其他的两诊能够很好地在线上进行，这显示出中医药与互联网深度融合的优越性。另一方面，面对疫情，隔离是最好的防范措施，互联网技术的应用无疑可以极大地助推中医药在抗击疫情中的作用。可见，中医药与互联网的有效结合能够更好地战胜疫情，助力破解突发公共卫生事件。

未来可以充分利用此次"互联网+中医药"疫情防控的经验，更加及时、规范、有序地应对疫情。具体来讲：

第一，国家卫生主管部门、中医药主管部门要修改完善《互联网诊疗管理办法（试行）》中第16条第2款"不得对首诊患者开展互联网诊疗活动"的规定，可以考虑增加紧急情况下的例外规定。协调有关部门及时出台有关"互联网+中医药"的利好政策，鼓励、支持"互联网+中医药"参与疫情防控，并为线上中医诊疗的落实提供医保服务等配套保障。可以考虑与社会力量建立应急合作机制，通过多种方式引导患者主动选择"互联网+中医药"诊疗服务。

第二，各级中医医疗机构要完善HIS，为开展线上中医诊疗提供技术保障。注意患者的信息安全和医疗数据保密，妥善保管患者信息，不得买卖、泄露患者信息，防止侵犯患者合法权益。定点医疗机构应积极响应政策要求，及时与统筹地区医保经办机构签订补充协议，将"互联网+中医药"的服务纳入医保基金支付范围。此外，医疗机构还可考虑与物流企业联合推出药品免邮服务，协调连锁药店作为医院中药制剂和线上处方的领取点，实行"线上问诊，就近取药"，让群众少跑腿。

第三，中医药院校可以充分发挥其公益性和专业性，开展线上义诊、健康知识宣传等活动，通过各种媒体平台及时为百姓提供权威、科学的防疫知识，消减百姓的恐慌和担忧。

第四，中医药有关企业应积极与政府有关部门、医疗机构、中医药院校合作，加强技术研发，深入挖掘区域中医智能医联体云平台内部中医人工智能产品在疫情防控中的应用空间，发挥中医人工智能在诊疗中的辅助作用，助力"互联网+中医药"在疫情防控中做出更大的贡献。

历史和现实再次充分证明，中医药学这个老祖宗留下来的宝贵财富屡经考验，在面对突发公共卫生事件时，它依然好使、管用，并且经济易行，值得珍惜。中医药以前是、现在是、未来仍然是人类抗"疫"的重要武器，只要我们充分挖掘中医药在助力人类健康中的巨大作用，中医药必将为促进人类健康书写更加华彩的篇章！[1]

---

[1] "国务院为中医正名：三药三方就是'特效药'！与全球分享"，载 https：//mp. weixin. qq. com/s/8emKE14_ SdVboTQZQYfsjQ，最后访问日期：2020 年 3 月 25 日。

第六章

"互联网+中医药"产业发展风险及规避

第一节 "互联网+中医医疗"产业

一、中医医疗与互联网融合趋势

现阶段，大部分的省份都在积极开展"互联网+中医医疗"的实践活动，这主要表现为利用互联网等信息技术拓展医疗服务空间和内容，发展覆盖诊前、诊中、诊后的线上线下一体化医疗服务模式，建设互联网中医医院。目前，已建立的中医互联网医院有两种形式：一种是互联网医疗企业自身通过向卫生部门申请设立医院执照，成立互联网中医医院。依据《互联网医院管理办法（试行）》，这种无实体形式的互联网企业建设互联网中医医院需要先自建线下实体医院。因此，这种形式的互联网中医医院发展缓慢。另一种是互联网医疗企业选择与线下实体医院合作共建互联网医院。这种形式的互联网中医医院建设条件较为便利，在大部分的省份正在快速形成体系，发展速度较为迅速。

北京市、江苏省和浙江省是比较典型的"互联网+中医医疗"发展迅速的省市。北京市正处于分级诊疗发展的重点阶段，正加大基层卫生机构的"互联网+医疗"发展，借助线上中医医疗 APP 建设，进一步开展基层线上线下一体化服务和远程医疗服务。江苏省东台市互联网医院深度整合中医资源，即互联网医院指挥中心实时监控、实时调度，中医云诊室和家医签约"两个平台"高质运转、高效服务，打造送中医上门、送药膳上门、送中医护理上门、送健康促进上门的"四送"服务。浙江省海盐县实现了覆盖全县域的中医诊疗系统，正构建中医药医联体，大力发展中医远程医疗、移动医疗等新型医疗服务模式。具体省市"互联网+中医医疗"发展现状如下表：

省市	发展现状
北京市、上海市、浙江省、江苏省	发展速度较快，应用线上中医医疗 APP 建设，进一步开展线上线下一体化中医医疗服务和远程医疗服务
天津市、重庆市、河北省、山西省、辽宁省、吉林省、黑龙江省、安徽省、福建省、江西省、山东省、河南省、湖北省、湖南省、广东省、海南省、四川省、贵州省、云南省、陕西省、甘肃省、青海省、内蒙古自治区、广西壮族自治区、西藏自治区、宁夏回族自治区、新疆维吾尔自治区	发展速度较慢，在区域内目前处于初级阶段，刚开始建设或准备建设线上线下一体的"互联网+中医医院"

二、"互联网+中医"产业发展案例：固生堂

2015 年 4 月 24 日，国务院办公厅经李克强总理批准，颁布了《中医药健康服务发展规划（2015—2020 年）》，其中的重点任务就明确指出要推动"互联网+"与中医医疗的结合，大力发展中医远程医疗、移动医疗、智慧医疗等新型医疗服务模式，并利用移动互联网等信息技术提供在线预约诊疗、候诊提醒、划价缴费、诊疗报告查询、药品配送等便捷服务。各路社会资本与创业者根据政策的指引，纷纷进入互联网中医医疗服务业中，大量中医医疗 APP 应运而生，各方中医企业都在抢占这片潜力巨大的"蓝海"。尽管是在移动医疗行业融资萎靡的大环境下，中医移动医疗依然能不断地得到资本的注入，其中就有以 7000 万美元创下中医领域单笔融资数额之最的"固生堂"。

（一）发展背景

2010 年，涂志亮、李政木（涂志亮岳父，中医专家）、王荣光三人正式在北京成立北京固生堂中医养生健康科技股份有限公司，且在 2011 年在北京开办了第一家医馆。

2014 年，固生堂旗下诊所已发展至 5 家，覆盖超过 530 万的用户。这主

要是因为当时的固生堂的业务方向是企业端，即为大型金融机构的客户提供高端中医医疗服务，包括平安集团、建设银行总行、中信银行总行、民生银行总行、华夏银行总行、招商银行信用卡中心、农业银行北京分行、交通银行北京及深圳分行、光大银行总行和新华保险集团。固生堂视这些金融企业的高端客户为 VIP 客户，并成为他们的服务提供商。VIP 客户在固生堂享受"免费"服务，金融机构会为其买单。[1]

同年，固生堂开始进行三年四轮的融资进程，这主要是因为 2012 年第三季度起，固生堂开始计划战略转型，由面向企业的集团采购商业模式转为以中医门诊为核心的商业模式运行，此次的战略转型也为固生堂之后的格局奠定了基础。自 2015 年 3 月起，固生堂先后获得 4 轮共 17 亿元融资。其中最近一次是 2017 年 5 月获得 10.1 亿元 D 轮融资，投资团队包括中国国有资本风险投资基金、中国人寿、招银国际、金浦健服等机构。2010 年初创期获天使投资时，固生堂估值 1500 万，到 2018 年其估值已升至 67 亿，成长为连锁中医馆的"独角兽"。[2]

自 2015 年起，随着资金的注入，固生堂医馆的扩张速度骤然提升，2016 年已有 16 家门店和 700 多位出诊专家，到 2017 年时已有 29 家门店以及 1300 多位出诊专家。[3]

（二）"互联网+中医医疗"的运营模式

相比于西医与移动互联网结合，市场上充斥的大量中医 APP 可以简单地分为三大类，即找中医、问中医和看中医。而真正的具有核心优势的中医产品必须向线下延伸，形成中医线下就诊的服务闭环。固生堂除了在线下实体快速发展外，在互联网方面的拓展也没有落下，目前已获得了互联网医院牌照并基于线下为主的模式开发了 O2O 的互联网平台。本部分将着重阐述固生堂的互联网中医诊疗服务平台的运营模式。

---

〔1〕　"三年晋升'准国家队'，固生堂在中医领域复制了凤凰医疗的供应链模式"，载《搜狐健康智汇》，http://www.sohu.com/a/191153082_464405，最后访问日期：2017 年 9 月 11 日。

〔2〕　郑小敏："涂志亮：借力产业资本打造中医服务领域'独角兽'"，载《南方都市报》，http://epaper.oeeee.com/epaper/D/html/2018-05/18/content_27396.htm，最后访问日期：2018 年 5 月 18 日。

〔3〕　"HMO 中国落地并非空想　固生堂打造新型互联网 HMO 模式"，载 39 健康网，http://zl.39.net/a/160310/4787101.html，最后访问日期：2016 年 3 月 23 日。

1. 服务对象及范围

固生堂以服务 B 端客户起家，为企业员工提供 VIP 式中医诊疗服务。自 2014 年战略转型以来，便确定了要以重心放在服务 C 端的中医门诊"保健组织（Health Maintenance Organization，HMO）"运营模式。因此，目前来说固生堂的主要服务对象是需要中医诊疗及保健的广大用户群体。目前服务内容支持预约挂号、理疗预约、就诊咨询、轻问诊、在线开方、诊后管理、诊后买药、随访以及医师端管理等服务。此外，固生堂 CEO 涂志亮指出，固生堂的互联网 HMO 模式同样适用于企业，其可为企业员工指导饮食、运动及养生，制定中医保健计划、体质监测、健康水平评估等服务。[1]

2. 运营模式

第一，线上互联网服务闭环。就目前来看，固生堂除了为医师开发的"枣大夫"医生工作站外，未发布任何 C 端的互联网产品，但固生堂已连续三年每年投资在千万元以上，打造以用户为中心的微信智能就医平台。平台所提供的线上服务与众多 O2O 互联网中医产品如"看中医""理大师""微中医""小鹿医馆"等类似，涉及线上预约挂号、线上付费、医后随访、传播中医科普内容等服务。固生堂的线上问诊配合线下门诊，线上持续性的日常沟通打通医患沟通壁垒，线上线下结合建立统一的健康档案将非常有利于患者的复诊及用药记录查询。这些服务是固生堂为打造互联网中医医诊服务闭环的组成部件，并且这个闭环将根据 HMO 模式不断完善，尤其转诊报销等功能上线后，固生堂才能真正地自称为"互联网+HMO"的运营模式。此外，数据化也是固生堂互联网服务闭环的重要组成部分，诊方和患者信息的数据化可以进一步被分析，由此可以提高诊方的疗效、优化诊所运营。

第二，线下整合优质资源。2015 年，固生堂通过与当地三甲医院合作共同建立了医疗联合体，落实国家分级诊疗的医改目标，有效地将医生资源释放到基层医疗机构，形成了专科专病的合作模式。例如，固生堂和广东省第二中医院签署了医联体合作协议并共同建设了基层中医专病专科门诊部，与广东省中医院、广东省南海中医院（广东省中西医结合医院）、中山市中医院

---

〔1〕 "HMO 中国落地并非空想 固生堂打造新型互联网 HMO 模式"，载 39 健康网，http://zl.39.net/a/160310/4787101.html，最后访问日期：2016 年 3 月 23 日。

等建立了良好的官方合作关系。[1] 此外，固生堂还与高校和医院合作联办国医馆，开创"师带徒"传承模式，为固生堂的优秀人员储备打下了坚实基础。总体来看，得益于资本的推动与政策的支持，固生堂目前在北京、广州、深圳、佛山、无锡、南京、苏州、中山、昆山、成都等城市逐步构建起包括近40个中医门诊和一级医院的连锁服务体系，拥有近2300名中医专家出诊，其中包括5名国医大师、24名国家级名老中医等。这些优质的中医医师中拥有高级职称的占比76%。[2]

第三，分级诊疗中的HMO模式。HMO模式是由医院、患者、保险三方构成的一种医保模式。在这种模式下患者需要找指定医生诊疗，并且，由指定医生转诊的医疗费用才能被报销，这种模式使得医生可以更加熟悉患者状况、随时协调。"互联网+HMO"是固生堂目前发展的三布局之一，其他两个布局（中药产业链和基层中医连锁）都可以以"互联网+HMO"为运载平台，让固生堂实现其医疗保单计划。[3]

首先，分级诊疗是固生堂发展中国式HMO模式的依据。国家积极推进分级诊疗的政策，中医的特点就很适合分级诊疗。固生堂抢先一步，率先参与广东省新医改中的基层医疗建设。比如，在广东省政府鼓励社会资本举办各层次特别是基层中医医疗机构的政策推动下，固生堂与广东省中医院合作开创了妇儿、皮肤、肿瘤等基层专科门诊，落实国家分级诊疗政策。[4] 此外，固生堂实行双向转诊，中医门诊无法提供的住院、手术、检查等服务还可安排三甲医院双向转诊治疗。

其次，单从政策出发，固生堂既不足以吸引患者来就诊，也无法激发医师下基层的积极性，因此固生堂就医保和医师资源方面两手抓，以降低患者支出、提高医生的收入为方针，让患者花更少的钱获得更专业的医疗服务。在医保方面，固生堂几乎所有的医馆都具有医保定点资质，部分医馆具有省

---

〔1〕"固生堂与三甲医院的合作：实现共赢，推进医改"，载 https://www.gstzy.cn/about/jinrong.html，最后访问日期：2016年6月14日。

〔2〕"规模扩张风口已至，如何打造地表最强中医诊所？"，载《搜狐健康》，http://health.sohu.com/20180130/n529595100.shtml，最后访问日期：2018年1月30日。

〔3〕徐国："'互联网+中医'，不一样的玩法"，载《中国药店》2016年第9期。

〔4〕"［第一财经］打造一个爆款中医连锁 背后有哪些共享经济秘诀"，载固生堂中医，https://www.gstzy.cn/news/list/103/3661.html，最后访问日期：2016年6月12日。

市公费医疗资质，并且国家对于基层的医保定点单位还拥有医保支付的倾斜政策，这使得固生堂的患者目前报销金额比三甲医院高 30% 左右。在医师方面，固生堂实行单店"医生合伙人"计划，医生占股 30%，固生堂占 70%，医生可获得门店收益分成、经验处方产品分成、集团优惠股权和免费期权。[1] 此外，固生堂的诊费高于三甲医院，并且诊金大部分归医生所有，这样使得医生自发地提升服务态度、延长服务时间。总的来说，专家综合年收入可达上百万元。

3. 盈利模式

在"互联网+HMO"的运营模式中，药材利润是固生堂的主要收入来源之一。固生堂采用医药分家，医生的收入只与诊金和门店收益分成等有关，与药材无关，但所有药材供应均来自固生堂。并且，由于固生堂非常重视中药材供应，目前药品供应体系拥有超过 800 种中药材，50% 于原产地采购，[2] 并专门聘请两位资深专家为其进行中药材质量监管，这使得固生堂的复诊率高达 70%，其中有大部分是患者带着外来药方到此抓药。尽管现阶段固生堂在药材上的收益为和药材供应商的分成，但已计划建立 GMP 药材厂，同时参股重要 GAP 大品种种植基地，打通中医产业供应链，在这样的格局下，固生堂在药材上的盈利能力会大大提升。此外，固生堂的其他盈利点还包括医师诊费抽成、咨询费抽成以及医保补贴等。

（三）取得的成就

固生堂连锁医馆的布局积极响应了新医改的号召，为基层中医服务、中医文化的传承与传播提供了强大保障。自固生堂发展互联网结合中医医疗的布局以来，对中医药行业的发展起到了推动作用，具体有以下几点：

第一，培养了中医人才。固生堂与高校建立合作伙伴关系开设国医学堂，并开设传承奖学金来培养人才。将"师带徒"传承模式和"1+3"（1 个老师带 3 名徒弟）模式结合进行临床教学，以此来完善中医人才培养体系。[3] 此

---

〔1〕 "固生堂完成 D 轮央企 10.1 亿融资 启动中医'合伙人'计划"，载人民网，http://yuqing. people. com. cn/n1/2017/0802/c210121-29445541. html，最后访问日期：2017 年 8 月 2 日。

〔2〕 "规模扩张风口已至，如何打造地表最强中医诊所？"，载 https://www. jk. cn/hl/detail/ 3525659，最后访问日期：2018 年 7 月 17 日。

〔3〕 "升华'师带徒'模式固生堂广州中医药大学联办国医学堂"，载《南方都市报》，http:// epaper. oeeee. com/epaper/A/html/2016-05/19/content_ 38354. htm，最后访问日期：2016 年 5 月 19 日。

外,固生堂支持名医开设名医工作室,工作室的学徒逐渐增多后,也就会自成一派,达到中医文化多元化发展的效果。

第二,改善了医患关系。固生堂致力于贯彻服务至上的宗旨,努力改善医患关系,拉近医患距离,在线下打造让患者尊重的"五有"专家群体:有料——中医技术好,看病有疗效;有爱——医生受患者爱戴;有品——医生要过有质量的生活;有名——老中医要受尊重;有钱——医生能够在备受尊重的同时获得超百万元的年收入,[1] 在线上提供医患日常沟通渠道,让医师和患者随时随地可以就病症进行沟通和回访。

第三,促进了中医文化传播。固生堂的"互联网+中医医疗"模式为中医文化传播开辟了新路径,尤其是在中医文化的传统传播路径对于当代年轻人影响甚微的情况下,固生堂微信平台的线上轻问诊、网上咨询、远程诊疗、中医文化推送等服务有效地将中医文化向青年人群传播。

第四,完善了基层中医服务。固生堂对基层中医服务的发展起到了重大作用。固生堂积极响应国家政策,率先参与新医改中的基层医疗建设,积极邀请名医下基层,整体提升了患者就医体验和中国基层医疗机构的服务能力。

固生堂现阶段运营发展过程中仍然面临很多困难:一是打破现有医疗格局依旧艰难。尽管在分级诊疗、基层首诊政策的护航下,固生堂扎根于基层中医门诊,通过线上线下结合成为公立医疗系统的组成部分,但本质上固生堂将公立医院的客源分流出来,这可能导致与公立医院的关系由合作转为竞争。此外,由于医师"多点执业"政策的开放,民营医疗机构对公立医院的"抢人大战"一触即发,这可能会加剧固生堂与合作医院关系的恶化,并进一步遏制固生堂在转诊报销等医保方面的发展空间。二是市场竞争大。同仁堂、康美药业等大型中医药企业在资本、品牌方面都有明显优势。同仁堂的中成药产品线齐全且口碑好,而康美药业拥有大规模药材种植基地及多个国家认可的中药材交易市场,在行业内有坚实的基础。[2] 此外,这些企业在与公立医院合作、互联网结合等方面也处于业内领先的地位,而固生堂的连锁中医品牌能否凭借"互联网+HMO"模式的布局在中医行业保持持续性发展还有

---

〔1〕 "涂志亮:带领固生堂进入社会办医 2.0 时代",载 https://www.sohu.com/a/79273117_139908,最后访问日期:2016 年 6 月 2 日。

〔2〕 "四亮点三难点,固生堂涂志亮的'种子'能长成参天大树么?",载 http://www.kejilie.com/iyiou/article/ANfuIz.html,最后访问日期:2017 年 8 月 17 日。

待时间检验。三是连锁品牌在地方开拓难。目前基层中医的评价机制仍未完善，与体制内评职称不同，基层中医医生专业能力的判别主要依靠患者的认可。此外，中医馆具有地域性差异的特点，本地名中医馆在当地的名声优良，而固生堂是第一家布局跨区域的品牌化、规模化中医连锁平台的中医企业，固生堂品牌在当地的推广和提升必然会遇到阻碍。

固生堂作为一个分级诊疗平台，吸纳名医下基层，为他们提供阳光收入的同时，也为中医文化在基层的传承和传播打下了基础，并以互联网为基础，搭建了一个以医者为中心、患者为根本的独有的智慧医疗服务平台。

"互联网+中医"既是中医行业复兴重要布局，也是数字化时代中医发展的必要前提。搭配互联网的 O2O 中医医疗模式已经成为行业趋势，线上线下同时发力将使患者的医疗体验双倍提升，也为中医的传播提供途径。今后，固生堂在互联网领域的探索还要继续，对其目前所面临的医生资质、盈利、品牌推广、市场竞争，尤其是法律风险等诸多困难和问题应不断研究解决。相信得益于政策对于中医药的大力扶持与资本的青睐，在"互联网+中医"的加持下，固生堂的发展会迎来新纪元。随着固生堂门诊的规模化发展，固生堂计划利用大数据中医在未来 8 年至 10 年内，形成基于数据化、透明化的相对量化的临床追踪体系。固生堂的市场前景非常乐观，尤其是固生堂根据分级诊疗政策打造的"互联网+HMO"模式的实施，大大提升了基层中医医疗服务的能力，其潜力不可小觑。

第二节 "互联网+中医药"产业

一、医药 O2O 法律谜题

O2O 模式下，药店售药后才向消费者收回处方。若在此过程中消费者无处方购药或配送过程中处方灭失，药店是否要担责？

O2O 平台在实体药店中引入网络医院的远程诊疗等创新业务，是否符合我国当前对远程医疗业务的行政管制？

为了在承诺的时间内送货上门，医药 O2O 平台除了与连锁店合作，还会引入单店和社区药房。如果信息审核不到位，导致消费者利益受损，将有怎样的后果？

众所周知，O2O 模式是线上线下相结合的一种商业模式，其核心理念就是把线上消费者带到现实的商店中，顾客可以在线挑选商品、在线支付，然后到线下的实体商店去提取产品或享受服务。药品互联网交易中的 O2O 模式是继 B2C 模式之后逐渐获得认可的一种新兴商业模式。在 B2C 模式下，线上线下更多的是竞争关系，而 O2O 模式下，线上线下相融合，两者是互补关系。相比而言，医药 O2O 这种以传统药店为基础、线下资源为依托的模式更符合传统医药销售规范及政策，便于药品监管部门的管理。

但不可忽视的是，医药 O2O 行业的发展也面临着诸多困境，尤其是难以有效击中用户痛点和建立有效的盈利模式。作为曾首家拿到 A 轮融资、让业界羡慕不已的送药 O2O 企业——北京思逸互联医药科技有限公司此前因融资失败而宣布停止其主营的"1 小时良药送上门"业务，让业界在惋惜的同时，也意识到 O2O 企业缺乏创新导致竞争力下降的风险。

从政策法规层面来说，尽管目前还缺少与医药 O2O 相关的政策法规，但医药 O2O 在不断创新的同时，必须牢固树立法律意识、控制法律风险，避免新的商业模式触碰法律红线。

（一）厘清医药 O2O 主体关系

医药 O2O 商业模式下至少存在三方主体，即消费者（药品购买方）、商家（零售药店）及 O2O 服务商（医药 O2O 平台），因此，其法律关系一般也应当是一种三方的复杂法律关系。实践中，还存在由商家或 O2O 服务商委托第三方物流进行药品送货上门，从而出现四方关系的情形。

首先，消费者与 O2O 服务商之间可能是一种无名的服务合同关系，也可能是一种居间或委托的关系。应当根据消费者与 O2O 服务商之间的协议对双方权利义务和法律责任分配的情况具体分析。

如果平台只是提供药品及商家信息，不介入药品销售交易及由交易产生的纠纷，则可以认为消费者与服务商之间是居间合同关系。如果平台经营模式中还包括提供用药咨询服务或送货上门服务，但不对药品质量承担责任，则可认为两者间存在有名的居间合同和运输合同以及无名的咨询服务合同的关系。如果平台不仅提供药品信息和相关用药咨询服务，还对药品质量做出了承诺，则可以认为消费者与平台之间不仅存在居间合同、委托合同及咨询服务合同的关系，平台还可能成为消费者与商家的药品买卖合同的担保人，从而与消费者构成担保合同关系。除了上述几种情形，实践中还要结合双方的协议具体判断。

其次，O2O 服务商与商家之间可能是行纪关系或代理关系，但如果 O2O 服务商并不直接面对消费者，而只是通过自身平台的信息促成消费者与商家之间的交易，不负责药品的配送和代收货款，则将二者归于居间合同关系更为合适。当然不同的 O2O 服务商与商家之间的协议不同，在实践中也可根据具体的协议约定确定二者的法律关系。

再次，在医药 O2O 模式中，消费者与商家之间是典型的买卖合同关系。消费者通过 O2O 平台下单后相当于发出了要约，平台通过 LBS 的技术选择最合适的商家并发出指令，商家做出回应后相当于做出承诺，消费者与商家的买卖合同关系成立。在 O2O 模式中，双方买卖合同中权利义务及责任的分配往往是根据事先标准格式文本的安排，只需要消费者对品种规格及数量做出选择，买卖双方合同的订立没有磋商的过程。

最后，再看 O2O 服务商或商家与第三方物流的关系。互联网药品销售通常都是由商家代办托运，因此，如果商家或 O2O 服务商没有自建的物流队伍，则还会与第三方物流形成运输合同关系。

（二）各方可能面临的法律风险

1. 消费者

对消费者来说，其主要是通过 O2O 平台获取商品信息，并向 O2O 平台或者第三方支付系统付款。此时，消费者的主要合同义务已经履行完毕，而风险随之而来。消费者无法通过不付款或者部分付款来制约商家，如果商家最后交付药品的质量和时间达不到合同约定的要求，消费者权益就易受到侵害。实践中，消费者在 O2O 平台有关用药的咨询建议下选择商品，收到商品后如果觉得不符合自己的需要，究竟是向平台还是向商家主张权利不得而知，由于合同往往约定不明，消费者也就无法顺利维权。

2. 商家

由于实体药店在线下经营中各项行政许可是完备的，药品零售企业往往不太关注其在 O2O 模式下经营业务违规的风险。但根据我国《药品管理法实施条例》《互联网药品交易服务审批暂行规定》等，直接从事药品互联网零售业务的企业还需要取得互联网药品交易服务资格证书的 C 证。虽然 O2O 模式下通常认为实体药店仅从事线下业务，但如果与 O2O 平台合作的药品零售企业将平台作为一个宣传和推广产品的窗口，并通过平台与消费者发生了交易，则极有可能被认定为未经许可从事互联网药品销售,其后果自然不言而喻。

此外,在O2O模式下药店对于处方药的销售要格外慎重。因为线下交易中,药店都是收到处方后才出售处方药,但O2O模式下,药店是售出药品后才向消费者收回处方。如果在这一过程中发生消费者无处方购药或是配送过程中处方灭失,而又没有电子处方证据可以调取的情况,药店可能要承担行政法律责任。

3. O2O服务商

对于O2O服务商而言,具体的风险主要表现为:

第一,平台业务违规风险。根据规定,O2O平台要想开展业务,必须先行取得ICP证(即中华人民共和国电信与信息服务业务经营许可证),同时还必须取得互联网药品信息服务许可证。此外,虽然O2O模式通常被认为有别于B2C模式,平台不直接从事药品销售,因此,无需取得互联网药品交易服务资格证书,如果平台与药品零售企业及消费者的协议约定不明或实际运营过程中突破了信息服务提供者的角色定位,则可能被行政机关认定为违法从事药品销售,需要承担不利的法律后果。这种情形在金融O2O平台多有发生,对于医药O2O平台来说必须引以为戒。

此外,O2O平台的创新业务也可能发生违规现象。如某平台"在实体药店中引入网络医院的远程诊疗,配备血压、血糖、心电等智能检测硬件,变身社区居民的健康中心"的战略,从商业角度当然无可厚非,但从政策法律角度,可能会不符合我国当前对远程医疗业务的行政管制。

第二,信息审核不到位导致的消费者索赔现象。进驻O2O平台的商户类别不一,因此信息的真实性、准确性尤为重要。各平台对相关信息有基本审核义务,审核范围包括企业经营执照、药品销售行政许可、GSP认证、执业药师及负责人身份信息等。此外,信息的外在形式也是审核工作的重要一环,比如理应在网页特定位置上注明的信息必须按照要求清晰呈现。

对医药O2O平台来说,往往为了达到其承诺的1小时或半小时送货上门,除了与连锁药店合作,还会引入大量的单体药店和社区药房,这种情形下就更需要严格审查,如信息审核不到位,导致消费者利益受损,将遭遇消费者索赔以及难以回避工商部门的行政处罚。

第三,药品质量和配送服务不合要求的风险。有关药品的规格、生产厂家和有效期以及物流配送的问题与消费者发生争议,与B2C模式下商家通常与消费者的争议点相似。但从法律性质上来看，O2O 模式中线下业务与线上业务的主体是不同的，最终与消费者发生的纠纷究竟如何认定责任承担主体，则需要 O2O 平台与消费者和商家在合同中有明确的约定，否则极可能发生平台与商家承担连带责任的情形。

（三）风险防范建议

第一，确保合规经营。对医药 O2O 服务商来说，应当规范自身的经营范围，避免被行政机关认定为从事属于法律一般禁止、需要依法审查颁发许可证的互联网药品销售，同时应按规定办理 ICP 证和互联网药品信息服务许可证。在实际经营过程中，与商家和消费者在签订合同时一定要明确法律关系和其信息服务中介的法律地位，避免出现业务定位的模糊而遭到行政机关的处罚。此外，在发生业务创新时，一定要有法律专家的论证，避免发生商业上美梦变成法律上恶梦的悲剧。

第二，严格审查信息的真实性。在与药品零售企业合作时，应当详尽、确实地审查其资质，除对企业的营业执照、行政许可及 GSP 认证、负责人身份等普通的行政许可进行审查以外，还应审查其执业药师的配备和近 3 年至 5 年的重大行政处罚以及其配送或运输药品的能力。如果审核不到位导致消费者利益受损，是无法避免被消费者索赔及被行政机关处罚的。实践中多数 O2O 平台虽然与商家和消费者的协议中要求商家对信息真实性负责，但需要说明的是，从居间合同性质以及我国合同法对格式合同的免责条款的限制来说，这种方式并不能使平台完全免责。

第三，通过协议明确各方主体间的法律关系和法律责任。通过上述医药 O2O 模式下各方主体间法律关系的分析不难看出，在平台实际经营过程中，权利义务和责任的分配都依赖于各方主体间协议的约定来明确。在构建各方法律关系的过程中，有些法律风险一定要避免。比如 O2O 平台作为沟通消费者和商家的桥梁，不能同时与消费者和商家建立代理关系，这种双方代理的关系是我国法律明确禁止的。再比如合同中尽可能避免有药品质量出现瑕疵时 O2O 平台承担连带责任的约定等。总之，需要视 O2O 平台具体开展业务的方式中的潜在风险，在合同条款中灵活处理。

此外，对协议内容的审核是 O2O 平台对外商务合作中控制风险的重要手段，建议聘请专业律师对已签订的合同进行严格审查，找出风险点，做好风险应对和补救措施。对今后签订的合同则务必要有律师的参与，从商务谈判到合同的起草、修改、审查到最后的标准化合同文本库的建设，都由专业律师严格把关，避免不可预知的法律风险，导致平台发展陷入困境。

O2O 模式给药品流通行业带来了新的机遇，为我国药品行业降低流通环节的成本起到了推动作用。但医药 O2O 平台在发展壮大之余，也相应地出现了诸多问题，对这些问题所带来的风险进行清晰认识和恰当应对，是药品流通中 O2O 商业模式得以健康发展的关键所在。

二、破解医药 O2O 盈利难

电子商务作为一种新兴的商业模式，近年来取得迅猛发展。2014 年国务院办公厅发布的《关于促进内贸流通健康发展的若干意见》提出，规范促进电子商务发展，进一步拓展网络消费领域，推广"网订店取""网订店送"等新型配送模式。2015 年首次提出"互联网+"行动计划，医药行业作为"永不衰落的朝阳产业"，在"互联网+"行动计划中得到国家重视。2017 年国务院办公厅发布的《关于进一步改革完善药品生产流通使用政策的若干意见》指出，推进"互联网+药品流通"，支持药品流通企业与互联网企业加强合作，推进线上线下融合发展，培育新兴业态。"互联网+药品流通"产业发展迎来政策利好。此后，一些商业巨头瞄准势头，率领互联网科技进军药品流通领域，开创了线上线下相结合的医药 O2O 商业模式，其中包括"快方送药""叮当快药""阿里健康"以及"京东健康到家"等。一时间，各类送药 APP 如雨后春笋般涌现，医药 O2O 产业规模逐步扩大。

虽有政策力挺，但随着医药 O2O 行业的深入发展，不少隐性问题渐渐显露，成为众多医药企业发展 O2O 模式的"拦路虎"。其中，"难以盈利"成为整个医药 O2O 产业首要面对的难题。据报道，阿里健康在 2017 年之前一直处于亏损状态，虽然在 2018 年亏损有所减少，且最终实现部分盈利，但总体盈利并不乐观；叮当快药同样如此，其在 2016 年亏损约 508.6 万元，到 2017 年上半年继续亏损约 289.9 万元。巨额的亏损使多数投资者备受打击，整个医药 O2O 产业一度陷入低迷状态。

在政策的加持下，2019 年产业互联网延续以云计算、大数据和人工智能等信息技术为支撑，通过互联网与传统产业的全面融合和深度应用，推动传统产业转型升级。而医药 O2O 产业要获得提升，更少不了对过往的总结。

（一）问题出在哪儿？

1. 商业运营模式选择有误

目前，医药 O2O 行业的商业运营模式主要包括两种类型：一是积极与传统线下药店展开合作，典型代表是快方送药。这种商业运营模式具有较强的"第三方"属性，其在整个医药 O2O 服务链条中负责提供第三方平台和物流配送服务。另一种商业运营模式是以叮当快药为代表的线上线下"两条腿走路"模式。在这种商业模式下，平台不再依赖于传统的线下药店，而是选择自建药房，实现线上平台和线下药店的同步建设，打造自身体系内的闭环。目前，消费者的行为正在逐步向线下迁移，线下药店覆盖的消费者具有巨大的拓展潜力，线下药店在药品流通领域依然掌握着资源和话语权。

可见，仅仅提供第三方服务的平台往往会受到线下药店的约束，面临无法解决夜间送药、线下药店不支持线上促销等痛点，同时还会面临"用户体验"不好等发展瓶颈，盈利较难。

2. 医保报销问题未解决

对药品消费者而言，药品价格的高低很大程度上影响了他们的选择。因此，医药 O2O 平台要盈利，必须在价格上做足功夫，用相对较低的价格优势吸引众多消费者，以形成长期稳定的消费群体。

然而，由于我国医保支付制度尚不完善，消费者只有在医疗机构或定点药品零售机构购买药品时，方可享受医保报销。在医药 O2O 平台购药无法享受到医保优惠，这也左右了部分消费者在医药 O2O 平台购药的意愿。

另据数据统计，我国医保刷卡消费占零售药店销售额的 40% 左右。可见，医保药品销售已成为药品零售企业的重要板块。在这种情况下，医药 O2O 平台与传统线下药店相比，丧失了价格优势，造成大部分消费者的流失，从而影响到平台的药品销售，最终陷入盈利难的困境。

3. 物流配送压力较大

为获得消费者青睐，众多医药 O2O 平台一直致力于提高配送效率，如叮当快药承诺"28 分钟送药到家"。出于提高效率、增强客户黏性的目的，一些平台开始自建物流配送体系，并投入了大量精力与成本。然而，药品对配送和运输都有着特殊要求，部分药品还需配送企业具备相应资质。因此，在医药 O2O 平台普遍盈利难的情况下，选择自建物流服务，无疑增加了平台的经营难度，削弱了平台本身的优势。况且平台在物流服务方面的专业化程度较低,自营配送可能并不能满足消费者对配送的要求及需求。

(二)什么方法可以解决?

1. 发展自营药店,打造产业闭环

医药O2O平台的利润来自药品的差价。平台想要获利,就应适当降低药品采购价格,从而将差价提高。这需要平台具有一定的经济实力和议价能力,在药品购销市场掌握一定的话语权。

建议平台可以发展线下自营药店,打造自身体系内的闭环,打造门店和渠道优势。如此一来,一方面自营门店能够满足客户的"线下体验",形成线上线下通畅的服务闭环,增强客户的信任;另一方面,一定数量的线下门店使平台有能力与药企谈判,从而降低药品的采购价格,获取更多利润。数据显示,叮当快药于2018年上半年新增自营药店60家,实行线上线下一体化运营,从而进一步提高药品购销市场话语权。

2. 完善医保支付制度

将医保支付引入医药O2O平台,将会给医药O2O产业带来更多交易机会,促进盈利。建议医保行政部门积极落实人社部《关于印发"互联网+人社"2020行动计划的通知》,开展医药O2O平台纳入医保支付的试点工作,依托计算机信息系统,建立医保直连平台,推进医院用药系统与药品流通领域系统数据的融合,在线上将医院、药店、医药O2O平台和医保等联系起来,逐渐实现医药O2O平台的医保覆盖。例如,浙江省海宁市实行网上药店与医保支付系统直联,安徽省亳州市开发国内首个医保直连掌上医院项目,在线上将医院、药店、患者、医保等连接起来。

3. 依托第三方物流,减少配送压力

据分析,通过医药物流供应链及第三方物流运作,平台的运输成本可降低5%至15%。可见,借助第三方物流可以一定程度上降低平台的运营成本。

建议医药O2O平台与医药流通企业或具备资质的第三方物流企业建立稳定的长期合作关系,将药品配送工作交其完成。一方面,平台不必耗费巨资自建物流配送系统,大大节约了平台的运行成本;另一方面,药品流通企业或第三方物流企业在信息网络、配送节点等方面都具有显著优势,且能满足国家对药品配送的要求,可大大提高药品配送的效率及安全性。

第七章

结　论

第一节　研究结论与展望

互联网应用于各个行业，最大的优势在于其便利性。"互联网+中医药"必然会建立一个医疗卫生新模式，各地区应当积极探索建立区域性互联网远程中医药会诊中心，这将在一定程度上解决基层群众看病难的问题，降低了就医成本，同时大大提高了医院的诊疗水平。另外，借助互联网能够开展中医药远程学习和培训，为中医传承与人才培养提供极大的便利。中医药信息的特点在于其信息采集量的庞大和编排整理的复杂性。[1] 要实现中医药信息的收集和共享十分艰难，而互联网可以解决这一问题。当前，许多中医医疗机构都不同程度地建立和应用具有中医特点的包括四诊、辨证、处方等内容的中医电子病历系统。[2]

为了适应"互联网+"新形态时代发展需要，就要以中医药大数据平台建设为基础，构建"互联网+中医药"体系，推动中医药"网络化"发展，实现中医健康管理咨询的网络化。具体为：建设集中医体质辨识分析、中医健康体检评估、中医疾病预防、中医健康干预、中医慢性病介入管理、中药查询等于一体的中医药信息云平台；构筑融四诊档案、检验报告、电子病历、网上咨询、预约诊疗等于一体的中医诊疗服务平台。通过中医药信息云平台、

---

〔1〕 马骥等："信息技术在中医药信息化建设中的创新应用"，载《世界科学技术——中医药现代化》2016 年第 7 期。

〔2〕 黄粤锋等："中医药信息化发展现状及展望"，载《中国中医药现代远程教育》2014 年第 5 期。

中医诊疗服务平台等"互联网+中医药"的创建，革新中医医疗服务模式，实现移动医疗、远程医疗、智慧医疗的创新。[1] 基于此，本书的观点总结为以下几点：

第一，互联网中医医疗面临诸多挑战，需要多方主体合力解决。互联网医疗机构在运行中面临的问题有：资质审核制度不完善、医师管理存在缺陷、优质医师资源较为短缺，加上中医药行业标准不统一、中医诊疗智能化的技术相对初级、缺乏相关人才、缺少数据联通、互联网医疗的质量难以保障。此外，药品安全有风险，患者隐私和信息安全容易受到侵袭。发生医疗损害后，由于所涉主体众多，线上线下衔接不当，医疗损害难归责，加之保险制度不完善，患者利益得不到有效保障。对此，医院、政府应该齐抓共管，多措并举保护患者安全。医院层面应加强合规管控、严格执行资金投入、提升技术、完善内部规章制度、提升保护患者隐私的意识、保障患者隐私的安全，必要时聘请专业律师，明确防范法律责任；构建互联网中医诊所第三方监督评价机制和患者评价反馈机制，加强与大型三甲医院和科研机构的合作，以提高核心竞争力。国家层面要完善相关监管法律，研究制定健康医疗大数据确权、开放、流通、交易和产权保护的法规，完善医疗保险制度、加快建立中医药行业标准等。

第二，"互联网+中药"面临体制、机制、人才、技术等方面的挑战，制度层面需要不断完善。首先，"互联网+中药材"的交易机制仍待完善，相关部门监管不到位，相关专业人才缺失，互联网中药材产业规模总体较小，影响了产业的发展。推动"互联网+中药"的良性发展，需要建立健全严格的道地药材质量控制标准、药材流通制度和全流程监督制度。其次，药品网售平台潜在风险较多。药品处方的审查与监管难度大、药品储存和配送难、消费者个人医疗隐私数据保护难、处方药广告和促销合规难、药品质量和追溯有风险。平台运营层面应确保处方来源真实、确保药品配送模式正确且符合GSP、确保个人信息安全、确保合法展示处方药，最终确保药品全流程的安全，保障公民生命权、健康权。此外，也可尝试积极调整政策，结合实际运营情况完善便利店售药市场准入、监管政策，加强便利店售药的试点和推广。

第三，"互联网+中医"养生保健行业乱象多，应强化多元监管。目前，

---

[1] 陈韵儒："中医药发展面临的机遇与应对策略探讨"，载《科技咨讯》2019年第26期。

中医养生保健的机构众多，但是相关立法尚不完善，监管主体不清、监管内容不明、监管手段单一。应出台有关立法，明确监管的主体、内容和责任，探索构建政府、协会、企业主体三方共建的监管机制。此外，作为传统医学的现代化产物，随着老龄化时代的到来，"互联网+中医"在健康养老领域具有广阔的发展空间。

第四，"互联网+中医药"在应对突发公共卫生事件中成效显著。新型冠状病毒引发的肺炎疫情暴发后，中医药管理部门、医疗机构、科研院所与相关企业充分发挥"互联网+中医药"的独特优势，齐心抗击疫情，取得了显著成效。这启示我们，"互联网+中医药"在应对突发公共卫生事件时是一剂良方，在未来具有较好的发展前景。

第五，"互联网+中医药"产业风险与机遇并存。中医药蕴藏着巨大的经济资源。创业者和投资者应该从患者、医院、医生、政府等主体的实际需求入手，想各方所想，并不断满足各方期待，通过协议约定，做好预先谋划，防止纠纷的产生。当然，政府在这一过程中也应该为移动医疗企业提供必要的政策和法律支持。针对医药O2O盈利难的困境，企业可以发展自营药店，打造产业闭环，依托第三方物流，减少配送压力。国家应完善医保支付制度，探索将医保支付引入医药O2O平台。

2020年2月28日，国家医保局、国家卫健委联合发布《关于推进新冠肺炎疫情防控期间开展"互联网+"医保服务的指导意见》。其中指出，为方便广大参保人员就医购药，减少人群聚集和交叉感染风险，将符合条件的定点医疗机构为参保人员提供的常见病、慢性病"互联网+"复诊服务纳入医保基金支付范围；鼓励定点医药机构提供"不见面"购药服务；探索推进定点零售药店配药直接结算，按照统筹地区规定的医保政策和标准，分别由个人和医保基金进行结算，助力疫情防控期间患者用药安全；不断提升信息化水平，使用医保电子凭证实现互联网医保服务无卡办理；做好互联网医保服务有关数据的网络安全工作，防止数据泄露。

上述指导意见的出台释放出助力"互联网+中医药"发展的诸多利好信号：一是"互联网+中医药"更加能够适应充满不确定因素的风险社会，能够在新时代最大限度地保障公众健康。二是国家鼓励"互联网+中医药"的发展。通过及时出台配套的医保政策、完善相关信息化建设等多种方式，鼓励公众充分利用"互联网+中医药"这一新生事物。三是本书所关涉的一些问题，如网上药店医保支付、患者隐私数据安全等问题已经引起有关部门的重视。该指导意见的出台让我们看到"互联网+中医药"发展的光明前景，坚定了我们理论界深入研究"互联网+中医药"的信心。相信在中医药界、法学界等群体的共同努力下，"互联网+中医药"将为全人类带来更多的福祉！

第二节 研究的局限

研究过程中，尽管笔者做了最大努力，但受制于自身知识、能力和资料等方面的限制，研究局限在所难免，主要表现在以下几个方面：

第一，研究内容方面。一是本书以应用性研究为导向，理论深度有所欠缺。"互联网+中医药"是新兴事物，而中医药自身具有完整的理论体系，对中医药学的灵活掌握需要经历长期的时间积累，这导致笔者对它的认识和论述尚不够充分。书中部分观点仅为一家之言，不一定能在学界获得普遍认可。二是缺乏提取公因式的努力。由于研究思路的限制，为了每一节内容尽可能的完整，造成本书存在部分内容前后交叉的现象。

第二，研究方法方面。本书主要采用文献分析法和实证分析法，虽涉及部分比较研究，但是整体来看，对域外的"互联网+"领域关注不够，缺乏对域外资料的系统梳理与分析，这使得研究结论缺乏域外经验教训的支撑。

后 记

转眼已是庚子鼠年的立夏时节，中华大地上疫情的阴霾逐渐消散，阳气长，物芸芸，繁茂的万物终将复归其根。望着窗外含苞待放的石榴花，我不禁陷入沉思：中华儿女降生在中医药护佑的华夏热土上是多么幸运！中华儿女是多么智慧，让传统的中医药搭乘现代互联网的快车，在新时代焕发蓬勃的生机！

眼下这本小书，是我负责的 2019 年度北京中医药大学基本科研业务费（科研创新团队）项目："互联网+中医药产业发展所涉政策与法律问题研究"的阶段性研究成果。该项目旨在依托中医药院校首善之府——北中医的平台优势，组建一支强劲的专业复合型青年研究队伍，紧紧围绕"互联网+中医药"产业所涉的政策和法律问题，开展理论与实务的深度研究。项目实施以来，团队通过项目实操、课题调研、论文发表、学术讲座和开设全校辅修课等方式，向全校中医学、中药学、护理学、医药卫生法学和管理学师生们诠释了有关"互联网+中医药产业发展所涉政策与法律"的理论与实务问题。

从社会效果来看，本研究尽可能做到了理论研究与项目实践的紧密结合。依托该项目，负责人为国家中医药管理局、北京市中医管理局和北京中医药大学等政府企事业单位人员提供了有关"互联网+中医药"问题的多场次法律咨询，为其合法、科学地决策、管理和执法提供了智力支持。此外，负责人带领团队成员通过接受媒体采访、撰写法治时评等方式向社会传播"互联网+中医药"的独特优势，引导市场主体紧跟相关政策和法律趋势，为有志从事"互联网+中医药"产业创新创业的青年提供指引。同时，负责人也凭借法律顾问的身份，向有关"互联网+中医药"的企业和事业单位提供相应的投资指引、风险防控等意见或建议。

从国家促进中医药事业发展的视角来看，本研究顺应了时代发展潮流。项目以《国家中医药管理局关于推进中医药健康服务与互联网融合发展的指导意见》和各地出台的一系列有关促进"互联网+中医药"产业发展的政策为依据，以全国各地各行业广泛开展的有关"互联网+中医药"的实践与改革创新为研究的实证基础，力求全面、系统、深入地开展有关"互联网+中医药"产业发展所涉政策与法律问题研究，以期为"健康中国"战略的落实略尽绵薄之力。

最后，本书能够顺利付梓，一方面是得益于负责人领衔的大健康法务团队许多成员的共同努力（特别感谢郭斯伦副教授、王丽莎副教授、黄友良副教授以及董万元、方乐、郑豪、侯艺林、生杰元、张玉鹏、朱家楠、匡悦、罗博文等团队成员），另一方面，也要感谢中国政法大学出版社的编辑，他们出色的编辑工作为本书顺利出版提供了有力支持。

祥云飘四方，荣耀传天下。真心祈祷：天佑中华，愿中医药护佑中华儿女平安昌盛、生生不息；愿全世界各国人民像石榴籽一样紧紧抱在一起，风雨压不垮，苦难中开花，以昂首之姿迎接新世界的晨曦！

郭勇

2020 年 5 月 5 日

于良乡校区刺猬河畔